START IM MORGENGRAUEN

EINE CHRONIK
VOM UNTERGANG
DER DEUTSCHEN JAGDWAFFE
IM WESTEN 1944/1945

WERNER GIRBIG

*Start
im
Morgengrauen*

MOTORBUCH VERLAG STUTTGART

Schutzumschlag-Zeichnung: Carlo Demand.
Einband und Umschlag-Konzeption: Siegfried Horn.

Fotos: Bischof 2, Broeckelschen 1, DRK-Suchdienst 1, Eder 2, Hawker 2, Herwig 1, Col. Holt 1, Imperial War Museum 5, Col. Moon 2, Nauroth 2, North American 1, Polak 1, Republic 1, Robinson 2, Royal Air Force 2, Süddeutscher Verlag 1, United States Air Force 14, Waal 3, Archiv des Verfassers 14 sowie 16 Aufnahmen, deren Herkunft nicht zu ermitteln war.
Alle Einsatzskizzen vom Verfasser.

Ohne die Mithilfe vieler ehemaliger Jagdflieder oder deren Angehörige, Männer des Bodenpersonals und der Verwaltung sowie nicht zuletzt des großen Personenkreises, der mittelbar an dem Geschehen beteiligt war, hätte die Chronik in diesem Umfang nicht entstehen können, denn gerade die Details sind es, welche der vorliegenden Dokumentation die notwendige Auflockerung verleihen.
Für Unterstützung, Hinweise und Informationen bin ich jedoch ganz besonders folgenden Personen zu Dank verpflichtet: Major Helmut Ballewski (Porz-Lind), Brigadegeneral Dieter Bernhard (München), Emil Bischof (Garbsen), Oberst Georg Füreder (Wiesbaden), Oberstleutnant Hans Harms (München), Günter Izquierdo (Hamburg), Armin Köhler (Gießen), Gerhard Kott (Neu-Isenburg), Dieter Krägeloh (Sobernheim), Kurt Loll (Berlin), Siegfried Luckenbach (Karlsruhe), Eugen Lux (Offenbach/Main), Arno Paffrath (Bergisch Gladbach), Heinz Polak (Kelkheim/Ts.), Hans Ring (München), Friedrich Scheer (Neukirchen), Karl Schubert (Lohr/Main), Friedrich Trenz (Wien), Heinz Wischhöfer (Regensburg), Gerrie J. Zwanenburg (Baarn/Holland).

ISBN 3-613-O 1292-8
2. Auflage 1992
Copyright © Motorbuch Verlag, Postfach 10 37 43, 7000 Stuttgart 10.
Ein Unternehmen der Paul Pietsch-Verlage GmbH & Co.
Sämtliche Rechte der Speicherung, Vervielfältigung und Verbreitung sind vorbehalten.
Satz und Druck: studiodruck, 7440 Nürtingen-Raidwangen.
Bindung: Verlagsbuchbinderei Karl Dieringer, 7016 Gerlingen.
Printed in Germany.

INHALTSVERZEICHNIS

Einleitung 9

I LUFTSCHLACHTEN ÜBER DEM REICH 24
   Der Opfergang beginnt

   Donnerstag, 2. November 1944 24
   Montag, 6. November 1944 32
   Dienstag, 7. November 1944
   Mittwoch, 8. November 1944
   Sonnabend, 18. November 1944 38
   Dienstag, 21. November 1944 39
   Sonnabend, 25. November 1944 44
   Sonntag, 26. November 1944 44
   Montag, 27. November 1944 51
   Donnerstag, 30. November 1944 60
   November-Überblick 61

II KAMPFRAUM WEST 63
   Das Drama über Ardennen und Eifel

   Sonnabend, 2. Dezember 1944 63
   Sonntag, 3. Dezember 1944 63
   Dienstag, 5. Dezember 1944 64
   Dienstag, 12. Dezember 1944 74
   Sonnabend, 16. Dezember 1944 76
   Sonntag, 17. Dezember 1944 77
   Montag, 18. Dezember 1944 85
   Sonnabend, 23. Dezember 1944 91
   Sonntag, 24. Dezember 1944 99
   Montag, 25. Dezember 1944 112
   Dienstag, 26. Dezember 1944 118
   Mittwoch, 27. Dezember 1944 118
   Freitag, 29. Dezember 1944 124
   Sonnabend, 31. Dezember 1944 132
   Dezember-Überblick 139

III START IM MORGENGRAUEN 141
Unternehmen »Bodenplatte«, 1. Januar 1945

Der Opferflug des Jagdgeschwaders 1 156
Untergang des »Richthofen«-Geschwaders 162
Der Erfolgreiche Einsatz – Eindhoven 166
Ein kompletter Fehlschlag 175
Mißglücktes Unternehmen gegen Volkel 180
Die Tragödie über Asch 187
Jagdgeschwader 26 und die Brüsseler Flugplätze 194
Nochmals gegen Brüssel 202
»Pik As« über Metz 208
Letzter Großeinsatz des JG 77 im Westen 213
Die Verluste 217

IV AUF VERLORENEM POSTEN 231
Das Ende der Reichsluftverteidigung

Montag, 1. Januar 1945 231
Dienstag, 2. Januar 1945 234
Sonnabend, 14. Januar 1945 234
14./15. Januar 1945 245
16./17. Januar 1945 245
Montag, 22. Januar 1945 246
Januar-Ausklang 250
Freitag, 9. Februar 1945 251
Mittwoch, 14. Februar 1945 253
21./22. Februar 1945 255
Donnerstag, 22. Februar 1945 257
Sonntag, 25. Februar 1945 258

V JAGD VORBEI 262

Freitag, 2. März 1945 262
Mittwoch, 14. März 1945 267
Sonntag, 18. März 1945 267
Montag, 19. März 1945 267
Sonnabend, 24. März 1945 269
Sonnabend, 7. April 1945 272
10.–17. April 1945 274

Den unbekannten Jagdfliegern

*Den Einzelkämpfern unter ihnen,
den nie genannten Rottenfliegern,
den Verbandsführern*

*Der großen Schar der namenlosen,
von keiner Erfolgsmeldung begleiteten
jungen Flugzeugführer, die aber
ebenso den Mut und die Opferbereitschaft aufbrachten und aufbringen
mußten, um sich einem starken
Gegner zu stellen*

*Den »Schwarzen Männern« des
Bodenpersonals, ohne die ein Einsatz
dieser Jagdflieger überhaupt nicht
möglich gewesen wäre*

*Den gegnerischen Mustang-,
Thunderbolt- und Spitfirepiloten
von einst*

EINLEITUNG

Viele Historiker sind der Auffassung, daß sich der Untergang der Jagdwaffe schon während der »Schlacht um England« in den Jahren 1940 und 1941 abzuzeichnen beginnt. Das ist ohne Zweifel richtig, denn die Luftwaffe erleidet damals bereits einen gewaltigen Aderlaß, was sich auf die weiteren Kriegshandlungen sehr wohl auswirken mußte. Doch auch die britischen Jagdstreitkräfte sind zu diesem Zeitpunkt so angeschlagen, daß sie, wenn die Deutschen ihr Angriffskonzept beibehielten und sich ausschließlich auf die Ausschaltung der gegnerischen Jäger konzentrierten, dies ebenfalls kaum würden verkraften können. Den eigentlichen Opfergang sollen die deutschen Jagdflieger jedoch erst im Herbst 1944 antreten. Mit dem umstrittenen Unternehmen »Bodenplatte« am 1. Januar 1945 erhalten sie den Todesstoß, welcher ihr Schicksal endgültig besiegelt. Was dann folgt, ist nur noch ein Aufbäumen hier und dort. Der äußerst verlustreich verlaufene Neujahrseinsatz 1945 bildet denn auch den Mittelpunkt der vorliegenden Dokumentation. Eine Berichterstattung über dieses Unternehmen wäre unvollständig, würde man nicht gleichzeitig das Debakel der Jagdwaffe aufzeichnen.
Liest man in den zahlreich vorhandenen Publikationen, die sich mit dem Kampf der Luftwaffe gegen die Alliierten befassen, von dem großen Sterben der Jagdflieger im Westen und über dem Reichsgebiet, so erhebt sich immer wieder die Frage: Hatten die Jagdflieger versagt?
Wir können heute nur registrieren, daß sie damals immer und immer wieder gegen eine erdrückende Übermacht starten und dabei wissen, wie gering ihre Chancen sind, wieder zurückzukehren. Tag für Tag sehen sie sich den zahlenmäßig überlegenen Rudeln alliierter Begleitjäger gegenüber und nehmen den ungleichen Kampf auf. Hat Göring in Unkenntnis der wirklichen Lage anfänglich noch prahlerisch verkündet, daß »seine Luftwaffe das schon mache«, so werden die Jagdflieger angesichts der Niederlagen zu Versagern und Feiglingen ab-

gestempelt. Aber ist es tatsächlich ihr Verschulden, daß eine Stadt nach der anderen im Bombenhagel untergeht und daß sie der gegnerischen Materialüberlegenheit kaum etwas anderes entgegenzusetzen haben als ihre von Verzweiflung und zugleich auch Mut geprägte Einsatzbereitschaft?

Es ist nicht Aufgabe dieser Dokumentation, über die Schuldfrage Aufklärung zu geben, sondern sie will nur die harten Fakten festhalten, wie sie sich aus dem ganzen Irrsinn des letzten Weltbrandes ergeben haben. Es besteht jedenfalls kein Unterschied zwischen den gegnerischen Kampfflugzeugpiloten, die im Glauben an die Rechtmäßigkeit ihrer Mission Bomben auf die Städte eines Weltfeindes hinabwerfen, und den Jagdfliegern, die, ebenfalls von der Richtigkeit ihres Handelns überzeugt, diesen verabscheuungswürdigen Bombenterror bekämpfen. Beide Seiten, hier der einfache Unteroffizier hinter dem Reflexvisier einer 1400 PS starken Messerschmitt oder dort der einfache Sergeant hinter dem Browning-MG des Heckstandes einer »Flying Fortress«, sie beide gehen unter den gleichen Voraussetzungen, mit dem gleichen Befehl in den Kampf: Vernichtung und Abwehr des Feindes.

Aber Sündenböcke müssen immer dann gefunden werden, wenn das Konzept der Verantwortlichen auseinanderzufallen droht. So werden gerade die Jagdflieger ab Sommer 1943 immer wieder mit harten Vorwürfen überhäuft, denn ihnen wird es angelastet, die Luftherrschaft durch Selbstverschulden verloren zu haben und daß die Überlegenheit der eigenen Waffen mangels persönlichen Einsatzes nicht zum Tragen kommt. Einwände und sachliche Berichterstattungen von seiten der Geschwaderführer bis hinauf zum General der Jagdflieger prallen an der Starrheit und an der fehlenden Einsicht der obersten Führung ab und werden oft sogar als unglaubwürdig abgetan. Die hohen Verluste, welche die Jagdwaffe erleidet, sagen jedoch etwas anderes aus, und die eigentlichen Ursachen für eine unzulängliche Reichsluftverteidigung sind ganz woanders zu suchen. Die Luftwaffe wird schon von Anfang an ausschließlich auf eine offensive Kampfführung ausgerichtet, was sich in den ersten Feldzügen auch noch als richtig erweisen mag. Aber man denkt damals leider nicht an den weiteren Verlauf des Krieges. Es wird schon versäumt, aus den bittern, während der »Schlacht um England« gemachten Erfahrungen die Lehren zu ziehen, so daß der Offensivgedanke auch weiterhin aufrecht erhalten bleibt. Unterdessen kann der Gegner, in richtiger Ein-

schätzung der zu erwartenden Ereignisse, eine starke strategische Luftstreitmacht aufbauen.
Als die oberste Luftwaffenführung die Gefahr erkennt, ist es praktisch schon zu spät. Die plötzlich in die Defensive gedrängte Jagdwaffe muß notgedrungen räumlich zersplittert werden und erweist sich deshalb personal- und materialmäßig als zu schwach, während den Alliierten fast unbegrenzter Nachschub zur Verfügung steht und sie ihre Streitmacht nicht verzetteln. Auch kommen deutscherseits kaum neue Flugzeugtypen zum Einsatz; die Jagdwaffe fliegt zu Kriegsschluß immer noch die beiden, häufig umgerüsteten und dadurch immer anfälliger werdenden Typen Bf 109 und FW 190. Dem Flugzeugbau schenkt man nicht die notwendige Aufmerksamkeit, und Neuentwicklungen werden aufgrund von Fehlbeurteilungen bereits im Versuchsstadium zugunsten anderer, scheinbar besser geeigneter Projekte aufgegeben oder können nur unter schwierigsten Bedingungen bis zur Serienreife gelangen. Ist es dennoch möglich, einmal ein Jagdflugzeug herzustellen, das auch leistungsmäßig einen revolutionären Vorsprung zu bringen verspricht, so muß diese Maschine völlig zweckentfremdet eingesetzt werden.
Daß den gegnerischen Langstreckenjägern eigentlich nie genügend Bedeutung beigemessen wird, stellt sich als schwerwiegender Fehler heraus, der katastrophale Folgen haben soll. Ferner mangelt es an einer richtigen Koordination der in der Reichsluftverteidigung eingesetzten Verbände, und nicht zuletzt zeugt es von großer Kurzsichtigkeit in den obersten Führungsstellen, daß es nicht gelingt, durch sinnvolle Planung eine ausreichende und geballte Jägerstreitmacht im Reich selbst aufzubauen. Das ermöglicht es dem Gegner, die im Westen stationierten deutschen Einheiten zu binden, um dann Einflüge nach Deutschland hinein weniger gefahrvoll durchführen zu können.
Als der Luftkrieg schließlich ein bedrohliches Ausmaß annimmt, ist es dann leicht, den Jagdfliegern, die wirklich Außergewöhnliches leisteten, die Schuld für das Versagen zu geben. Ihr Opfermut und ihre Einsatzbereitschaft allein vermögen natürlich nicht, die Versäumnisse und Fehler der Luftwaffenführung auszugleichen.
Nur in ganz wenigen Fällen sind Äußerungen zu hören, welche einerseits die von der Truppe vorgebrachten Einwände bestätigen, zum anderen aber auch deutlich im Widerspruch zu früheren Entgegnungen stehen. Ein weiteres Zeichen für die Ratlosigkeit in den obersten

Stellen und für das Unvermögen, den Luftwaffeneinsatz zu koordinieren und folgerichtige Entscheidungen zu treffen. Wird den Jagdfliegern fehlender Einsatzwille vorgeworfen, so bemerkt Hitler in der Lagebesprechung vom 6. November 1944 folgendes: »Das ist doch der schlagende Beweis, daß entweder die Jäger nichts taugen oder die Maschinen. Die Jäger, kann man nicht behaupten, weil sie heruntergeschossen werden. Also taugen die Maschinen nichts. Ich habe aber ein umgekehrtes Urteil von der Luftwaffe: die Maschinen seien gut. Das ist lächerlich.« Hitler führt dann weiter aus, daß es unter diesen Umständen unzweckmäßig sei, Jagdflugzeuge überhaupt weiterzuproduzieren*.

Und der Oberbefehlshaber der Luftwaffe? Während einer Stadtbesichtigung nach einem schweren Luftangriff auf Berlin im November 1943 wendet sich Göring an seine Begleiter mit den Worten: »Luftschutz? Was wir brauchen sind Jäger, Jäger!« Die Jagdflugzeugproduktion erreicht im September 1944 den Höchststand während des ganzen Krieges: 2876 Bf 109 und FW 190. Jedoch zu diesem Zeitpunkt, da der Kampf in der Luft inzwischen wesentlich andere, schrecklichere Folgen annimmt, die eigenen Verluste aufgrund der gegnerischen Übermacht und mangels ausreichender Ausbildung der Piloten sowie durch Fehldispositionen im Abwehreinsatz ständig steigen, glaubt Göring in seinen Flugzeugführern die Versager sehen zu müssen.

Ein Grund mehr, heute einmal den Zusammenbruch der deutschen Jagdwaffe in der Endphase des Krieges umfassender darzustellen, weniger um ein gewissenloses System anzuklagen, sondern um hier einmal dem Jagdflieger, dem einfachen und namenlosen Piloten einen Bautastein zu setzen.

Dazu ist es notwendig, dem Leser die wesentlichsten Ereignisse in der Reichsluftverteidigung von Anfang 1943 bis zum Oktober 1944 nochmals sichtbar zu machen.

1943

Nachdem die deutsche Luftwaffe im Osten um die Jahreswende 1942/43 in der Schlacht von Stalingrad ihren empfindlichsten Schlag

---

* Thema dieser Lagebesprechung waren die am 2. November 1944 über Mitteldeutschland erlittenen hohen Verluste der Jagdflieger (vgl. auch Seite 32, Auszug aus dieser Lagebesprechung)

erhalten hat, zeigt es sich, daß mit Beginn des Jahres 1943 die immer noch als überlegen herausgestellte Jagdwaffe nun auch im Westen einen ständig stärker werdenden Gegner antrifft und sich einer zusehends wachsenden Materialüberlegenheit erwehren muß.

Was man vor Monaten noch für unmöglich gehalten hat oder als absurd bezeichnet haben mochte, ist nun eingetreten: Auch die Amerikaner eröffnen ihrerseits die Bombenoffensive gegen Deutschland. Schon am 27. Januar greift die 8. amerikanische Luftflotte Wilhelmshaven an und führt damit ihren ersten Tagesangriff auf eine im Reichsgebiet gelegene Stadt durch. Das Oberkommando der Luftwaffe versucht die unzulänglichen Abwehrkräfte dadurch zu verstärken, indem verschiedene Nachtjagdeinheiten nun auch am Tage eingesetzt werden. Aber den mit einer völlig anderen Kampftaktik vertrauten Nachtjägern fällt es schwer, sich auf die Situation im Tageseinsatz umzustellen, so daß die im nächtlichen Kampf erfolgreichen Besatzungen den neuen Anforderungen kaum gerecht werden und hart treffende Ausfälle erleiden.

Am 4. Mai treffen deutsche Jagdflieger im Westen auf amerikanische Thunderbolt, als diese zum erstenmal einen Viermot.-Verband eskortieren. Das Ziel ist der Hafen von Antwerpen. Von diesem Tag an sind die bulligen P-47 ständige Begleiter der »Flying Fortress« und der »Liberator« der 8. amerikanischen Luftflotte. Die Tatsache, daß jetzt auch amerikanische Jagdmaschinen über dem Festland erscheinen, wird von den Deutschen zur Kenntnis genommen, aber man vergißt, Konsequenzen daraus zu ziehen. Man will einfach nicht daran glauben, daß sich die Eindringtiefe dieser amerikanischen Jäger schon sehr bald vergrößern könnte, trotz darüber vorhandener technischer Angaben. Als Galland sogar das Ruhrgebiet als baldigen Operationsraum der gegnerischen Begleitjäger ansieht, bekommt Göring einen Zornausbruch.

Dann aber kommt der Zeitpunkt, da die amerikanischen Begleitjäger plötzlich weiter mit den Bombern vordringen. Die Thunderbolt tragen Zusatztanks, welche die Reichweite um ein Beträchtliches erhöhen. Eine Gefahr, die Göring allerdings auch jetzt noch ignoriert. Als Mitte des Jahres die 9. und später die 15. US-Luftflotte von Italien aus den süddeutschen Raum und Österreich angreifen, ist eine weitere Front entstanden, gegen die nun überstürzt eine geeignete Abwehr gebildet werden muß. Und dem Reich selbst fehlt nach wie vor das abschirmende Dach. Das von Generalluftzeugmeister Milch aktivierte Jäger-Rüstungsprogramm erfüllt leider nicht die Erwartungen, denn die Zerstörung von Produktionsstätten durch den Gegner, verlorengegangene Treibstoffvorräte in den ehemals besetzten Gebieten sowie ein nicht gerade strömender Pilotennachwuchs läßt man dabei offensichtlich unberücksichtigt. Nur eine Konzentrierung der Jagdverbände im Reichsgebiet würde Aussicht auf Erfolg versprechen.

Zum Begleitjägerproblem hier noch eine Äußerung Gallands: »Außerhalb der Jägereindringtiefe waren Zerstörer- und Nachtjägereinsätze erfolgreich. Verzichtete man schon darauf, die Begleitjäger an den Peripherien wirksam zu bekämpfen, so hätte man logischerweise auch die eigenen Jäger so weit zurückziehen müssen, daß man sie unter gleichen Bedingungen schwerpunktmäßig hätte einsetzen können.« Das aber läßt Göring nicht zu, weil er den Gegner unterschätzt, die eigenen Kräfte jedoch überbewertet. An dem bisherigen Konzept ändert sich also nichts. Liegt es nur daran, daß die mitunter recht beachtlichen Abschußerfolge deutscher Tag- und Nachtjäger Zuversicht verbreiten lassen, so daß die bis dahin schon erlittenen Verluste, im Gesamten betrachtet, nicht so augenfällig sind und gern als »noch tragbar« hingenommen werden?

Gewiß, im Spätsommer 1943 haben die Alliierten die Luftherrschaft über Deutschland noch längst nicht gewonnen, doch die sich steigernden Angriffe gegen Werke der Jagdflugzeugproduktion zeigen, daß eine weitgehende Ausschaltung der Jagdwaffe früher oder später eine Verschiebung des Kräfteverhältnisses am Himmel des Reiches, mit anderen Worten, die Einbuße der eigenen Luftherrschaft bedeuten muß. Das Oberkommando der Luftwaffe hingegen verschließt sich allen Einwänden und Erkenntnissen und gibt sich angesichts der von den Jagdfliegern errungenen großen örtlichen Abwehrerfolge einer Selbsttäuschung hin.

Die 8. amerikanische Luftflotte in England zeigt sich hauptsächlich über die bei ihren Tagesangriffen auf Schweinfurt und Regensburg am 17. August und am 14. Oktober eingetretenen Bomberverluste mehr als besorgt. Die Ereignisse führen sogar zu einer vorläufigen Einstellung großangelegter Einsätze gegen Deutschland. Noch besitzen die Alliierten keine Jagdflugzeuge, welche die Bomberformationen bis tief nach Deutschland hinein abschirmend begleiten können, denn der geringe Aktionsradius erlaubt nur eine Eskorte bis etwa kurz hinter die deutsche Reichsgrenze. Von dort ab müssen die

Bomber dann ihren gefährlichen Weg zum Ziel und zurück allein durchstehen.
Und auch das britische Bomber Command kommt nicht ungeschoren davon. Die im Jahr 1943 durch Nachtjäger erzielten Erfolge erreichen noch vor der »Schlacht um Berlin« einen Höchstand, als in der Nacht zum 23. August über 50 Viermotorige abgeschossen werden können. Das gleiche wiederholt sich noch einmal in der Nacht zum 1. September. Hier sind es 47 britische Maschinen, die nicht zurückkehren.
Die Zersplitterung der in der Reichsluftverteidigung eingesetzten Verbände auf verschiedene Einsatzhorste und die damit verbundene weniger erfolgversprechende Einsatztätigkeit, die Vernachlässigung des Begleitjägerproblems sowie nicht zuletzt auch das schlechte Wetter führen im Herbst 1943 schließlich zu einem auffallenden Ansteigen der Verluste in der Jagdwaffe. Gerade die Schlechtwetter-Einsätze bedingen einen erheblichen Ausfall an Piloten und Maschinen, da es sowohl an einer entsprechenden Ausbildung, als auch an den einfachsten Navigationsgeräten mangelt.
Erstmals macht sich das Fehlen von Verbandsführern bemerkbar. »Die gesamte Luftwaffe«, so Galland, »hatte zwar 60 bis 70 000 Offiziere, die Luftwaffe hat aber nie die Zahl von 700 fliegenden Offizieren überschritten.«
Jetzt erst stellt es sich heraus, wie leichtfertig und unverantwortlich es war, dem ganz deutlich zu erkennenden Verlauf der Entwicklung im Luftkriegsgeschehen nicht Rechnung zu tragen. Während die Wehrmacht an allen Fronten zurückweicht, mehr und mehr Gebiete und damit lebenswichtige Rohstoffquellen aufgeben muß, gleichzeitig aber auch bittere Niederlagen hinnimmt, versäumt es das OKW, ausreichende Kräfte bereitzustellen, um das Reich selbst schützen zu können. Doch jedesmal, wenn die Luftkriegsverteidigung zur Sprache kommt, sorgt Göring dafür, daß dieses Thema nach wenigen Minuten abgebrochen wird.
Die Voraussetzungen einer Reichsverteidigung für das kommende Jahr 1944 sehen entsprechend düster aus. Bleibt denn der Luftwaffenführung die Materialansammlung, der Aufbau und die Organisation auf den britischen Basen, ja die gesamte Entwicklung der alliierten Luftstreitkräfte verborgen?

1944

Die Führung der Frontverbände, das Generalkommando des I. Jagdkorps überhaupt, sieht die Situation wesentlich realistischer, denn aufgrund der anwachsenden Stärke des Gegners rechnet man ab Frühjahr mit einer weiteren Steigerung seiner Angriffstätigkeit.
Anfang des Jahres treffen in England die neuen Begleitjäger vom Typ P-51 »Mustang« ein, und schon im Januar und Februar kommt es zu anhaltenden, weiträumigen Luftschlachten über dem norddeutschen Raum. Obwohl den Amerikanern zahlenmäßig unterlegen, ist die Kampfkraft der deutschen Verbände teilweise stark genug, um empfindliche Schläge austeilen zu können, wie es beispielsweise der 11. Januar zeigt. Beim Tagesangriff auf Flugzeugwerke von Braunschweig und Oschersleben verliert die 8. Luftflotte rund 60 Viermotorige, wenn auch die eigenen Verluste etwa 40 Maschinen betragen. Deshalb kann es der Jagdwaffe nicht gelingen, derartige Abwehreinsätze kontinuierlich fortzuführen, weil die Reichsluftverteidigung bisher kaum eine Maschine als Verstärkung erhielt.
Ein in der Woche vom 20 bis 25. Februar (»Big Week«) stattfindender Großeinsatz der Alliierten richtet sich vor allem gegen die Luftrüstungsindustrie des Reiches. Die Ausfälle des Gegners in dieser Woche sind beträchtlich, doch die Jagdwaffe kann nicht einen einzigen der Großangriffe verhindern. Dennoch bleibt nicht zu übersehen, daß Erfolg und Einbuße in einem so ungünstigen Verhältnis stehen, was bald eine gewisse Unrentabilität der Abwehreinsätze deutlich erkennen läßt.
Etwas besser sieht es bei der Nachtjagd aus. Hier steigert sich die Einsatztätigkeit im Frühjahr beträchtlich und erreicht ihren absoluten Höhepunkt mit dem Abschuß von 96 britischen Bombern während des RAF-Angriffes auf Nürnberg in der Nacht zum 31. März 1944. Trotz dieser Erfolge steht die Nachtjagd den britischen Funkstörmaßnahmen nach wie vor fast hilflos gegenüber. Weiterhin bedeutet die unzulängliche Luftlagebildung, mehr ein Führungsfehler als ein technisches Problem, eine wunde Stelle. Auch ein Grund, warum beispielsweise im März die einmotorige Nachtjagd aufgelöst wird.
Inzwischen gelingt es den Amerikanern, ab April tatsächlich bei Tage die Luftherrschaft über dem Reich zu gewinnen. Und immer wieder

Mitte des Jahres 1944 können die neu aufgestellten Sturmverbände der Jagdwaffe überdurchschnittliche Erfolge erringen und geben der Reichsluftverteidigung noch einmal neue Impulse. Das Bild zeigt die 10./Sturm/JG 3 in Illesheim, Juli 1944. V. l. n. r.: unbekannt, unbekannt, Fw. Brand, Uffz. Volz, Uffz. Vohl, Fw. Ehrhard, Ogfr. Kott, Uffz. Trittler, Staffelkapitän Oblt. Weik (mit dem Rücken zum Betrachter), Lt. Hagena, unbekannt.

Eine Focke-Wulf FW 190 A-8 der II./JG 1 kurz nach dem Start.

Gegnerische Kampfverbände sind gemeldet. Flugzeugführer der Tagjagd in Sitzbereitschaft und unmittelbar vor dem Anrollen zum Start. Die Piloten sind dabei auf die Hilfe der treuen Warte angewiesen.

führen sie gewaltige Schläge gegen die Flugzeugindustrie sowie unaufhörliche Angriffe auf die Flugplätze der Luftwaffe. Durch die ständigen Verluste sind die deutschen Jagdflieger bald einer enormen physischen und seelischen Belastung unterworfen, was sich natürlich auf die Schlagkraft auswirkt.

Da treffen im Mai den Verbänden der Reichsluftverteidigung erneute Anschuldigungen: Den Jagdfliegern wird Feigheit vorgeworfen. Doch gerade im Mai 1944 muß die Jagdwaffe einen erbitterten Kampf führen, wobei aber auch ihre Leistungen besonders hervorzuheben sind. Nach den Angaben der ehemaligen Kriegswissenschaftlichen Abteilung und dem Kriegstagebuch des I. Jagdkorps können die deutschen Jäger bei einem Verlust von 384 Flugzeugen, was etwa 10,7% des Gesamteinsatzes entspricht, 530 amerikanische Maschinen abschießen.

Ab Juni bleibt es über dem Reich verhältnismäßig ruhig, da alle gegnerische Kräfte sich auf die im Westen angelaufene Invasion konzentrieren. Aber die in den westlichen Kampfraum geworfenen deutschen Jagdflieger müssen große Opfer bringen. Die Übermacht der Alliierten ist zu gewaltig. Allerdings hält die Ruhepause nicht lange an, denn nachdem die gegnerischen Truppen in der Normandie Fuß gefaßt haben und weiter vordringen können, lebt auch der Luftkrieg über dem Reichsgebiet wieder auf.

Am 20. Juni erfolgt eine großangelegte Luftoffensive der 8. amerikanischen Luftflotte, wobei diesmal die Treibstoffindustrie auf dem Zielplan steht. Die Angriffe sind so heftig, daß die in verschiedenen Werken angerichteten Schäden zum erstenmal einen länger andauernden Produktionsausfall zur Folge haben. Die Fortführung dieser Angriffe führen schließlich gegen Ende des Jahres zu einer Treibstoffknappheit, die sich auf das gesamte Kriegsgeschehen entscheidend auswirken sollte. Es kommt der Zeitpunkt, an dem Jagdflugzeuge einsatzbereit auf den Plätzen stehen, aber aus Mangel an Flugbenzin nicht starten können.

Ohne Zweifel ist mit dem Erscheinen geeigneter alliierter Langstreckenjäger eine Wende eingetreten. Als das US-Oberkommando im Verlauf des Jahres sich entschließt, seinen Jagdeinheiten größere Handlungsfreiheit zu übertragen, bedeutet dies eine neue Taktik im Luftkriegsgeschehen, auf die sich die deutschen Tagjäger einstellen müssen. Denn nun brauchen die gegnerischen Begleitjäger nicht mehr an den Bomberpulks zu kleben sondern können jetzt selbst die Initiative ergreifen, um die Angreifer zu suchen oder zu verfolgen. »Deutschland liegt nicht im Bereich der amerikanischen Jäger. Primärer Feind sind die Bomber«, so erklärt der Reichsmarschall noch im Herbst 1943. Die Ausbildung des Jägernachwuchses bleibt deshalb im wesentlichen nur auf die Bomberbekämpfung beschränkt. Als aber dann die Mustang-Formationen den Luftraum beherrschen und wirklich aktiv in den Kampf eingreifen, bleibt es nicht aus, daß die Verluste der Jagdwaffe rapid ansteigen.

Für die eigenen Jagdflieger wird es also immer schwieriger, an die Bomber heranzukommen. Mit der Aufstellung von sogenannten »Sturmstaffeln«, ausgerüstet mit besonders gepanzerten Maschinen, will man das ungünstige Kräfteverhältnis wieder auszugleichen versuchen. Das Konzept sieht vor, daß sich die Sturmjäger ungeachtet des Begleitschutzes stur auf die Kampfflugzeuge konzentrieren und in geschlossener Formation durchbrechen, während Höhenstaffeln die gegnerischen Jäger abfangen und binden sollen. Gute Anfangserfolge scheinen den Initiatoren dieses Angriffssystems recht zu geben und führen zur Aufstellung weiterer Sturmeinheiten. Doch auch sie können letzthin keine wirklich entscheidende Wendung herbeiführen. Zwar sind die durch Sturmjäger erlittenen gegnerischen Einbußen teilweise recht hoch, aber die anderen Jagdeinheiten müssen, um die gleiche Abschußquote zu erreichen, dafür mindestens die vierfache Anzahl an Flugzeugen in den Einsatz werfen, die dann einen Luftkampf in der herkömmlichen Art führen. Das Fazit: Die Verluste steigen trotz beachtenswerter örtlicher Erfolge immer weiter an. Hinzu kommt, daß nun auch die in Italien stationierte 15. amerikanische Luftflotte immer häufiger Ziele in Österreich und Süddeutschland anfliegt, was die Luftwaffe dazu zwingt, zusätzliche Jagdverbände zur Abwehr bereitstellen zu müssen.

Ab Herbst stehen die Luftsiege in keinem Verhältnis mehr zu den gleichzeitig eintretenden Verlusten. Über dem Reich toben jetzt Luftschlachten von ungeahntem Ausmaß, und die gegnerische Überlegenheit wird immer offenkundiger. Bleiben die monatlich zusammengefaßten Verlustziffern des Gegners fast immer unter 1% der eingesetzten Maschinen, so verzeichnet die Jagdwaffe Ausfälle, die zwischen 10 und 20% liegen. Leicht auszurechnen, wann die daraus abzulesende Unwirtschaftlichkeit und Nutzlosigkeit des eigenen Einsatzes zu einem Fiasko führen muß.

Mit einem der »Big Week« vom Februar zu vergleichenden, Mitte

September erfolgenden Großeinsatzes führen die amerikanischen und britischen Luftstreitkräfte einen Schlag gegen die Rüstungsindustrie sowie gegen Verkehrsziele aller Art. Zusätzliche Angriffe auf fast sämtliche Flugplätze im Reich können wohl als Vorbereitung für die alliierten Großluftlandung bei Arnheim angesehen werden, die ab 17. September beginnt.
Im gleichen Zeitabschnitt ist eine starke Anhäufung der eigenen Jagdverbände im mitteldeutschen Raum zu beobachten. Am 12. September stehen über 400 Maschinen für einen Abwehreinsatz bereit, doch der Startbefehl wird wegen der schlechten Witterung zurückgezogen. Mit dem Entschluß nicht einverstanden, erteilt Göring persönlich die Order, daß die Jäger einzusetzen sind. Dieser widersinnige Befehl soll die Jagdwaffe rund 10% der beteiligten Maschinen kosten, und so sieht denn auch die Septemberbilanz weniger ermutigend aus: Die in der Reichsluftverteidigung eingesetzten Jagdfliegereinheiten verlieren 371 Maschinen bei 307 Luftsiegen. Da aber die Gesamtzahl der eingeflogenen alliierten Flugzeuge um das 18fache höher liegt als die des eigenen Einsatzes, ergibt sich daraus ein Verlustverhältnis von 0,7% zu 14,5%. Und das erscheint mehr als unwirtschaftlich.
Anfang Oktober stehen den fliegenden Verbänden der Tagjagd in der Reichsluftverteidigung insgesamt 347 einsatzbereite Maschinen zur Verfügung, wobei die sich in der Auffrischung befindlichen Kräfte nicht berücksichtigt sind. In seiner Eigenschaft als General der Jagdflieger gelingt es Galland, für seine Einheiten eine nach den verlustreichen und harten Kämpfen an der Invasionsfront sowie später im August und September über dem Reich notwendig gewordene Einsatzpause zu erreichen, die hauptsächlich der Auffüllung der Tagjagdgeschwader dienen soll. Dadurch ist es möglich, die Zahl der einsatzbereiten Flugzeuge bis Ende Oktober fast genau verdoppeln zu können.
Währenddessen steigt die alliierte Lufttätigkeit ebenfalls weiter an, wobei sich die Angriffe vorwiegend gegen Hydrierwerke richten. Durch die Bombardierung der Treibstoffanlagen wird deren Kapazität nun noch stärker beeinträchtigt. Aber auch die großen Verkehrsknotenpunkte in Westdeutschland stehen mit Vorrang auf den Ziellisten, und ein anderer Schwerpunkt läßt sich in weitergeführten Schlägen gegen die Rüstungsindustrie im Reich erkennen.
Im Bereich des I. Jagdkorps kommt der Einsatz durch die am Boden gehaltenen Verbände fast zum Erliegen. Dafür aber können die Grup-

pen mit neuen Maschinen ausgerüstet und der Bestand an Flugzeugführern aufgefüllt werden. Ein weiteres Bestreben ist es, von den bisher sich als nutzlos erwiesenen Einzelaktionen abzukommen und dafür mit Großverbänden zu operieren, denn nur eine dem Gegner zahlenmäßig gleichgestellte Streitmacht könnte beachtliche Abschußerfolge herbeiführen. Der Plan vom »Großen Schlag« wird geboren. Sein Ziel: Die Aufstellung einer Abwehrkraft von 2000 Jagdmaschinen und die Rückgewinnung der Luftherrschaft. Beides soll nicht erreicht werden können.

Es dürfte den ständigen Bemühungen Gallands zuzuschreiben sein, daß der Reichsmarschall nach langem Zögern im Oktober anordnet, jede zwanzigste Düsenjagdmaschine vom Typ Messerschmitt Me 262, die ja laut Beschluß Hitlers nur als »Blitzbomber« verwendet werden darf, aus der Produktion herauszuziehen, um sie den Jagdverbänden zu übergeben. So ist es möglich, endlich in Rheine ein mit der Me 262 ausgerüstetes Jagdkommando unter der Führung von Major Walter Nowotny aufzustellen. Von diesen Me 262 sind am 1. November 1944 ganze neun Maschinen einsatzbereit.

I LUFTSCHLACHTEN ÜBER DEM REICH
Der Opfergang beginnt (November 1944)

Donnerstag, 2. November 1944

In den Vormittagsstunden überfliegen zwei Kampfverbände der 8. amerikanischen Luftflotte mit Ostkursen die holländische Festlandsküste. Der eine wird mit 325 Viermotorigen die Treibstoffanlagen von Gelsenkirchen und Castrop-Rauxel angreifen, während der zweite, aus 650* Maschinen bestehenden Bomberstrom sich in Richtung Mitteldeutschland weiterbewegt. Sein Ziel ist das rund vier Kilometer südöstlich von Merseburg gelegene Hydrierwerk Leuna, welches innerhalb der letzten fünf Monate bereits eine Reihe schwerer Luftangriffe über sich ergehen lassen mußte.

Einflüge alliierter Kampfflugzeuge in den mitteldeutschen Raum bedeuten zu diesem Zeitpunkt des Krieges längst keine Besonderheit mehr, aber diesmal fällt auf, daß die Bomberverbände von einem ungewöhnlich starken Jagdschutz umgeben sind. Die Eskorte besteht aus fast 600 Mustang der 8. sowie einer kleinen Anzahl Lightning der 9. Luftflotte.

Noch vor dem eigentlichen Bombardement müssen einige Mustang-Schwärme durch eine Wolkenlücke unter sich einen mit Jagdmaschinen besetzten Flugplatz der Luftwaffe entdeckt haben. Sofort stoßen sie hinab und nehmen die dort abgestellten Maschinen unter Beschuß. Es ist Borkheide, Einsatzhorst der I. Gruppe des JG 300, auf dem jetzt ein Tiefangriff in dem Augenblick erfolgt, da die Messerschmitt startbereit am Rollfeld stehen. Die Gruppe verliert innerhalb kurzer Zeit eine erhebliche Anzahl Jagdmaschinen. Nach einer aus privater Quelle stammenden Aussage sollen bei diesem Angriff 25 Messerschmitt total zerstört und 19 weitere beschädigt worden sein, doch erscheint die Zahl als zu hoch. Einmal wäre also fast die gesamte Gruppe ausgeschaltet worden, was jedoch mit der Einsatztätigkeit des

---

* 683 nach US-Angaben

JG 300 in den folgenden Tagen und Wochen im Widerspruch steht, zum anderen meldet das Geschwader am 2. November keinen einzigen Personalverlust. Wenn aber 25 am Start stehende Maschinen so zusammengeschossen werden, daß sie als Totalverlust anzusehen sind, dann hätte zumindest einer der Piloten irgendwelche Verwundungen davongetragen.

Unterdessen aber rollen fast 500 Jagdmaschinen der Reichsluftverteidigung zum Start. Aufgabe der deutschen Einheiten ist es, sich dem in den mitteldeutschen Raum einfliegenden Gegner entgegenzustellen. Mit Außnahme einiger größerer Lücken ist der Himmel über Sachsen zu 9/10 bedeckt, die Sicht beträgt rund 3 bis 5 Kilometer bei einer Wolkenuntergrenze von 500 bis 1000 Metern. Nicht gerade das ideale Wetter für einen Abwehreinsatz. Da auch über dem Rhein-Main-Gebiet eine starke Schlechtwetterfront hängt, gelingt es dem dort stationierten JG 2 nicht, an die Amerikaner heranzukommen, so daß schließlich von den gestarteten Abwehrkräften insgesamt etwa 300 Maschinen Feindberührung haben. Aber die deutsche Jagdwaffe fliegt ihrer bisher schwersten Niederlage entgegen.

Kurz vor Mittag erreicht die 3. amerikanische Luftdivision, welche heute die gesamte Bomberstreitmacht anführt, den Zielraum. Es ist die 55. Fighter Group unter Major Ryan, die wahrscheinlich als erste Einheit mit den jetzt angreifenden Deutschen in Luftkämpfe gerät. Ryans Fighter Group meldet dabei den Abschuß von 19 Feindmaschinen bei einem Verlust von einer Mustang. Jetzt folgt die 1. Luftdivision mit Major Preddys 352. Fighter Group an der Spitze. Diese hat ab 12.21 Uhr ihre ersten Feindberührungen, in deren Verlauf Captain Bryan allein fünf Luftsiege verzeichnet. Nach Rückkehr der 352. Fighter Group werden 38 deutsche Jagdmaschinen als abgeschossen eingereicht. Bei der 20. Fighter Group sind es 28 Maschinen, darunter drei durch Lt. Col. Montgomery.

Die Erfolgsmeldung der Amerikaner am 2. November weist insgesamt 134 deutsche Jagdflugzeuge als vernichtet aus. Drei sind wahrscheinlich vernichtet und weitere 25 beschädigt worden. Das 8. US Fighter Command gibt als eigenen Verlust nur acht P-51 bekannt.

Deutscherseits sind die beiden Sturmgruppen IV./JG 3 und II./JG 4 am erfolgreichsten. Mit insgesamt 61 gepanzerten FW 190 A-8/R2 und A-8/R6 können beide Einheiten im Verlauf der Mittagsstunden 30 viermotorige Bomber abschießen, wobei sie aber selbst einen Verlust von rund 30 Maschinen hinnehmen müssen. Über Bitterfeld

rammt der Kapitän der 14. Sturmstaffel des JG 3, Oberleutnant Werner Gerth, eine Boeing Fortress. Es gelingt ihm auch, aus seiner Focke-Wulf abzuspringen, doch der Fallschirm öffnet sich nicht. Ritterkreuzträger Gerth fällt nach 30 Luftsiegen.
Kurz danach erhalten zwei seiner Staffelkameraden im Luftkampf bei Eisleben tödliche Treffer und stürzen ab, während Unteroffizier Küttner erneut verwundet wird und aussteigen muß. Das erstemal trafen ihn im August über den Lechtaler Alpen die Garben einer von ihm angegriffenen Liberator.
Als die IV. Sturm/JG 3 des Hauptmann Moritz nach und nach wieder in Schafstädt landet, fehlen 15 Flugzeugführer. Vier von ihnen wurden verwundet und mußten mit dem Schirm abspringen, die anderen 11 sind gefallen.
Stab und II. Sturm/JG 4 starten von Welzow aus. Die Maschinen fliegen durch die aufgetürmten Kumuluswolken, befinden sich nach knapp 20 Minuten in den befohlenen Planquadraten KE-KD und geraten im Raum Köthen an den Gegner. Es ist einfach unvorstellbar, mit welcher Unerschrockenheit die Flugzeugführer versuchen, die starke amerikanische Deckung zu durchbrechen, um an die Kampfflugzeuge heranzukommen. Und es gelingt. Während die mit der Bf 109 G-14 ausgerüsteten III. und IV. Gruppe des JG 4 aus Alteno und Finsterwalde die Mustang in Luftkämpfe verwickeln, dringen die »Rammböcke*« zu den Bombern vor. Die erste B-17 zeigt Trefferwirkung und stürzt nur wenige Augenblicke später mit zwei brennenden Motoren steil hinab. Sie geht auf das Konto von Oberleutnant Markhoff. Und auch Unteroffizier Scherer ist erfolgreich. Seine Fortress geht fast zur gleichen Zeit in die Tiefe, da es die weiße »5« von Hauptmann Jugel trifft. Der Staffelkapitän der 5. schlägt mit seiner FW 190 bei Klein-Badegast auf.
Leutnant Hoster von der 7. Staffel springt aus der brennenden Jagdmaschine ab und hängt kurz darauf am Schirm. Ebenfalls bei Köthen fällt der 20jährige Oberfähnrich Girbig aus Oberschreiberhau im Riesengebirge, und auch sein Staffelkamerad von der 7., der Gefreite Foltin, wird wenig später von einer Mustang überrascht und abgeschossen. Immer mehr Fallschirme stehen am grauverhangenen Himmel. Freund und Feind nebeneinander. Vielleicht in derselben Minute, in der Unteroffizier Erler von der 5./JG 4 nach dem Absprung

* Bezeichnung für die gepanzerten FW 190 der Sturmgruppen

bei Namitz verwundet geborgen wird, steigt die amerikanische Besatzung der von Oberleutnant Eck bezwungenen Fortress aus.
Während die voranfliegenden Bomberverbände teilweise die Hydrierwerke von Leuna bereits angegriffen haben und die Spitze der 3. Luftdivision sich schon auf Rückflugkurs befindet, öffnen die folgenden Kampfflugzeuge gerade ihre Bombenschächte. Konnten die Amerikaner bisher einen Großteil der Angriffe deutscher Jäger erfolgreich abwehren, so sieht es wesentlich anders aus, als die Viermot.-Formationen über dem eigentlichen Ziel erscheinen. Hier schlägt ihnen das heftige Abwehrfeuer der um Merseburg konzentrierten Flak entgegen. Der 14. Flakdivision gelingt es, weitere 32 »Flying Fortress« abzuschießen und eine Anzahl von Flugzeugen zu beschädigen. Trotz seiner Verwundung kann der Navigator einer B-17 G der 447. Bombardment Group, Leutnant Femoyer, die zusammengeschossene, kaum mehr flugfähige Maschine nach England zurückbringen und erliegt kurz nach der Landung seinen Verletzungen. Der amerikanische Kongress verleiht ihm posthum die Ehrenmedaille (Medal of Honour).
Und immer noch halten die Luftkämpfe an. Es sind die Mustang, die den Luftraum über Mitteldeutschland beherrschen, denn eine deutsche Maschine nach der anderen geht nach unten oder zerplatz noch in der Luft. Bei Lebendorf wird Feldwebel Bilek von der 3./JG 3 beim Versuch, eine Bauchlandung zu machen, verwundet. Dem Kapitän der 1. Staffel, Oberleutnant Zwittning, ergeht es mit seiner Bf 109 G-14 bei Halle ebenso, und auch Unteroffizier Machalosowitz kann sich mit dem Schirm retten, doch zwei andere Angehörige der 6. Staffel, Leutnant Becker und Unteroffizier Müller, stürzen nach Luftkampf mit ihren Maschinen ab. Der Kommandeur der II./JG 3, Hauptmann Kutscha, muß für 13 Mann seiner Gruppe eine Verlustmeldung ausschreiben lassen.
Gleich drei Gefallene hat die 12./JG 4, darunter Unteroffizier Brüggemeier, der während der Landung in Halle-Nietleben von einer Mustang angeschossen wird. Unteroffizier Jessen von der 10./JG 4 muß ebenfalls seine Maschine verlassen, aber er ist einer der wenigen deutschen Flugzeugführer, die auf diese Weise den Einsatz des 2. November unverwundet überstehen.
Sind die Verluste an diesem Novembertag schon hoch genug, so führen das schlechte Wetter und technische Mängel zu weiteren Ausfällen. Noch im Sammeln begriffen rammt über Lübbenau die schwarze

»12« des Unteroffiziers Gaismann die Messerschmitt seines Staffelkameraden von der 2./JG 4, Oberfähnrich Schulz, aber beide Flugzeugführer können glücklicherweise mit dem Schirm abspringen. Beim Start der II. Sturmgruppe des JG 4 in Welzow kollidiert die Focke-Wulf des Fahnenjunkerfeldwebel Frank mit einer anderen Maschine, wobei Frank den Tod findet.

In Brandis, östlich von Leipzig, liegt seit Sommer 1944 die I./JG 400 mit den Raketenjägern Me 163 B. Die Gruppe, unter Hauptmann Olejnik speziell als Objektschutz für die Anlagen von Leuna vorgesehen, befindet sich auch heute im Einsatz. Doch es fängt schon nicht gut an. Die BQ+UJ des Oberfeldwebels Rolly hat einen Fehlstart, der Pilot kommt dabei ums Leben. Oberfeldwebel Bollenrath und Oberfeldwebel Straznicky fallen im Luftkampf.

Unter der Führung von Kommodore Oberst Rödel ist das JG 27, bisher an verschiedenen Fronten zersplittert gewesen und nun nach langer Zeit wieder vereint, für den Schutz Mitteldeutschlands vorgesehen. Seit etwa Oktober 1944 liegen die vier Gruppen im Sächsischen Raum und fliegen von hier aus ihren ersten gemeinsamen Großeinsatz. Der 2. November 1944 ist zugleich der schwärzeste Tag in der Geschichte des Geschwaders.

Das JG 27 trifft im Großraum Leipzig auf die Amerikaner, aber die Messerschmitt kommen nicht an die Viermotorigen heran. Die I. Gruppe von Hauptmann v. Eichel-Streiber, mit ihren Bf 109 G-14 in Leutewitz gestartet, wird plötzlich bei Köthen von äußerst starken gegnerischen Jagdstreitkräften angegriffen und sofort in harte Luftkämpfe verwickelt. Ähnlich ergeht es der III. und IV. Gruppe. Über Leuna erwischt es eine Bf 109 K-4 mit schwarzer »11« am Rumpf. Sie reißt ihren Piloten, den Kapitän der 10. Staffel, Hauptmann Ernst-Ascan Gobert mit in die Tiefe, und das gleiche Schicksal trifft zwei weitere Flugzeugführer der 10. sowie zwei von der 9. Staffel. Am glimpflichsten kommt Hauptmann Kellers II. Gruppe davon: Sie hat insgesamt nur einen Gefallenen und zwei Verwundete zu verzeichnen. Nach der Landung in Canitz bei Riesa vermissen die Männer der 8. Staffel ihren Kapitän, Hauptmann Rehfeld, doch kurze Zeit darauf wird sein Fallschirmabsprung bei Leipzig bestätigt. Rehfeld ist einer der beiden Verwundeten.

Großräumige Gefechte spielen sich über Merseburg, Leipzig, Zerbst und Naumburg ab. Über weite Gebiete Sachsens und Thüringens hinweg jagen sich deutsche und amerikanische Maschinen, toben erbitterte Kämpfe und vollzieht sich schließlich ein Drama. Die Deutschen wehren sich verzweifelt, doch die Übermacht ist zu erdrückend. Meldungen über Abstürze, Fallschirmabsprünge und Notlandungen reißen nicht ab, und nicht immer können die anderen den letzten Weg ihrer abgeschossenen Kameraden beobachten. Werden sie dennoch Augenzeuge des Absturzes, so halten sie oft vergebens Ausschau nach dem weißen Seidenpilz des rettenden Fallschirmes, der den Piloten sicher zur Erde bringen soll.

Mit 11 Gefallenen hat die I. Gruppe des JG 27 wohl die größten Einbußen. Allein Oberleutnant Winklers 1. Staffel meldet fünf Gefallene im Raum Köthen und Zerbst, während von der 3. Staffel zwei Flugzeugführer nicht zurückkehren, deren Schirme sich nach dem Aussteigen nicht öffneten. Auch das ist Fliegerschicksal.

Als der 2. November zu Ende geht, sind 25 Flugzeugführer des JG 27 gefallen, ein weiterer wird vermißt. Von den 12 im Luftkampf verwundeten Piloten stirbt einer am nächsten Tag infolge seiner erlittenen Verletzungen. Damit verzeichnet das Geschwader einen Ausfall von insgesamt 38 Flugzeugführern. Nur sieben Mustang-Abschüsse stehen dem gegenüber.

Bei dem Vergleich des Zahlenmaterials beider Seiten, soweit vorhanden oder zugänglich und somit auswertbar, fallen die unterschiedlichen Angaben auf. Das gilt nicht nur für den 2. November 1944, und man wird feststellen, daß die gegenseitigen Angaben sich in den wenigsten Fällen nahezu decken oder in einem zumindest vertretbaren Verhältnis zueinander stehen. Differenzen zwischen Erfolgsmeldungen der einen und Verlustangaben der anderen Seite sind also nichts Ungewöhnliches, denn Verluste der Feindseite werden meistens zu hoch angegeben. Einmal können einer Abschußmeldung Täuschungen zugrunde liegen, weil die Reaktion des Gegners, beispielsweise ein Abschwung mit Notleistung, falsch gedeutet wird, und zum anderen handelt es sich um Erfolgsmeldungen, die oft im Verlauf der nächsten Tage und sogar Wochen revidiert werden müssen. Desgleichen werden auch die eigenen Ausfälle sehr häufig niedriger angegeben. Besonders dann, wenn es sich um offizielle Verlautbarungen handelt.

Nach den Truppenverlustmeldungen verliert die Jagdwaffe am 2. November mindestens 98 Flugzeuge, die Sturmgruppen allein 24. Nach Unterlagen des I. Jagdkorps liegt diese Zahl bei 120 Maschinen, darunter 30 der Sturmgruppen, während die Amerikaner, wie schon

erwähnt, die sichere Vernichtung von 134 Jagdflugzeugen melden.
Die 8. Luftflotte gibt offiziell den Verlust von insgesamt 40 viermotorigen Kampfflugzeugen bekannt. Von diesen 40 wären 26 durch die deutsche Jagdabwehr abgeschossen worden. Besonders hervorgehoben wird der Einsatz der Sturmgruppen, wobei die Amerikaner ein Viertel des Verlustes allein der Sturmgruppe des JG 4 zuschreiben. Weiter heißt es, daß die 457. Bombardment Group neun und die 91. Bombardment Group sogar zwölf ihrer Fortress durch den Angriff einer Sturmstaffel verliert. Ist mit dieser Sturmstaffel die IV./JG 3 gemeint, so ergibt das weitere 21 B-17. Insgesamt also 27 viermotorige Maschinen, und auch nach den eigenen Unterlagen verzeichnen die beiden Sturmgruppen IV./JG 3 und II./JG 4 30 Viermot.-Abschüsse bei 30 Ausfällen.
Da aber die restlichen Jagdverbände ebenfalls eine Reihe von Abschüssen tätigen konnte, erhöht sich die Zahl der im Luftkampf vernichteten Bomber auf rund 50. Mit Sicherheit liegen die Verluste der 8. Luftflotte über der in der offiziellen Geschichte dieser Einheit angegebenen Zahl von 40, da die Flak zusätzlich 32 Abschüsse verbucht, was einem Gesamtverlust des Gegners von rund 80 viermotorigen Bombern entsprechen würde.
So unterschiedlich die einzelnen Angaben auch sein mögen, eine wirkliche exakte Gegenüberstellung kann zum jetzigen Zeitpunkt einfach nicht gelingen und wird auch in diesem Fall erst 30 oder 50 Jahre nach Kriegsschluß, also nach Ende der Sperrfrist für die Archive möglich sein.
Eines steht ohne Zweifel fest: Die Verluste der deutschen Tagjagd am 2. November 1944 sind gewaltig hoch. Sollten die nüchternen Zahlenangaben dennoch nicht ausreichen, dem Leser das Ausmaß der Einbußen erkennen zu lassen, so sei hier zur Verdeutlichung noch erwähnt, daß die über Mitteldeutschland eingesetzten Jagdverbände an diesem einen Tag *mehr* Verluste haben, als beispielsweise das Jagdgeschwader 27 in den gesamten zwanzig Monaten seines Einsatzes auf dem nordafrikanischen Kriegsschauplatz.
Wohl zum erstenmal ist die Jagdwaffe in ihrer Substanz angegriffen.

Verluste der Jagdwaffe am 2. November 1944

am Einsatz beteiligte Einheiten	gefallen oder vermißt	ver- wundet	Personal- verluste insgesamt	Maschinentyp	Verlustraum
I./JG 3	4	5	9	Bf 109 G-14	Aschersleben,
II./JG 3	11	2	13	Bf 109 G-14	Dessau, Halle
			22		
I./JG 4		2	2	Bf 109 G-14	Dessau,
III./JG 4	3		3	Bf 109 G-10/G-14	Köthen,
IV./JG 4	5	1	6	Bf 109 G-14	Zerbst
			11		
I./JG 27	11		11	Bf 109 G-14	Dessau,
II./JG 27	1	2	3	Bf 109 G-14	Köthen, Leip-
III./JG 27	5	4	9	Bf 109 K-4	zig, Leuna
IV./JG 27	10	5	15	Bf 109 G-14/K-4	Merseburg,
			38		Zerbst
I./JG 400	3		3	Me 163 B	Brandis,
			3		Leipzig
Sturmgrup- pen					
IV./JG 3	11	4	15	FW 190 A-8	Bitterfeld, Eis- leben, Halle
II./JG 4	6	3	9	FW 190 A-8	Köthen, Zerbst
			24		
Verluste insgesamt (Reichsgebiet)	70	28	98	(davon 3 Staffelkapitäne gefallen 3 Staffelkapitäne verwundet)	

Montag, 6. November 1944
Dienstag, 7. November 1944
Mittwoch, 8. November 19..

In der Lagebesprechung vom 6. November 1944 im Führerhauptquartier werden die Ereignisse der großen Luftschlacht vor vier Tagen ausführlicher erörtert, allerdings ohne an dieser Stelle näher auf die wahren Hintergründe für die Niederlage einzugehen. Wegen der teilweise doch recht aufschlußreichen Bemerkung hier ein Auszug dieser Besprechung:

Hitler: Ich habe mir die Sache neulich überlegt – ich weiß nicht, ob es dem Reichsmarschall gemeldet worden ist –, ich habe mir die Geschichte neulich noch einmal überlegt und komme zu folgendem Resultat: Es sind neulich 80 Maschinen abgeschossen worden.
Büchs*: 82
Hitler: Von diesen 80 haben die Jäger 50 abgeschossen und 30 die Flak abgeschossen. Die 30 muß man zunächst einmal wegrechnen. 490 Maschinen haben Luftkampf gehabt.
Büchs: 305!
Hitler: Gut, 305 haben Luftkampf gehabt. Neulich habt Ihr gesagt 490.
Büchs: Nein, 305. Das ganze Jagdgeschwader von Frankfurt hat keinen Luftkampf gehabt, und vom Jagdgeschwader 4 ...
Hitler: Gut, 305! Es ist egal. Davon, hat er gesagt, war eine Sturmstaffel mit 42 Maschinen eingesetzt. Diese Sturmstaffel hat allein 30 abgeschossen.
Büchs: Beide Sturmgruppen. Es waren 2 Sturmgruppen.
Hitler: Mit zusammen –?
Büchs: Mit zusammen 63 Flugzeugen. Davon haben 61 Luftkampf gehabt.
Hitler: Gut 61!
Büchs: Die haben 30 Viermotorige abgeschossen.
Hitler: Dann bleiben also noch 20 übrig. Wenn Sie die 60 Maschinen von 305 abziehen, bleiben noch 240. 240 Maschinen haben zusam-

---
* *Major Herbert Büchs,* Hilfsoffizier des Chefs des Wehrmachtsführungsstabes

men im Luftkampf 20 Abschüsse gehabt und haben selber verloren: die Sturmstaffel 30.
Büchs: Die Sturmstaffel 30.
Hitler: Und die anderen haben 90 verloren. Also bei 90 Verlusten haben die zusammen 20 abgeschossen bei 240 Einsätzen.
Christian**: Nun noch eins: die Sturmgruppe hat noch eine Gruppe bei sich, die sie deckt.
Hitler: Das ist mir ganz wurscht. Ich sage: die deckende Gruppe muß auch noch schießen. Es sind nicht nur Bomber, sondern auch Jäger heruntergeschossen worden.
Büchs: Das ist klar.
Hitler: Also das Resultat ist dann ein völlig unbefriedigendes.
Christian: Das Entscheidende ist noch dabei, daß diese 30 Abschüsse von den Sturmgruppen ...
Hitler: Ist bei all diesen Sachen jemand bei Euch, der all diese Sachen planmäßig in dieser Weise durcharbeitet? Der Reichsmarschall weiß es jedenfalls nicht. Wie er neulich hier war, hatte er noch nicht einmal eine Ahnung, daß unsere Verluste größer sind, weil man durch diese verfluchten »Nichtlande-Meldungen« das ganze Bild verpfuscht.
Christian: Das wird jeden Tag vorgetragen.
Hitler: Ich möchte diese Ausrechnung haben. Das ist doch der schlagende Beweis, daß entweder die Jäger nichts taugen oder die Maschinen. Die Jäger, kann man nicht behaupten, weil sie heruntergeschossen werden. Also taugen die Maschinen nichts. Ich habe aber ein umgekehrtes Urteil von der Luftwaffe: die Maschinen seien gut. Das ist lächerlich. Wenn ich diese Sache durchrechne, komme ich zu einem vernichtenden Resultat.
Büchs: Von diesem Einsatz sind von den ursprünglich 65 vermißten Maschinen bis zum heutigen Tage gefunden worden insgesamt 38 Flugzeuge. Es sind noch vermißt 27. Die Flugzeuge waren alle 38 total zerstört, 32 Personen tot und 6 verwundet, bzw. heil zurückgekehrt.
Hitler: Man braucht eine gewisse Zeit, bis man durch die Schliche kommt. Man hat mir neulich eine Rechnung vorgelegt von einem Monat. Man hätte aber sagen müssen, wieviel Einsätze geflogen worden sind. Für einen Monat sieht es toll aus. Aber die Einsatzzahl ist doch ...

** *Gen. Maj. Eckhard Christian,* 1944/45 Chef des Luftwaffenführungsstabes

Büchs: Die Einsatzzahlen trage ich auch vor. Sie liegen aber für den vollen Monat noch nicht vor.
Hitler: Eben drum! Das ist so minimal.
Christian: Das sind aber Prozente, mein Führer.
Büchs: Mein Führer, ich verfolge jetzt vom 1. ab diese ganzen Einsätze, speziell für Vermißtenmeldungen.
Hitler: Es muß einer da sein, der diese ganzen Sachen durcharbeitet und Schlüsse und Konsequenzen daraus zieht. Es müssen doch Konsequenzen daraus gezogen werden. Man kann doch nicht einfach sagen: das ist nun einmal so!
Christian: Mein Führer, es findet laufend ein Planspiel bei ... Luftflotte Reich, Generaloberst Stumpff, ist dafür verantwortlich. Galland als Inspekteur kann in die Truppe hereinreden. Der Reichsmarschall hat laufend bei sich ...
Hitler: Ich muß sagen: mir hat man noch niemals eine solche Rechnung vorgelegt.
Christian: Mein Führer, ich habe lauter solche Tabellen.
Hitler: Aber ich habe eine Auseinanderfieselung noch nicht erlebt. Das muß man selber machen.
Christian: Das war gleich der erste Eindruck: die Sturmgruppe hat 30 viermotorige Bomber abgeschossen.
Hitler: 30. Und 30 die Flak. Bleiben noch 20 übrig. Diese kommen auf 260 Luftkämpfe. Das ist ein miserables Resultat. 260 Jäger setze ich ein und schieße 20 ab. Wenn ich also 2000 einsetze, schieße ich 200 ab. Also kann ich überhaupt gar nicht damit rechnen, daß bei diesen Maschinen irgendwie ... und dabei werden sie noch auf Teufel komm raus weiterproduziert. Die fressen bloß Arbeitskräfte und Material.
Christian: Der eigentliche Grund, mein Führer, ist nur der gewesen, daß die Jungen 10 Tage nicht geflogen sind.
Hitler: Also »Gründe« haben wir früher auch immer gehabt!
Christian: Das wirkt natürlich ein. Dagegen das Geschwader, das im Westen gestartet ist bei schlechter Wetterlage, ist ohne Verluste gelandet, weil es jeden Tag fliegt, auch bei schlechtem Wetter. Das wirkt sich natürlich aus.
Hitler: Gegen die Flieger will ich nichts sagen, sondern zunächst die Resultate des Abschießens; daran ändert sich doch nichts. Denn mit 2600 Flugzeugen habe ich dann die Wahrscheinlichkeit, daß sie 200 abschießen. Mit anderen Worten: Die Hoffnung, daß man

Eine Rotte Bf 109 G der I./JG 27 beim Alarmstart. Auch von den anderen Plätzen jagen Messerschmitt der Reichsluftverteidigung den Viermot.-Verbänden entgegen.

Boeing B-17 G Fortress der 447. Bombardment Group, 8. US-Luftflotte. Die deutschen Jäger sehen sich praktisch täglich diesen amerikanischen Bomberpulks gegenüber und versuchen, den Gegner in zahllosen Luftschlachten abzuwehren.

Eine FW 190 D-9 jagt durch einen Kampfverband und gerät dabei fast in den Bombenwurf eines Viermotorigen.

durch Masseneinsatz eine Dezimierung vornimmt, ist überhaupt gar nicht gegeben. Es ist also Wahnsinn, daß man Maschinen dauernd weiterproduziert, nur damit die Luftwaffe mit Zahlen operieren kann!

Im Verlauf des November 1944 sollte der »Große Schlag«, der Einsatz aller bis dahin im Reich konzentrierten Jagdverbände also, verwirklicht werden. Doch da kommt die Luftschlacht des 2. November dazwischen, bei der ein Großteil der für rund drei Wochen am Boden gebunden gewesenen Einheiten eingesetzt und dabei aufgerieben wird. Nach Auswertung der Ergebnisse dieses Tages steht es fest, daß an eine Durchführung des beabsichtigten Großeinsatzes vorläufig nicht mehr zu denken ist. Und da der Erfolg eines solchen Unternehmens gleichfalls von der Wetterlage abhängig sein würde, entscheidet Hitler, nach dessen Meinung die eigenen Jagdflugzeuge denen des Gegners in jeder Hinsicht unterlegen sind, auch kleine Verbände an den Feind zu bringen, wenn dieser einmal mit zahlenmäßig gleichen Kräften einfliegen sollte. Göring wendet sich indessen am 7. November mit folgendem Erlaß an »seine Jagdflieger«:

»Seit Monaten liegt das schwer kämpfende Heer in Entscheidungsschlachten, deren Ausgang Sieg oder Untergang bedeuten. Die Luftwaffe konnte die ihr übertragenen Aufgaben nicht erfüllen.
In klarer Erkenntnis dieser Lage hat sich unser Führer entschlossen, uns die Zeit zu geben, die erforderlich war, um unsere Waffe wieder aufzubauen und neu zu formieren.
Kameraden! Die Zeit ist um. Nun gilt es, wieder anzutreten und zu beweisen, daß es gelungen ist, die deutsche Jagdwaffe neu zu schmieden – stärker, einsatzfreudiger und entschlossener denn je. Jetzt müssen wir beweisen, daß daß deutsche Volk nicht umsonst gehofft, der deutsche Arbeiter nicht vergebens geschafft hat.
Jagdflieger, es gilt! Der bevorstehende Großeinsatz der Jagdwaffe muß die Geburtsstunde einer neuen, starken, wieder sieggewohnten Luftwaffe werden.«

Die Ereignisse des 2. November jedenfalls scheint der Oberbefehlshaber der Luftwaffe, dem Wortlaut dieses Aufrufes nach zu schließen, überhaupt nicht zur Kenntnis genommen zu haben.
Inzwischen formt sich in Achmer das Versuchskommando Nowotny und fliegt zu Beginn des Monats bereits die ersten Einsätze, aller-

dings ohne daß dabei die neuen Messerschmitt-Düsenjäger schon zu einer entscheidenden Waffe werden können, da die Me 262 einmal wegen zu geringer Produktionsziffern nicht schneller die Truppe erreicht und zum anderen immer noch vorwiegend den Kampfgeschwadern zugeführt wird.

Am 8. November startet Major Walter Nowotny mit seinem Verband gegen einen Viermot.-Einflug. Die Deutschen haben sofort Luftkampf, der sich ausschließlich über den Wolken abspielt. Ritterkreuzträger Leutnant Schall bezwingt drei Mustang-Begleitjäger, und auch Nowotny meldet seinen dritten Abschuß. Doch dann hören die Männer unten im Gefechtsstand seine verzweifelten Rufe. Irgendwas stimmt mit der einen Turbine nicht. Es dauert nur Sekunden, bis die Me 262 durch die Wolken stößt und mit einer Explosion auf einem Wiesenstück der Gemeinde Epe bei Bramsche zerschellt. Nowotny, mit den Brillanten ausgezeichnet und Sieger in 258 Luftkämpfen, ist tot. Die wirkliche Absturzursache konnte nie genau geklärt werden.

Es soll zugleich der letzte Einsatz von Achmer aus gewesen sein, denn die Messerschmitt Me 262 des Versuchskommandos verlegen nach Lechfeld, um später den Kern des neuen Düsenjagdgeschwaders JG 7 zu bilden.

Sonnabend, 18. November 1944

»18.11.44: Gestern ist Fw. Damm (13.) über dem Platz Hüfingen ins Trudeln geraten und tödlich abgestürzt. Meimbergs II./ JG 53 hatte Luftkampf im Raum Karlsruhe. Fw. Barfuss, Fhr. Schliwinski (5.) gefallen.
... die Amerikaner heute mit starken Formationen P-47 und P-51 über Südwestdeutschland. II. und III./JG 53 im Abwehrkampf, dabei insgesamt 8 Ausfälle an Flugzeugführern. Lt. Kupfender (12.) wird vermißt; Start in Neuhausen ob Eck. Uffz. Sommerhoff (11.) Fallschirmabsprung bei Irrendorf.
Nördlich von Bietingen wurde Uffz. Pläschke (10.) am Schirm hängend beschossen und dabei verwundet. Uffz. Weitzel (5.) und Fw. Fischer (8.) sprangen über dem Raum Speyer ab.
Innerhalb von drei Wochen hat die IV. Gruppe einen

Kommandeur und einen Staffelkapitän verloren (Hptm. Morr, Oblt. Kayl am 29. 10.) und somit sieben Gefallene und zwei Verwundete zu beklagen.«

Dienstag, 21. November 1944

Mit derselben Marschrichtung wie am 2. November nähern sich die auch diesmal von rund 650 Mustang begleiteten Viermotorigen der 8. amerikanischen Luftflotte am 21. wiederum Mitteldeutschland. Das Wetter ist ausgesprochen miserabel. Gebietsweise regnet es sehr stark, der Gesamthimmel zeigt sich völlig verhangen, und auch die mittleren bis tiefen Schichten weisen eine dichte, bis etwa 8/10 reichende Wolkendecke auf. Nur in Bodenhöhe beträgt die Sicht mehr als fünf Kilometer.
Auf den verschiedenen Plätzen warten rund 400 Maschinen des I. Jagdkorps seit geraumer Zeit, zum Teil schon in Sitzbereitschaft, auf den Einsatz. Doch der Startbefehl kommt nicht, und nur wenige kennen den eigentlichen Grund dafür. Bekanntlich war es schon im vergangenen Winter 1943 kaum möglich gewesen, Schlechtwettereinsätze durchzuführen, denn der Tagjagd fehlten geeignete Funkausrüstungen, Start- und Landehilfen sowie eine entsprechende Ausbildung der Flugzeugführer überhaupt. Im November 1944, ein Jahr später, existieren ganze zwei Verbände, welche die Voraussetzungen für einen solchen Einsatz mitbringen sollen. Es sind dies die Schlechtwettergeschwader JG 300 und JG 301, beide aus der ehemaligen einmotorigen Nachtjagd »Wilde Sau« hervorgegangen. Die Gruppen des JG 300 liegen zu dieser Zeit in der Mark Brandenburg im Raum südlich von Berlin, während das JG 301 im Gebiet zwischen Salzwedel, Sachau, Stendal stationiert ist.
Andererseits zögert das Generalkommando des I. Jagdkorps wegen schlechter Witterungsverhältnisse mit dem Einsatz, um die immer noch zu mangelhaft vorbereiteten Jagdflieger nicht unnütz und sinnlos in den Kampf zu werfen. So auch am 21. November.
Über das heutige Ziel der Amerikaner herrschen keine großen Zweifel, denn der Einflug läßt einen erneuten Angriff auf Merseburg vermuten. Da aber über dem westlichen Reichsgebiet eine riesige Schlechtwetterfront steht, rechnen die Deutschen wahrscheinlich damit, daß die Viermot.-Verbände kehrt machen würden. Aber die

Amerikaner weichen nicht von ihrem Kurs ab und schicken sich an, im Raum Hannover diese Schlechtwetterfront zu durchdringen. Jetzt erst gibt die Luftflotte Reich den einzelnen Jagddivisionen den Befehl zum Einsatz.

Der Start erfolgt in jedem Fall zu spät, denn die Jagdverbände werden lange nach den amerikanischen Kampfflugzeugen über dem Zielgebiet eintreffen. Die ersten Feindberührungen finden in den Wolken statt, während die starke Eskorte des Gegners den Großteil der eigenen Flugzeuge noch beim Sammeln überrascht. Dem Bomberstrom am nächsten sind die drei Gruppen des JG 301, das mit seinen Focke-Wulf FW 190 A-9/R 11* wahrscheinlich auch als erste Einheit Luftkampf meldet. Die Begegnung mit den Mustang der 352. und 359. Fighter Group kommt so plötzlich, daß die Deutschen kaum Zeit finden, ihre Zusatztanks abzuwerfen. Der sich anschließende, ungleiche Kampf in den Regenwolken ist bald entschieden.

Das Geschwader meldet zehn gefallene und zwei vermißte Flugzeugführer. Acht weitere werden verwundet, drei von ihnen sind mit dem Schirm abgesprungen. Auch Feldwebel Böwer von der 1. Staffel, einer der acht Verwundeten, wird von den Mustang gejagt, kann aber trotz Treffer in seiner graugefleckten Focke-Wulf den Platz der III./JG 301 erreichen und in Stendal eine Notlandung machen. Kein solches Glück hat der Kapitän der 7. Staffel, Oberleutnant Kretschmer. Ist es das schlechte Wetter oder die rote Kraftstoffwarnlampe, was ihn dazu bewegt, östlich von Eisenach bei Wenigenlupnitz zur Landung anzusetzen? Wir wissen es nicht. Oberleutnant Kretschmer wird von mehreren Mustang verfolgt und beim Landeversuch abgeschossen. Und auch **Gruppenkommandeur Hauptmann Burggraf** fällt über Jena.

Wieder blähen sich weiße Schirme am Himmel auf. Dort, wo die Wolkenlage noch nicht so dicht auftreten, sind die Seidenglocken noch gut zu beobachten. Weit höher jedoch ist die Anzahl der abstürzenden Maschinen, deren Piloten nicht mehr freikommen.

Inzwischen sind in Borkheide die I./JG 300 und in Reinsdorf die IV./JG 300 gestartet. Sie stoßen im Raum Hannover–Braunschweig auf die Mustang. In diesem Einsatz verliert die I. Gruppe zwei Maschinen

---

* Der Rüstsatz R 11 (bei FW 190) bestand aus dem Funkfeuerempfangsgerät FuG 125, mit welchem hauptsächlich die Maschinen der Schlechtwetterverbände ausgerüstet wurden. Mit diesem Gerät war auch der Zielflug auf dem Leitstrahl eines Landefunkfeuers möglich

ohne Feindeinwirkung, als über Hildesheim eine Focke-Wulf, wahrscheinlich von der 2./JG 1, die Bf 109 von Unteroffizier Horstkötter rammt und die zweite Me, die weiße »8« des Unteroffiziers Hennersdorf unglücklicherweise von der eigenen Flak abgeschossen wird.
Die I. Gruppe des JG 1 fliegt von Greifswald aus, wo sie sich seit Anfang Oktober zur Auffrischung befindet, mit Südkurs und wird von den Bodenstellen in den Einsatzraum geleitet. Sie soll den Viermot.-Verband über Thüringen treffen. Das Geschwader muß jedoch am heutigen Tag wahrscheinlich den größten Verlust von allen deutschen Verbänden erleiden, da die einzige, am Abwehreinsatz beteiligte Gruppe fast aufgerieben wird. Mindestens 20 Maschinen beträgt der Ausfall, allein acht davon über Erfurt. Das sind zwei Drittel des gesamten Bestandes der Gruppe. Für die Flugzeugführer ist der 21. November seit langer Zeit wieder der erste Feindflug und für viele zugleich auch der letzte Einsatz. Ob der Gefreite Simmel von der 3. Staffel sich darüber noch hat Gedanken machen können, als er in seine gelbe »14« kletterte, bleibt uns verborgen. Über Sangerhausen jedenfalls ereilt ihn sein Schicksal. Er fällt im Luftkampf mit einem Schwarm Mustang, und mit ihm drei Fähnriche der Staffel. Allein dem Oberfähnrich Seume gelingt über Alsdorf der Absprung aus seiner FW 190 A-8. Oberleutnant Bergmann kommt bei Weimar mit der 2. Staffel in Bedrängnis. Die Deutschen haben Mühe, sich der Mustang-Meute zu erwehren und können letzthin nicht verhindern, daß nicht weniger als fünf Focke-Wulf abgeschossen werden. Bei der 4. Staffel sind es sechs Maschinen, ihre Piloten gefallen oder vermißt. Nur einer, Unteroffizier Fendler, springt über Erfurt ab.
Längst sind die amerikanischen Kampfflugzeuge über den Leuna-Werken erschienen und werfen dort fast ungehindert 475 Tonnen Bomben auf die Treibstoffanlagen. Nur das JG 4 versucht mit der III. Gruppe, hier zu den Bombern vorzudringen, aber wie schon für das JG 1 unmöglich, so bringt es auch das JG 4 nicht fertig, den Mustang-Gürtel zu sprengen. Allerdings halten sich die Verluste mit einem Gefallenen und drei Verwundeten noch im Rahmen.
Als der Startbefehl die jetzt in Hopsten stationierte II. Gruppe des JG 27 sowie die dem JG 27 unterstellte IV./JG 54 erreicht, befinden sich die Amerikaner schon längst auf Gegenkurs. Über dem Ruhrgebiet haben die Jagdformationen Kontakt mit dem abfliegenden Bomberpulks. Sie werden sofort von der gegnerischen Eskorte in Empfang genommen, diesmal von den Thunderbolt der 366. Fighter

Group der 9. amerikanischen Luftflotte. In den Luftkämpfen über dem Raum zwischen Köln und Düsseldorf melden die Thunderbolt-Piloten den Abschuß von zehn Maschinen sowie drei weitere als wahrscheinlich abgeschossen. In den Unterlagen der II./JG 27 sind hingegen insgesamt fünf Verluste verzeichnet. Aber auch die IV./JG 54 büßt fünf Focke-Wulf ein, darunter die beiden FW 190 von Feldwebel Stix und des Gefreiten Strakhof, die beide über Münster-Handorf kollidieren und anschließend abstürzen.

Ohne Frage muß der gesamte Abwehreinsatz an diesem Tag als absoluter Fehlschlag angesehen werden. Die Angriffe zersplittern oder werden schon von vornherein vereitelt. Der gegnerische Begleitschutz kann die Jagdstreitkräfte der Reichsluftverteidigung so in Luftkämpfe verwickeln, daß das eigentliche Vorhaben, der Durchbruch zu den Bombern, nicht gelingt. Der Begleitschutz der gegen Merseburg eingesetzten Kampfverbände meldet den Abschuß von 63 deutschen Jägern und sieben wahrscheinliche Abschüsse. Vierzehn B-17, darunter vier von der 303. Bombardement Group, gehen verloren. Sie fallen vorwiegend der Bodenabwehr zum Opfer. Die Gesamtverluste der Amerikaner an diesem Tag belaufen sich auf 25 Viermotorige und 15 Jäger.

Einsätze lassen sich jetzt, da die wenigsten über ausreichende Luftkampferfahrungen verfügen, aber auch in nichts mehr mit der einst so stolzen Jägerei zu Beginn des Krieges vergleichen. Schon lange verhindert die Gesamtsituation eine umfangreichere Ausbildung, so daß die jungen Angehörigen der Flugzeugführer- und Jagdfliegerschulen, kaum daß sie mit der Bf 109 die Platzrunde beherrschen, zur Truppe versetzt werden, um sich unter Umständen schon ab dem ersten scharfen Einsatz im Feuerofen der Luftschlachten wiederzufinden, aus dem es kein Entrinnen mehr gibt. Für das Versäumnis, nicht nachhaltig genug auf eine defensive Kampfesführung vorbereitet worden zu sein, müssen nun die Jagdflieger unsinnig hohe Opfer bringen.

Verluste der Jagdwaffe am 21. November 1944

am Einsatz beteiligte Einheiten	gefallen oder vermißt	ver- wundet	Personal- verluste insgesamt	Maschinentyp	Verlustraum
I./JG 1	15	5	20	FW 190 A-8	Eisleben, Erfurt, Gardelegen, Weimar
III./JG 2	1		1	FW 190 A-8	Rhein-Main
III./JG 4	1	3	4	Bf 109 G-14/K-4	Osterhausen, Querfurt
II./JG 27	4	1	5	Bf 109 G-14/K-4	Köln, Mönchen-Gladbach, Neuss
IV./JG 54	2	3	5	FW 190 A-8	Krefeld, Münster-Handorf
I./JG 300	2	1	3	Bf 109 G-14	Braunschweig,
IV./JG 300	3	1	4	Bf 109 G-10/G-14	Gifhorn, Hannover, Hildesheim
			7		
I./JG 301	8	4	12	FW 190 A-9/R 11	Eisenach, Erfurt,
II./JG 301	4	3	7	FW 190 A-9/R 11	Gotha, Jena, Koe-
III./JG 301		1	1	FW 190 A-8	nitz, Stendal, Zeitz
			20		
Verluste insgesamt (Reichs- gebiet)	40	22	62	(davon 1 Gruppenkommandeur gefallen 2 Staffelkapitäne gefallen 1 Staffelkapitän verwundet)	

Sonnabend, 25. November 1944

Am 14. November beginnt die amerikanische Offensive beiderseits der Vogesen. Nach sehr harten Kämpfen kann die 3. US-Armee unter General Patton am 20. die alte lothringische Festungsstadt Metz einnehmen und drei Tage später Straßburg erobern. Starke Jagdstreitkräfte der 9. taktischen US-Luftflotte, die den Erdtruppen Luftunterstützung geben, sind die Gegner der in diesen Kampfraum geworfenen deutschen Jagdverbände. Soweit es das Wetter zuläßt, befinden sich die amerikanischen Thunderbolt praktisch ständig über der Front, so daß es dort, vorwiegend aber über dem Hagenauer Forst auch immer wieder zu Luftgefechten kommt.

Ende Oktober 1944 wird aus Teilen der II. und III./JG 5 eine neue Gruppe, die IV./JG 4 gebildet. Diese Gruppe, die schon in der Luftschlacht vom 2. November Opfer bringen mußte, trifft jetzt Vorbereitungen für die Verlegung von Fürstenwalde nach Rhein-Main.

»25.11.44: Der erste Einsatz von Rhein-Main aus und gleich 5 Flugzeugführerausfälle. Wurden bei Deckung eigener Truppen im Raum Straßburg und südlich des Hagenauer Forstes von vielen P-47 angegriffen.

Bei der 13. Staffel von Jupp Kunz sind ausgefallen: Uffz. Mehrens verwundet, Fw. Lautenschläger bei Iffezheim gefallen. Die 14. Staffel hat ebenfalls einen Verwundeten und einen Gefallenen. Uffz. Blumenberg FSA* bei Neuweiler, Uffz. Müller von P-47 bei Rastatt abgeschossen. Von der 16. Staffel wurde Uffz. Bintriem verwundet (FSA bei Straßburg).

Kommodore JG 4, Major Michalski, bekommt das Eichenlaub.«

Sonntag, 26. November 1944

Als die Besatzungen der 491. Bombardment Group nach der Einsatzbesprechung die Baracke verlassen, ahnt keiner der Männer, daß der

* FSA = Fallschirmabsprung

bevorstehende Flug nach Deutschland für die Gruppe äußerst verlustreich verlaufen soll. Die Liberator der 491. starten am Vormittag in North Pickenham. Über Südostengland sammeln sich die Formationen der 8. Luftflotte, um dann, in mehreren Wellen gestaffelt, den Kanal in Richtung Festland zu überfliegen. Eine Armada von fast 1000 Maschinen. Das Ziel: die Anlagen des Hydrierwerkes von Misburg bei Hannover.
Die Schlechtwetterfront, welche noch vor einer Woche über Westdeutschland hing, hat sich inzwischen längst verlagert, so daß die Amerikaner heute über Hannover einen nahezu wolkenlosen Himmel vorfinden. Das Unheil wird nicht nur über die 491. Liberatorgruppe hereinbrechen, sondern auch ihren unmittelbaren Gegner treffen, denn der 26. November ist der Schwarze Tag des Jagdgeschwaders 301.
Da das Wetter seit langer Zeit wieder einmal günstigere Voraussetzungen für einen Gegenangriff schafft, zögern die Deutschen auch nicht, einen Großteil der einsatzklaren Flugzeuge bereitzustellen: insgesamt etwa 550 Jagdmaschinen des I. Jagdkorps und des Luftwaffenkommandos West, von denen allerdings rund ein Viertel keine Feindberührung haben wird.
Inzwischen haben die Bomberwellen das nördliche Oldenburg passiert und fliegen jetzt mit leichtem Südostkurs in Richtung Elbe weiter. In Mecklenburg starten die Gruppen des JG 1 und JG 6, auf den Plätzen zwischen Stendal und Salzwedel hält sich das JG 301 bereit.

Bei relativ guter Fernsicht bleiben die Kondensstreifen der Amerikaner nicht lange verborgen, und die Jäger der Reichsluftverteidigung können sich schon rechtzeitig auf den kommenden Angriff vorbereiten. Die Führung der Verbände von den Bodenstellen aus hätte sich heute fast erübrigen können, denn die dichtgestaffelten »combat boxes« des Gegners sind nicht zu übersehen. Rund 50 bis 80 Maschinen des aus der Schweriner III. Gruppe des JG 6 sowie der I. und II./JG 1 bestehenden Gefechtsverbandes stoßen zwischen Uelzen und Perleberg in breiter Front auf die Pulks der Viermotorigen, aber auch die Mustang-Eskorte ist auf der Hut und hat sich längst zur Gegenwehr formiert. So kommt es, daß kurz hintereinander im genannten Raum allein von der II. Gruppe des JG 1 fünf Jagdflugzeuge verlorengehen. Außerdem rammt zu allem Überfluß die Maschine des Fähnrichs Peters während der Luftkämpfe über Uelzen die FW

190 von Fähnrich Hinrichs, worauf beide Piloten abstürzen und ums Leben kommen.
Jetzt erst ändern die Spitzen der Kampfverbände im Raum Wittenberge ihre Flugrichtung und wenden sich nach Süden. Sie fliegen westlich an Stendal vorbei, um schließlich auf der Höhe von Gardelegen mit Westkursen das eigentliche Zielgebiet anzusteuern.
Währenddessen meldet das JG 6 drei Fallschirmabsprünge bei Salzwedel, alle drei Flugzeugführer kommen mit Verwundungen davon. Aber bei Poppau wird Oberleutnant Wernhard Meyer, Staffelkapitän der 7., und bei Salzwedel Fähnrich Obrakat, ebenfalls von der 7., von Mustang-Begleitjägern tödlich abgeschossen. Jedoch mit vier Verlusten steht die 9. Staffel an der Spitze der Gruppe.
Doch das eigentliche Drama beginnt erst mit dem Einsatz des JG 301. Am 26. November starten alle drei Gruppen von den Plätzen bei Salzwedel, Sachau, Stendal und Solpke, um in die Planquadrate »Gustav-Ulrich«, »Heinrich-Ulrich« und »Heinrich-Theodor« geleitet zu werden. Die Amerikaner stehen mit den Spitzengruppen zu diesem Zeitpunkt schon dicht vor Hannover, aber die Formationen des JG 301 sind schnell heran, so daß es südlich zwischen Braunschweig und der niedersächsischen Metropole dann zu der folgenschweren Begegnung mit den Schwärmen der Begleitjäger kommt. Aber diesmal entdecken die Deutschen einige Lücken, die es ermöglichen, zu den Pulks vorstoßen zu können, und es ist die 491. Bombardment Group, deren Liberator nun der Angriff gilt.
Plötzlich ist die Luft angefüllt vom Geknatter der Bordwaffen. Motoren heulen auf. Die ersten FW 190 stürzen ab. Zwei bei Mellendorf, eine in der Nähe von Bad Münder. Die Gefreiten Henning und Doßmann sowie Feldwebel Handel fallen. Über Rethen sitzt Oberleutnant Vollert, Kapitän der 5. Staffel, dicht hinter einer Liberator, doch die beiden ihn verfolgenden Mustang sind schneller. Nach wildem Kurvenkampf muß Vollerts A-9 hinunter.
Bei Sarstedt und Peine gehen drei Fallschirme nieder. Die Piloten, die daran hängen, gehören zur 7. Staffel: Unteroffizier Stargardt, Oberfeldwebel Menzel und Feldwebel Röglsperger. Alle drei melden sich später mit Verwundungen zurück.
Immer noch fliegt das JG 301 seine Angriffe gegen die Viermotorigen und muß sich gleichzeitig der unzähligen Mustang erwehren. Die Eskorte scheint, da ihre Deckung sich diesmal teilweise durchlässig zeigte, jetzt erst hellwach zu werden und versucht nun im gesteigerten

Maße, die Angriffe der deutschen Jagdflieger abzufangen. Entsprechend hart verlaufen auch die Gefechte am hannoveranischen Himmel.

Während eines anhaltenden Kurvenkampfes haben sich zwei Maschinen abgesondert. Die vordere, eine deutsche mit der roten »1« am Rumpf, wird von einer amerikanischen verfolgt. Der deutsche Flugzeugführer scheint seine Focke-Wulf nicht mehr ganz unter Kontrolle bringen zu können, die ersten Garben der Mustang müssen also bereits empfindliche Teile getroffen haben. Unter den Maschinen jetzt der Aller-Kanal, dann das Boldecker Land, und immer weiter nach Norden geht die Verfolgungsjagd. Minuten darauf hat die P-51 ihren Gegner bezwungen: Die 6. Staffel hat ihren Kapitän, den Oberleutnant Rudolf Schick verloren.

Ostwärts Eimbeckhausen erwischt es Feldwebel Helmut Thiemann. Seine Focke-Wulf stürzt brennend ab, nachdem dem Piloten noch der Ausstieg aus der blauen »2« gelang. Doch Thiemann, Angehöriger der 8. Staffel, bleibt vermißt. Erst am 18. Dezember findet man ihn in einer Tannenschonung im Rittergutsforst Stölting. Ebenfalls über Eimbeckhausen wird Feldwebel Werner Meyer von der 3., mit 27 Jahren schon einer der »älteren« Flugzeugführer, abgeschossen und stürzt mit seiner Maschine in eine Möbelfabrik des Ortes. Überhaupt muß die I. Gruppe heute die meisten Gefallenen verzeichnen. Da ist Leutnant Brinkmann darunter, Fähnrich Raykrotzki und Unteroffizier Geibler, die allesamt über Bad Münder den Mustang zum Opfer fallen und abgeschossen werden, während die anderen das Schicksal über Minden, Bückeburg und Hameln ereilt. Nur die 4. Staffel scheint mit einem Gefallenen und drei Verwundeten etwas mehr Glück gehabt zu haben. Unteroffizier Schäper kann bei Bredebeck abspringen und wird, wie auch sein Staffelkamerad Unteroffizier Hellriegel, verwundet geborgen.

Bei der III. Gruppe hat die 10. Staffel die meisten Ausfälle, darunter die Leutnants Franzel und Karioth, die beide im Raum Braunschweig im Luftkampf verwundet werden. Fähnrich Voigt fällt in seiner roten »15« über Wunstorf.

Als die Schlacht für das JG 301 vorbei ist, hat das Geschwader 26 Gefallene und Vermißte sowie 13 Verwundete zu beklagen. Fritz Yung, Ende April 1944 über Erding abgeschossen und dabei schwer verwundet, kommt nach seiner Wiederherstellung wieder zum JG 301 zurück. Seine erste Tätigkeit besteht darin, die am 26. November ge-

fallenen Kameraden auf dem Ehrenfriedhof Wunstorf zu bestatten. Es ist eine traurige Pflicht, die Yung da übernehmen muß, und viele Flugzeugführer sind noch nicht identifiziert. Aber auch für den erst Wochen später aufgefundenen Feldwebel Thiemann wird der Wunstorfer Friedhof zur letzten Ruhestätte: 9. Abteilung rechts, 2. Reihe, Grab 5.
Der Einsatz hingegen ist noch nicht zu Ende, denn nachdem die amerikanischen Kampfflugzeuge insgesamt 862 Tonnen Bomben auf das Stadtgebiet von Hannover abgeworfen haben und anschließend Rückflugkurs einschlagen, kommen sie in den Bereich des inzwischen in Rheine, Hopsten, Achmer und Hesepe gestarteten JG 27 und der IV./JG 54 aus Vörden. Die genannten Verbände, der 3. Jagddivision unterstellt, nehmen den Gegner über den nördlichen Ausläufern des Teutoburger Waldes und dem Emsland in Empfang, aber die 27er bekommen auch heute wieder die wütenden Abwehrangriffe der Mustang zu spüren.
Auf den weiten Flächen beiderseits des Mittelland-Kanals zerschellen die ersten Messerschmitt, und nördlich davon, praktisch über den eigenen Einsatzhorsten, öffnen sich Fallschirme. Die 5. Staffel verliert über dem Raum Hesepe gleich zwei Maschinen, eine davon gehört dem Kapitän der 5., Leutnant Bittner, der mit dem Schirm abspringt und verwundet zu seiner Staffel zurückkehren kann. Gleichfalls verwundet übersteht Oberfähnrich Paffrath diesen Einsatz.
Auch im Gebiet um Osnabrück kommt es zu Luftkämpfen, die sich dann in nördlicher Richtung ausdehnen und sich bis nach Vechta und Bersenbrück erstrecken. Fahnenjunkerunteroffizier Utz, der mit der 7. Staffel in eine Kurbelei verwickelt ist, fällt bei Bramsche, während der schwerverwundete Leutnant Siegfried Dellin über Osnabrück gerade noch seine brennende Bf 109 verlassen kann. Dellin übersteht den Absprung, doch er muß sofort in ein Lazarett eingewiesen werden. Am 21. Februar 1945 erliegt Leutnant Dellin seinen schweren Verletzungen.
Je drei Gefallene haben die III. und IV. Gruppe des JG 27, Unteroffizier Gerd Schmidt bleibt vermißt. Einen besonders tragischen Verlust erleidet die IV. Gruppe des JG 54, als Ritterkreuzträger Heinz Sterr bei der Landung in Vörden von einer Mustang dicht über dem Platz abgeschossen wird. Oberleutnant Sterr hatte insgesamt 130 Luftsiege, davon 127 im Osten erringen können und kam erst im Herbst 1944 als Staffelkapitän zur 16./JG 54. Mit seinem Tod verliert

die Gruppe einen ihrer profilierteren Flugzeugführer. Der zweite Gefallene der IV./JG 54 ist Unteroffizier Schische von der 13. Staffel.
Ohne Feindeinwirkung fällt der Kommandeur der I. Gruppe des Jagdgeschwaders Udet, Hauptmann Haase. Der Verband hat heute keinen Einsatzbefehl, lediglich der Gruppenschwarm befindet sich nach einem Alarmstart in der Luft. Kurz darauf stößt Hauptmann Haase bei Erkelenz mit der Maschine seines Rottenfliegers zusammen und stürzt tödlich ab.
Somit haben die Jagdflieger der Reichsluftverteidigung wiederum einen empfindlichen Schlag hinnehmen müssen. Die beteiligten Jagdgruppen büßen am 26. November wenigstens 90 Maschinen ein, so daß die von den Alliierten genannten Abschußziffern diesmal nicht allzuweit davon entfernt liegen. Die 339. Fighter Group meldet 29 Abschüsse, wobei allerdings Lt. Daniel fünf FW 190 auf sein Konto nimmt. Captain Duncans 361. hat 19 und die von Lt. Col. Baccus geführte 356. Mustang-Gruppe 23 Luftsiege errungen. Mit den 27 Abschußmeldungen der 355. Fighter Group und den Abschüssen, die Piloten anderer Einheiten beanspruchen, ergibt sich eine Zahl von 114 vernichteten deutschen Jagdmaschinen. Das I. Jagdkorps gibt den Abschuß von 35 Viermotorigen bekannt, die 8. Luftflotte verzeichnet insgesamt 34 Bomberverluste, darunter allein 15 Liberator der schon erwähnten 491. sowie 5 Liberator der 445. Bombardment Group. Hier also einmal nahezu übereinstimmende Meldungen.
Angesichts der bisher erlittenen Verluste ist es schon glatter Hohn, jetzt immer noch von einer »Reichsluftverteidigung« zu sprechen. Sosehr sich die meisten Verbandsführer auch bemühen und versuchen, durch Umsicht und mittels ihrer Erfahrungen den Männern die geringe Überlebenschance wenigstens noch etwas vergrößern zu können: der endgültige Untergang der deutschen Jagdwaffe ist eingeleitet. Oder ist man in der obersten Luftwaffenführung anderer Ansicht? Jedenfalls wird alles getan, um all diese Tragik vor der Öffentlichkeit verborgen zu halten, und so sieht denn auch die kurze Meldung des Wehrmachtsberichtes für den »Schwarzen 26.« aus:
»... Anglo-amerikanische Terrorbomber, die am Tag mit starkem Jagdschutz nach Nordwest- und Mitteldeutschland einflogen, warfen Bomben vornehmlich auf Wohngebiete verschiedener Städte und auf zahlreiche Landgemeinden. Dabei entstanden besonders umfangreiche Schäden im Stadtgebiet von Hannover, das in letzter Zeit wiederholt das Ziel feindlicher Angriffe war, und in Hamm.«

Verluste der Jagdwaffe am 26. November 1944

Am Einsatz beteiligte Einheiten	gefallen oder vermißt	ver- wundet	Personal- verluste insgesamt	Maschinentyp	Verlustraum
I./JG 1	2		2	FW 190 A-8/A-9	Helmstedt, Perle-
II./JG 1	9	3	12	FW 190 A-8/A-9	berg, Salzwedel,
			14		Uelzen
III./JG 6	6	6	12	Bf 109 G-14	Salzwedel, Witt- stock
III./JG 26	1	1	2	Bf 109 G-14	Oldenburg
I./JG 27	2		2	Bf 109 G-14	Bersenbrück,
II./JG 27	2	4	6	Bf 109 G-10/G-14	Hesepe, Münster,
III./JG 27	4	2	6	Bf 109 K-4	Osnabrück
IV./JG 27	3	1	4	Bf 109 G-10/G-14	
			18		
IV./JG 54	2		2	FW 190 A-8	Vechta, Vörden
I./JG 301	13	3	16	FW 190 A-9/ R 11	Braunschweig,
II./JG 301	9	6	15	FW 190 A-9/R 11	Eimbeckhausen,
III./JG 301	4	4	8	FW 190 A-8	Hameln, Hildes-
			39		heim, Wunstorf
Verluste insgesamt (Reichsgebiet)	57	30	87	(davon 5 Staffelkapitäne gefallen 1 Staffelkapitän verwundet)	

Montag, 27. November 1944

Das schöne Wetter des Vortages hat sich geändert. Zwar ist kein Niederschlag gemeldet, die Sicht immer noch ausgezeichnet, doch es ziehen Wolkengebilde auf, die den Himmel schließlich zu 4 bis 6/10 bedecken. Außerdem ist es empfindlich kälter geworden.
Auch heute melden die Flugwachkommandos die Versammlung gestarteter alliierter Kampfflugzeug-Formationen über der britischen Insel. Es wird also nicht lange dauern, bis General Doolittles Verbände der 8. Luftflotte den Kurs in Richtung Deutschland einschlagen werden. Und richtig, gegen 11 Uhr hängt die erste Welle der Viermotorigen über dem Kanal. Eine Stunde später befinden sich die Amerikaner in breiter Front über dem Ruhrgebiet.
Der Gegner wird heute Verkehrsziele im Rhein-Main-Gebiet angreifen, und zwar unbehelligt von der deutschen Abwehr, denn scharenweise umgaukeln die Mustang und Thunderbolt die starken Verbände, fliegen parallel zu den Angriffswellen oder eilen voraus, die Deutschen rechtzeitig abzufangen. Weit nach Norden und Osten bilden die alliierten Jäger eine Abschirmung, die einfach nicht zu durchdringen ist. Während also die Fortress und Liberator ungehindert zum Bombardement übergehen, werden über dem Münsterland und dem Harz heftige Luftgefechte im Gange sein.
Auf dem Platz Fürstenau, rund 25 Kilometer östlich von Lingen, liegt die I. Gruppe des Schlagetergeschwaders. Ganze sechs Focke-Wulf sind es, die heute einsatzklar auf der aufgeweichten Startbahn stehen, nur vier davon kommen zum Einsatz. In Plantlünne starten die Messerschmitt der III./JG 26, und auch die III. und IV./JG 27 sind wieder dabei. Der Einsatzraum liegt gewissermaßen vor der Haustür, denn die sichernden amerikanischen Jagdschwärme sind schon in den Großraum Rheine-Osnabrück-Gütersloh-Münster eingedrungen. Der Tanz beginnt.
Um 12.15 Uhr hängt Oberleutnant Gottfried Schmidt am Schirm. Er wird verwundet, nachdem ihm eine Mustang seine brave weiße »21« zusammengeschossen hat. Kurz darauf kommt Schmidt, Kapitän der 9./JG 26 bei Iburg herunter. Fünf Minuten später muß Feldwebel Niedermeyer, ebenfalls 9. Staffel, bei Rheine seine Maschine aufgeben, und den dritten Fallschirmabsprung des JG 26 absolviert Uffz.

Brühan von der 1. Staffel. Ihn hatten ebenfalls ein paar Mustang gejagt und unter Beschuß genommen, so daß er mit Splitterverletzungen aussteigen muß. Zwei Flugzeugführer der III. Gruppe werden zwischen Osnabrück und Münster vermißt.
Mit den »27«ern startet auch ein gutes Dutzend Maschinen der IV./JG 54 in Vörden, um sofort Südwestkurs aufzunehmen. Sekunden darauf müssen die Männer auf dem Platz entsetzt mit ansehen, wie eine der Focke-Wulf anscheinend wegen Motorausfall plötzlich an Höhe verliert und unvermittelt abstürzt. Bei dem Aufprall kommt der Flugzeugführer, Feldwebel Herzog von der 16. Staffel ums Leben. Unteroffizier Rudolf Walter wirft seine A-8 bei Ibbenbüren auf den Bauch, zwei andere Piloten, beides Angehörige der 13. Staffel, fallen im Luftkampf mit gegnerischen Jägern: Unteroffizier Altendorf bei Herringhausen und Oberleutnant Leopold, der mit seiner Maschine nördlich der Dammer Berge bei Kroge ins Diepholzer Moor stürzt.
Zwischen Bramsche und Bersenbrück sieht sich Oberleutnant Kohls 11. Staffel des JG 27 von vielen Verfolgern gedrängt, denn kaum daß die Piloten nach dem Start in Hesepe Zeit fanden, ihre Messerschmitt auf Kampfhöhe zu bringen, sind auch schon die gegnerischen Jäger zur Stelle. Der Himmel scheint heute unaufhörlich alliierte Jagdmaschinen hervorzubringen; keinem einzigen deutschen Jagdflieger gelingt es, auch nur die Konturen eines Bombers zu erblicken. Sie können einfach nicht in den größeren Bereich der Kampfflugzeuge vordringen.
Als Hetzjagd und zäher Luftkampf über dem nördlichen Raum Bramsche vorübergehen, einzelne Maschinen sich nur im Tiefstflug den tödlichen Bordwaffen des Gegners entziehen können, ist es kurz nach Mittag. Die III. Gruppe des JG 27 hat zu diesem Zeitpunkt drei Flugzeugführer verloren: Oberleutnant Karl Kohl, Oberfeldwebel Sperlich und Feldwebel Schopper. Die IV. Gruppe hingegen befindet sich zwischen Münster und Bielefeld im Einsatz. Dabei fallen im Luftkampf Unteroffizier Reckhenrich sowie Oberfeldwebel Harbrecht.
In jenen Tagen geschieht es immer wieder – und angesichts der Massenkurbeleien dort oben ist dies keine verwunderliche Tatsache – daß man eigene Maschinen für feindliche hält oder umgekehrt. So kommt es, daß im Eifer des Gefechts zwei Feldwebel der 13./JG 27 einen Luftkampf führen und sich dabei gegenseitig vom Himmel holen. Die Messerschmitt schlägt in einem Waldstück bei Ascheloh auf, die andere unweit davon auf einem Feld bei Werther. Glückli-

Immer wieder gelingt es der eigenen Abwehr, den Riegel der amerikanischen Jagdeskorte zu durchbrechen und an die Bomberformationen zu gelangen. Hier das riesige Leitwerk einer abgeschossenen und notgelandeten B-17 G der 384. Bombardment Group.

Kondensstreifen am blauen Himmel zeigen den Verlauf der harten Luftkämpfe zwischen deutschen Jägern und den einfliegenden Gegnern an.

In hellen Flammen gehüllt stürzt dieser amerikanische Bomber in die Tiefe. Diesmal geht der Abschuß auf das Konto der Flak in Mitteldeutschland. Merseburg, 2. November 1944.

Aufnahme aus dem Bugfenster einer Fortress. Zwei Messerschmitt tauchen nach Frontalangriff auf einen US-Kampfverband nach unten weg.

cherweise können beide Piloten, obwohl verwundet, mit dem Schirm abspringen. Wie Hauptmann Dudeck nach dem Einsatz diesen Ausfall aufgenommen hat, ist nicht überliefert. Und auch den Amerikanern passiert Ähnliches. Während ein Mustangpilot der 353. Fighter Group eine andere Maschine derselben Einheit für eine Messerschmitt hält und sie schließlich zu Boden schickt, entgeht Major Juntilla, der die 353. kommandiert, ganz knapp dem gleichen Schicksal. Juntillas Verband meldet übrigens an diesem Tag 21 Abschüsse.
Die weit voraus nach Osten abschirmenden amerikanischen Jagdgruppen stehen währenddessen über dem Harz und dem Göttinger Raum. Die Amerikaner wissen ganz genau, wo sich die einzelnen Einsatzhorste der Reichsluftverteidigung befinden und sie erwarten auch heute wieder einen Abwehreinsatz der südlich und westlich der Reichshauptstadt konzentrierten Jagdgeschwader 300 und 301. Um aber diesem Vorhaben zu begegnen, sind die Jäger der 8. Luftflotte vorausgeeilt. Eine Taktik, die sich auch heute wieder bezahlt machen soll.
Major Peters' II. Gruppe des JG 300 aus Löbnitz, eine nach bewährtem Vorbild aufgestellte Sturmeinheit, ist bereits in der Luft und wird zusammen mit den um Borkheide, Jüterbog und Reinsdorf gestarteten anderen drei Gruppen einen großen Gefechtsverband bilden, dem sich auch zwei Gruppen des JG 301 anschließen sollen.
Das JG 301 hat seine Plätze in der Altmark schon verlassen und stößt über Braunschweig in Richtung Süden vor, um dann an die amerikanischen Kampfverbände herangeführt werden zu können. Das gleiche Ziel verfolgt auch das JG 300, welches mit Westkursen zunächst die Mark Brandenburg und anschließend den sächsischen Raum überfliegt. Die Maschinen kommen nicht weit. Für beide Geschwader bedeutet der Harz, oder exakter lokalisiert, das Gebiet zwischen Salzgitter und Eschwege Endstation. Auf dieses Treffen haben die Amerikaner bereits gewartet; ihre Mustang gehen von allen Richtungen kommend sofort zum Angriff über.
Es zeugt von unbeschreiblichem Mut, wie die einzelnen deutschen Flugzeugführer in schneidiger Gegenwehr die zahlenmäßig überlegenen Verfolger hier und dort selbst in Bedrängnis bringen. In riskanten Flugmanövern versuchen sie sich in günstige Schußposition zu bringen, doch meistens schlägt solches Vorhaben fehl und der Pilot muß alles fliegerische Können aufwenden, um noch unbehelligt entkommen zu können. Es sind viele und routinierte Gegner am

Himmel und zu wenig deutsche Jagdflieger, die für einen harten, tödlichen Kurvenkampf die nötigen Erfahrungen mitbringen. Für viele Flugzeugführer fehlen jetzt einfach die Voraussetzungen, derartige Einsätze überhaupt durchstehen zu können. So manch einer vergißt in der Aufregung, den Sicherheitsbügel am Steuerknüppel umzulegen und preßt sich den Daumen wund, schließlich resignierend, weil er keinen einzigen Schuß abfeuern und somit sich nicht wehren kann. Zum erstenmal sehen sie den grauenvollen Absturz eines Kameraden, der noch versucht, aus seiner brennenden »Beule« freizukommen, aber dessen Fallschirm sich dann nicht mehr öffnet. Zum erstenmal präsentiert sich ihnen der Tod, die Realität des Krieges. Und dann passiert es. Während die Neulinge, die frischen Jagdfliegerschulabsolventen noch all dieses Unbegreifliche zu verstehen versuchen und mit aufgerissenen Augen auf die zur Erde tauchende und plötzlich explodierende Maschine des Nebenmannes starren, werden sie, paralysiert durch das soeben Erblickte, schließlich selbst zur leichten Beute der Mustang.

Zwischen Harz und Solling toben die erbittertsten Luftkämpfe. Die 1. Staffel verliert zwei Flugzeugführer bei Alfeld an der Leine, als die beiden Focke-Wulf A-9 von Unteroffizier Zarm und Unteroffizier Maximini abgeschossen werden. Maximini trägt dabei nur Verwundungen davon. Oberfeldwebel Nierhaus, der im Gruppenstab II./JG 301 mitfliegt, fällt über Edemissen, und über dem Raum Göttingen sind es Unteroffizier Appelt sowie Oberfähnrich Golze, beides Piloten der 1. Staffel, während Unteroffizier Wimmer von der 2. viel weiter südöstlich bei Küllstedt im Luftkampf unterliegt und abstürzt. Mit sechs Gefallenen sowie drei Verwundeten der I. und drei Gefallenen der II. Gruppe hat es das JG 301 abermals hart getroffen, so daß ähnlich der Situation wie beim JG 27 auch dieses Geschwader innerhalb einer ganz kurzen Zeitspanne radikal dezimiert wird. Die Zahl der noch einsatzfähigen Maschinen sinkt erschreckend tief ab; der Bestand an Flugzeugführern ist praktisch nicht mehr aufzufüllen.

Über dem Harz selbst sowie östlich und südlich davon befindet sich das gesamte JG 300 des Oberstleutnants Dahl mit den gegnerischen Jägern im Kampf. Und wieder einmal häufen sich im Korpsgefechtsstand in Treuenbrietzen die Ausfallmeldungen. Besonders in den Planquadrat »Konrad-Anton«, »Julius-Anton« und »Julius-Cäsar« ist der Teufel los.

Von der 2. Staffel werden bei Quedlinburg Feldwebel Hanauer mit

seiner roten »1« und Oberfähnrich Krüger über dem Nordhauser Gebiet abgeschossen, während die von Oberleutnant Seeler geführte 3. Staffel den Gefreiten Schöffmann ebenfalls bei Nordhausen im Luftkampf verliert, so daß die I. Gruppe des Hauptmanns Stamp insgesamt drei Gefallene zu beklagen hat. Schöffmann war übrigens Ende Juli südlich von München schon einmal im Luftkampf verwundet worden, und auch dem Staffelkapitän der 2., Oberleutnant Manfred Dieterle, ist der heutige Einsatzraum nicht unbekannt, denn erst am 28. September ist er hier mit der roten »17« abgeschossen worden und hing über Halberstadt am Schirm.
Im Raum Herzberg-Duderstadt erleidet die III. Gruppe von Hauptmann Nölter arge Verluste durch die gegnerischen Jäger. Leutnant Kamp sowie der Gefreite Rudolf Müller, beide von der 12., fallen. Unweit von Goslar gelingt es dem Obergefreiten Bernau, verwundet seine Maschine zu verlassen und abzuspringen, und Leutnant Emil Kriegbaum wird nach dem Einsatz vermißt. Seine Bf 109 G-14 wurde irgendwo im Planquadrat »Konrad-Anton« zum letztenmal gesehen. Bei Mühlhausen geht eine Messerschmitt der 11. Staffel in die Tiefe. Ihr Pilot, Feldwebel Zähres, kann nicht mehr aussteigen.
Doch die höchsten Verluste meldet die Sturmgruppe, darunter zwei Gefallene und zwei Verwundete von der 5. Staffel, zwei Gefallene von der 6., zwei Gefallene und zwei Verwundete von der 7. sowie einen Gefallenen von der 8. Staffel. Die Gruppe gerät am Osthang des Harzes im Dreieck Halberstadt-Quedlinburg-Aschersleben an den Gegner und muß trotz heftigster Gegenwehr und einigen Mustangabschüssen die erwähnten Einbußen hinnehmen. Oberfähnrich Schneider findet man mit seiner Maschine nordöstlich von Halberstadt, Unteroffizier Hinning sowie den Gefreiten Hachmann bei Blankenburg.
Das JG 300 verliert vorwiegend die jüngeren Flugzeugführer, und außer den schon Genannten sind es die Gefreiten Sauttner und Vorpahl sowie die Obergefreiten Bartsch und Seelow. Auch die erste grobe Auswertung der im Korpsgefechtsstand eingehenden Verlustmeldungen lassen eindeutig erkennen, wo der Schwerpunkt liegt. Mit insgesamt 18 gefallenen und vermißten Flugzeugführern hat das Jagdgeschwader 300 heute den höchsten Blutzoll entrichten müssen.
Das Ergebnis des Abwehreinsatzes vom 27. November ist katastrophal: Mit rund 750 Jagdmaschinen, die bisher größte Streitmacht, tritt das I. Jagdkorps gegen den Einflug der 8. Luftflotte an. Die ame-

rikanischen Jäger vermögen aber die Abwehrkräfte der Deutschen so vollkommen zu binden, daß es nicht gelingt, auch nur einen einzigen Bomber zu vernichten. Bei über 50 eigenen Verlusten können nur 11 Mustang abgeschossen werden. Die amerikanischen Jagdverbände und vornehmlich die 353. und 357. Fighter Group – letztere unter dem Kommando von Major Broadhead – melden 98 deutsche Flugzeuge als abgeschossen sowie vier am Boden zerstörte Maschinen. Eine Zahl, die, obwohl die Verluste der Reichsluftverteidigung wirklich in kein Verhältnis mehr gebracht werden kann, wohl doch etwas zu hoch gegriffen zu sein scheint.

Verluste der Jagdwaffe am 27. November 1944

am Einsatz beteiligte Einheiten	gefallen oder vermißt	verwundet	Personalverluste insgesamt	Maschinentyp	Verlustraum
I./JG 26		1	1	FW 190 A-8	Iburg, Osnabrück, Münster, Rheine
III./JG 26	2	2	4	Bf 109 G-14/K-4	
			5		
III./JG 27	3		3	Bf 109 K-4	Bersenbrück, Münster, Werther
IV./JG 27	2	2	4	Bf 109 G-10/G-14	
			7		
IV./JG 54	3	1	4	FW 190 A-8/A-9	Diepholz, Ibbenbüren, Vörden
I./JG 300	3		3	Bf 109 G-14 AS	Altenau, Aschersleben, Hahnenklee, Halberstadt, Nordhausen, Quedlinburg
II./Sturm JG 300	7	4	11	FW 190 A-8	
III./JG 300	7	1	8	Bf 109 G-14	
IV./JG 300	1		1	Bf 109 G-14	
			23		
I./JG 301	6	3	9	FW 190 A-9/R11	Braunschweig, Göttingen
II./JG 301	3		3	FW 190 A-9/R11	
			12		
Verluste insgesamt (Reichsgebiet)	37	14	51	(davon 1 Staffelkapitän gefallen 1 Staffelkapitän verwundet)	

Donnerstag, 30. November 1944

Am frühen Vormittag erhält die 1. Jagddivision in Döberitz die Meldung über den Einflug starker amerikanischer Kampfverbände, die sich in Richtung Berlin bewegen. Das bedeutet Gefechtsbereitschaft für das Jagdgeschwader 300, dessen vier Gruppen ja speziell für den Schutz der Reichshauptstadt vorgesehen sind. Da sich das schlechte Wetter jedoch auch bis kurz vor Mittag noch nicht bessert – die Sicht beträgt stellenweise nicht mehr als eineinhalb Kilometer – ist nach Ansicht der Verbandsführer an einen Abwehreinsatz überhaupt nicht zu denken.
Dennoch erhalten zwei Gruppen des JG 300, die I. in Borkheide und die II. in Löbnitz, den Startbefehl. Göring, der zufällig am heutigen Tage den Platz Jüterbog inspiziert, drängt nun auch auf den Start des Geschwaderstabes mit der III. Gruppe von Hauptmann Nölter. Es kommt zu einer Auseinandersetzung zwischen dem Oberbefehlshaber der Luftwaffe und Kommodore Dahl, da dieser einen Einsatz wegen der schlechten Wetterlage glatt ablehnt, denn nur knapp die Hälfte der für den Einsatz vorgesehenen 30 Flugzeugführer besitzt einen Blindflugschein. Ein Verbandsstart käme also nicht in Frage, ein Einzelstart wäre Selbstmord.
Währenddessen treffen Teile der beiden anderen Gruppen des JG 300 auf den Gegner, doch wie vorauszusehen, werden die Flugzeugführer sofort nach dem Durchstoßen der Wolkendecke einzeln von den Schwärmen der amerikanischen Begleitjäger abgefangen, gejagt und abgeschossen.
Der Angriff der Amerikaner gilt übrigens nicht wie vermutet Berlin, sondern richtet sich gegen die mitteldeutsche Treibstoffindustrie. Über 1000 Viermotorige werfen insgesamt 1920 Tonnen Bomben, vorwiegend im Blindwurf, auf die Anlagen von Böhlen, Leuna, Lützkendorf und Zeitz.
In den Gefechtsständen häufen sich die Absprungmeldungen deutscher Piloten. Über Altenburg wird Oberfähnrich Blum mit seiner Messerschmitt abgeschossen, Leutnant Gustl Lenz, Staffelkapitän der 1. rammt eine der Mustang und muß dann aus seiner weißen »18« verwundet abspringen. Auch die II. Gruppe hat Einbußen. Unteroffizier Kühnert fällt, Feldwebel Baierl muß wegen Sichtbehinderung bei

Dorneichenbach notlanden, wobei er Verletzungen davonträgt. Gegen Mittag liegt das Ergebnis des sinnlosen und deshalb mißglückten Abwehreinsatzes vor. Nur ein Bruchteil der gestarteten Maschine ist noch intakt. Unzählige Notlandungen und Fallschirmabsprünge werden registriert. Viele haben die Amerikaner gar nicht zu Gesicht bekommen, und glücklicherweise treffen fast alle Flugzeugführer wohlbehalten später wieder bei den einzelnen Staffeln ein.

Schon am nächsten Tag nimmt Oberst Lützow, Kommandeur der 4. Flieger-(Schul-)Division in Altenburg zu diesem Fehleinsatz, insbesondere aber zu der Startverweigerung der III./JG 300 Stellung und schlägt vor, daß unbedingt *jeder* Flugzeugführer in Blindflug auszubilden ist. Eine Forderung, die keineswegs neueren Datums ist und die aber bisher scheinbar nie für so wichtig angesehen wurde. Und dabei gilt das JG 300, wie das JG 301 auch, als »Schlechtwettergeschwader« – die beiden einzigen derartigen Formationen, welche die Reichsluftverteidigung überhaupt besitzt!

November-Überblick

Bei der Analyse der alliierten Angriffstätigkeit im November 1944 ist neben der Zerstörung von Verkehrszielen nicht zu übersehen, daß sich die Einsätze gegen die deutschen Werke der synthetischen Treibstoffherstellung enorm steigern. Werfen die Amerikaner im Oktober noch 1/8 und die Royal Air Force 1/17 ihrer Bombenlast auf Treibstoffziele, so sind es im November 1/3 bzw. 1/4 der Gesamttonnage. Dennoch läßt die strategische Einsatztätigkeit gegenüber des Vormonats etwas nach, da sich die Amerikaner auf die in Lothringen und im belgisch-luxemburgischen Raum angelaufenen Bodenoperationen konzentrieren.

Auf der eigenen Seite können durch die in den Wochen davor angehäuften Jagdstreitkräfte immerhin starke Verbände in die Luft gebracht werden, doch die Zahlen täuschen. Der vorgesehene »Große Schlag«, so wie ihn General der Jagdflieger Galland sich vorgestellt hat, bleibt aus, denn einmal läßt die Wetterlage im November ein solches Unternehmen nicht zu, weil auch der überwiegende Teil der Flugzeugführer über keine entsprechende Kampfausbildung verfügt, und zum anderen bleiben die Einsatzergebnisse weit unter den Erwartungen zurück: Im Bereich des I. Jagdkorps unter der Führung von

Generalleutnant Schmid gehen bei 155 Abschüssen 404 eigene Flugzeuge verloren, wobei allein an den vier Hauptkampftagen 2. November; 21. November; 26. November und 27. November mindestens 300 Personalverluste auftreten. Im November 1944 sind 244 Jagdflieger der Tagjagd gefallen oder als vermißt gemeldet (nur Einsatzverluste).

Die Lage der vorangegangenen Wochen in der Reichsverteidigung charakterisiert der Kommodore des JG 300, Oberstleutnant Dahl, folgendermaßen: »Unsere Flüge des Monats November 1944 sind die härtesten, die ich während des ganzen Krieges erlebt habe. Das zahlenmäßige Verhältnis in der Luft ist jetzt 1:20 und oft sogar 1:30. Jeder Tag bringt uns Verluste. Der fliegerische Nachwuchs ist mangelhaft und zu schnell ausgebildet. Die Treibstoffknappheit macht sich immer mehr bemerkbar.«

Auch bei der Nachtjagd wirkt sich der zunehmende Mangel an Flugbenzin aus und ist einer der Gründe, warum die Gegenwehr im Monat November trotz einiger Erfolge behindert wird. Eine neue Gruppe, die II./NJG 11, kommt zur Aufstellung und ist ausschließlich für die Mosquito-Bekämpfung gedacht, denn diese wendigen und sehr hoch fliegenden britischen Störbomber sind und bleiben immer noch ein Problem, mit dem die Nachtjagd kaum fertig wird. Die Neuaufgestellte Gruppe fliegt zunächst die speziell für den Nachtkampf hergerichtete und mit dem DB 605 AS-Höhenmotor ausgerüstete Bf 109 G-14, die sich jedoch in keiner Weise bewährt. Insgesamt führt die RAF im November 13 Nacht-Großangriffe durch, wobei Düsseldorf, Koblenz, Dortmund und etliche Hydrierwerke im Ruhrgebiet bevorzugtes Ziel darstellen. Bei dem schwersten dieser Angriffe, der in der Nacht zum 3. dem Stadtgebiet von Düsseldorf gilt, erzielt die II./NJG 1 zehn Abschüsse bei einem eigenen Maschinenverlust im Raum Höxter. Die Nachtjagd der Reichsluftverteidigung kann im Monat November 1944 bei 45 eigenen Flugzeugverlusten insgesamt 115 Luftsiege erringen.

Ohne Frage, daß die gesamte Aktivität, die Reaktionen der Jagdflieger täglich von einem Einsatzwillen zeugen, der nicht zu beschreiben ist. Sie kämpfen bis zum Äußersten mit einem um ein Vielfaches stärkeren Gegner. Und sie erringen Erfolge. Dennoch bestehen jetzt keine Zweifel mehr – der schwere Opfergang der deutschen Jagdwaffe hat begonnen.

II KAMPFRAUM WEST
Das Drama über Ardennen und Eifel   (Dezember 1944)

Sonnabend, 2. Dezember 1944
Sonntag, 3. Dezember 1944

Auch nach den so verlustreichen Novembertagen hofft man immer noch auf einen bei gutem Wetter wirklich erfolgversprechenden Masseneinsatz der Jagdflieger. Unterdessen aber hat das Oberkommando der Wehrmacht bereits ganz andere Pläne ausgearbeitet und schon Vorbereitungen für einen großangelegten Einsatz aller Jagdverbände im Zusammenhang mit der im Dezember vorgesehenen Offensive an der Westfront getroffen. Da die Jagdwaffe also zur weiträumigen Untersützung des Heeres herangezogen werden soll, dient die erste Hälfte des Monats einer abermaligen Auffrischungspause, so daß in einzelnen Einheiten durch Zuführung von fliegendem Personal der Flugzeugführerstand zum Teil noch einmal aufgefüllt werden kann. Auch neue Jagdflugzeuge treffen ein, doch was nützt der beste und leistungsstärkste Motor, wenn es an dem dazugehörigen Treibstoff mangelt.
Immerhin stehen zu Beginn der Ardennen-Offensive am 16. Dezember nach Auswertungen von Generalmajor Grabmann zwischen 1600 und 1800 Jagdflugzeuge bereit. Am 1. Dezember beträgt die Iststärke im Bereich des I. Jagdkorps etwas über 1000 Maschinen der Tagjagd*. Doch all diese Zahlen täuschen, da aus den Stärkeangaben der wirkliche Kampfwert nicht so ohne weiteres abzulesen ist, weil eben die Piloten dieser Maschinen, fast ausnahmslos die ganz neuen und jungen Flugzeugführer, aufgrund ihres mangelhaften Ausbildungsstandes den physischen und psychischen Anforderungen und Belastungen eines Luftkampfes kaum gewachsen sind.
Die strategische Luftflotte in England bleibt trotz der allgemein schlechten Wetterlage auch Anfang des Monats recht aktiv und führt

---

* Davon rund 650 einsatzbereit

gleich am 2. Dezember zwei Großangriffe gegen Köln und Bingen durch, während die aus Italien kommende 15. US-Luftflotte die Hydrierwerke und Raffinerien Blechhammer in Niederschlesien und Floridsdorf bei Wien bombardiert. Am nächsten Tag fliegen die deutschen Verbände vorwiegend im Raum Aachen-Düren taktische Luftunterstützung, und auch der Gegner setzt über dem Reichsgebiet vorwiegend Jagdstreitkräfte ein. Am 4. Dezember greifen die Amerikaner in großem Umfang das Eisenbahnnetz Kassel-Bebra-Gießen-Mainz an.

Innerhalb dieser Tage verzeichnet die deutsche Jagdwaffe bei ihren Abwehreinsätzen rund 65 Verluste an Flugzeugführern. 47 Piloten sind gefallen oder vermißt. Am 2. Dezember hat das Jagdgeschwader 3 »Udet« 19 Gefallene und fünf Verwundete. Hauptmann Wirges, Kommandeur der I./JG 3 fällt über Damm bei Marburg. Teile der I. und III./JG 2 haben Luftkampf mit starken Thunderbolt-Formationen und melden fünf Flugzeugführer als gefallen. Und das JG 4, welches im Frankfurter Raum stationiert ist und am Westrand des Odenwaldes auf den Gegner stößt, büßt sechs Piloten ein, allein vier von der 2. Staffel. Ihr Kapitän, Oberleutnant Wilhelm Schopper, wird verwundet.

Einen ganzen Tag darauf, am 3. Dezember, kehrt wieder ein Gruppenkommandeur nicht zurück. Hauptmann Wienhusen, IV./JG 4, wird zusammen mit dem Kapitän der 14. Staffel, Oberleutnant Scheufele, im Kampfraum Aachen von Flak abgeschossen. Scheufele gerät in amerikanische Gefangenschaft. Somit ist in der Reichsluftverteidigung der Zeitpunkt gekommen, da zu den Ausfällen an Gefallenen, Vermißten und Verwundeten nun auch hinter den gegnerischen Linien abgeschossene und dabei in die Hände der Alliierten gelangende Flugzeugführer als Verlust hinzugerechnet werden müssen.

Dienstag, 5. Dezember 1944

Die bereits seit Anfang Dezember stattfindenden Luftangriffe der Amerikaner und zum Teil der RAF, die mit Viermot.-Verbänden jetzt oft auch am Tage über Deutschland operiert, zeigen wieder einmal deutlich, daß der Gegner in der Lage ist, seine Unternehmen ohne Rücksicht auf die über dem Einsatzraum herrschenden Wetterverhältnisse durchzuführen. General Doolittle erhält den Befehl, am

5. Dezember mit der 8. Luftflotte die Reichshauptstadt anzugreifen. Über dem Berliner Raum ist an diesem Tag der Gesamthimmel völlig bedeckt, und die Wolken der niedrigen Luftschichten mit einer Bedeckung von 9/10 haben eine Untergrenze von stellenweise 150–300 Metern. Die weiteren Aussichten: starke Schauer mit Gewitterneigung.
Aufgetürmte Kumuluswolken und mäßige Sicht hindern den Gegner jedoch nicht daran, am frühen Vormittag mit 427 Fortress aus dem Raum Hannover-Braunschweig heraus die deutsche Hauptstadt anzufliegen. Und noch etwas wird diesen Tag kennzeichnen: der 5. Dezember 1944 ist der Schwarze Tag des Jagdgeschwaders 1.
Trotz der Einbußen im November und angesichts der sich immer störender auswirkenden Treibstoffknappheit kann das I. Jagdkorps rund 300 Jagdmaschinen in die Luft bringen, von denen wiederum ein Großteil wegen der Schlechtwetterlage keine Feindberührung bekommt. Obendrein fegt über weite Gebiete des mittel- und norddeutschen Raumes ein außergewöhnlich unruhiger Wind etwa mit Stärke 6 hinweg. Eine zusätzliche Belastung sowohl für die gegnerischen als auch für die eigenen Flugzeugführer.
Luftflotte Reich hat für die Abwehr des Berlin-Verbandes die Jagdgeschwader 1 und 301 vorgesehen, während dann noch das stark angeschlagene JG 27 und die ihm unterstellte IV./JG 54 gegen einen britischen Viermot.-Einflug angesetzt werden müssen. Das Ziel der Engländer sind die Eisenbahnanlagen von Soest. Es ist einer von insgesamt elf Tageseinsätzen des RAF Bomber Commands im Monat Dezember 1944. Außer der III./JG 27, die Oberleutnant Clade in Vertretung führt, befinden sich alle anderen Einheiten des Geschwaders im Einsatz. Von der Platzgruppe Rheine-Achmer-Hopsten-Hesepe aus gestartet, treffen die Messerschmitt direkt über dem Ruhrgebiet auf ihre Gegner, doch auch die britischen Kampfflugzeuge haben sich mit starkem Jagdschutz umgeben. Über Gladbeck gehen drei Bf 109 verloren, wobei Unteroffizier Hornberger von der 5. und Unteroffizier Schiller von der 15. Staffel fallen. Unteroffizier Liener kommt mit Verwundungen davon, nachdem ihm der Ausstieg aus seiner G-10 gelang. Hornberger ist übrigens heute mit der Maschine des Gruppenkommandeurs gestartet, und möglicherweise sind ihm die beiden Doppelwinkel an den Rumpfseiten zum Verhängnis geworden, weil sich der Gegner vielleicht ein besonders lohnendes Ziel versprach. Warum Major Spies seine »109« austauschte? Hier nur

zwei Möglichkeiten. Einmal wird solch ein Tausch bei den deutschen Jagdfliegereinheiten oft bewußt vorgenommen, um den Gegner irrezuführen, zum anderen mag gerade diese Maschine startklar sein, wenn die andere aus irgendeinem Grund Reifen- oder Motorschaden aufweist. So springt der Unteroffizier eben schnell hinüber zur Maschine des Hauptmanns, weil dieser gerade nicht am Einsatz teilnimmt oder selbst eine andere Maschine fliegt, so daß er deshalb sein Flugzeug zur Verfügung stellt, falls notwendig.

Nur 10 bis 15 Kilometer weiter östlich über Gelsenkirchen wird Unteroffizier Gerlach von der 6. Staffel abgeschossen, Feldwebel Prohaska hängt nach seinem Abschuß am Schirm. Auch im Raum Dorsten und dann über Dortmund sind Luftkämpfe mit den Spitfire im Gange. Die Briten schießen Unteroffizier Kästers Maschine in Brand, wobei der Pilot den Tod findet. Bei Holsterhausen, nördlich von Dorsten schlägt Fähnrich Schleimers Bf 109 auf. Auch er fällt dabei. Insgesamt verliert das JG 27 bei drei eigenen Luftsiegen sieben Flugzeugführer, darunter fünf Gefallene und zwei Verwundete mit Fallschirmabsprung.

Doch zurück zum Abwehreinsatz im Berliner Raum. Als sich über der Reichshauptstadt die Bombenschächte öffnen und die todbringende Ladung durch die geschlossene Wolkendecke erdwärts torkelt, ist es ungefähr 10.45 Uhr. Bis zu diesem Zeitpunkt haben die amerikanischen Besatzungen kaum ein deutsches Jagdflugzeug zu Gesicht bekommen. Der gegnerische Mustang-Begleitschutz erweist sich jedoch auch heute wieder als so stark, daß ein Vordringen zu den Bombern nur unter den schwierigsten Bedingungen möglich sein wird. Einheiten aller drei Gruppen des JG 301 fliegen praktisch mit Ostkursen parallel zum Bomberstrom in Richtung Berlin und scheinen vom gegnerischen Jagdschutz vielleicht noch gar nicht bemerkt worden zu sein.

Schon seit geraumer Zeit warten die Männer in ihren Focke-Wulf darauf, daß vom Divisionsgefechtsstand in Döberitz endlich der Angriffsbefehl durchkommt, denn es bedeutet immer eine enorme Nervenprobe, wenn das Warten kein Ende nehmen will, und besonders die vielen unerfahreneren Flugzeugführer sind von dieser Anspannung betroffen. Vom Gegner ist nichts zu erkennen. Nur ab und zu gibt die Jägerleitstelle den neuen Standort der Pulks durch und korrigiert gleichzeitig den Kurs der eigenen Formationen.

Währenddessen verlief das Bombardement auf Berlin ohne Störungen, die Amerikaner haben Nordost-Kurs eingeschlagen und fliegen jetzt die Schorfheide an. Mittlerweile ist in Greifwald, Tutow und Anklam das gesamte Jagdgeschwader 1 »Oesau« gestartet, um dem Fortress-Strom entgegenzufliegen und auf seinem Rückflug nach England anzugreifen. Und da erhält auch das JG 301 den langerwarteten Befehl zum Angriff. Beide Geschwader stoßen nördlich der Reichshauptstadt etwa zwischen Oranienburg und dem Werbellin-See auf den amerikanischen Jagdschutz, der sofort den Kampf annimmt und nach den Bombern zu hermetisch abzuriegeln versucht. Die Mustang fliegen heute den Kampfflugzeugen nicht so weit voraus wie sonst, so daß es in ganz wenigen Fällen sogar gelingt, bei einem Ablösemanöver gegnerischer Jagdstaffeln das eigentliche Ziel, die Bomber zu bekämpfen.

Über der Uckermark, besonders aber über der Mecklenburgischen Seenplatte kommt es um die Mittagsstunde zu der ersten großen Luftschlacht des Monats Dezember.

Entlang des Havel-Oder-Kanals befindet sich die II./JG 301 im Angriff, doch die Mustang sind überlegen. So kommt es, daß Teile der Gruppe bis in den Raum Prenzlau-Angermünde abgedrängt und nahezu aufgerieben werden. Hauptmann Rolf Jacobs, Kommandeur der II. fällt bei Zirtow und die 5. Staffel verliert ihren Kapitän, Oberleutnant Poppenburg über Angermünde. Die 7. Staffel hat gleich drei und die 8. zwei Gefallene, darunter Oberfeldwebel Paul Becker, Feldwebel Pflüger und Unteroffizier Thorwirth. Westlich von Eberswalde, bei Finow und Finowfurt, schlägt sich die 10. Staffel mit den Amerikanern herum. Oberfähnrich Hörnig und Unteroffizier Marquardt werden dabei tödlich abgeschossen. Die I. Gruppe ist am weitesten nach Norden vorgedrungen. Über Fürstensee erwischt es Feldwebel Leyer von der 1. Staffel mit seiner A-9/R11. Der Pilot kann nicht mehr aussteigen. Feldwebel Koch, ebenfalls 1. wird bei Neustrelitz verwundet. Im gleichen Gebiet unterliegen Oberfähnrich Ripper und Leutnant Max Kreil, beide Angehörige der 4. Staffel, im Luftkampf und fallen. Damit verliert das Jagdgeschwader 301 am 5. Dezember einschließlich des Kommandeurs der II. Gruppe 21 Flugzeugführer, wovon drei mit Verwundungen davonkommen.

Wie tragisch es sich auswirkt, daß die deutsche Jagdwaffe zum überwiegenden Teil nur mit kampfunerfahrenen Nachwuchspiloten auf einen Höchststand gebracht worden ist, kam schon durch die Ereignisse des vorangegangenen Monats klar zum Ausdruck. Die Luftschlacht vom 5. Dezember 1944 zeigt dies mit aller Deutlichkeit noch einmal, und zwar mit dem Einsatz des Jagdgeschwaders 1, welches sich immer noch in der Auffrischung befindet.

Über der Schorfheide schwenken die Viermotorigen der 8. Luftflotte nach Nordwest ein, um wahrscheinlich zwischen Neuruppin und Neustrelitz/Neubrandenburg den endgültigen Rückflugkurs nach Westen einzuschlagen. Die äußere starke Jagdeskorte hat sich inzwischen auf die nördliche Flanke konzentriert und geht nun, nachdem sich das JG 301 schon zum großen Teil wegen Spritmangel vom Gegner löst, dazu über, die Formationen des JG 1 zum Kampf zu stellen. Einer der unglückseligsten Einsätze in der Geschichte des Geschwaders bahnt sich an.

Die I. Gruppe wird von der Jägerleitstelle in die Räume »Cäsar-Friedrich«, »Cäsar-Gustav« sowie »Dora-Friedrich« und »Dora-Gustav« geführt, und schon gehen die Mustang-Verbände wie Fächer auseinander, um die Deutschen in die Zange nehmen zu können. Unteroffizier Stasch von der 1. fällt nahe der alten Reichsstraße 96 bei Dannenwalde. Unweit davon kommt sein Staffelkamerad, der Gefreite Hoppe verwundet mit dem Schirm herunter. Drei weitere Flugzeugführer der 1. Staffel springen aus ihren Maschinen ab, während Oberfähnrich Büttner seine FW 190 wegen Treffer im Motor bei Schönwalde auf den Bauch wirft und Verwundungen davonträgt. Ebenfalls drei Fallschirmabsprünge meldet die 3. Staffel: Feldwebel Enderle, Leutnant Lecis und Unteroffizier Werner. Über den Wäldern dicht vor Rheinsberg verfolgen die Mustang eine Maschine der 4. Staffel. Die Chancen des deutschen Piloten sind gleich Null, und da blitzt es auch schon in der roten »8« auf. Nach mehreren Treffern geht Oberfähnrich Essig in die Tiefe.

Am Westrand der Schorfheide versuchen Teile der III. Gruppe sich den P-51 entgegenzustellen, während die restlichen Formationen der Gruppe zur gleichen Zeit viel weiter nördlich bei Neustrelitz in Luftkämpfe verwickelt sind. Dabei wird Oberleutnant Müller, der Staffelführer der 9., tödlich abgeschossen. Die Unteroffiziere Prokay und Dammeyer bleiben vermißt. Bei Zehdenick an der Havel ereilt Oberfähnrich Hans-Werner Kroll das Schicksal. Auch er wird das Opfer mehrerer Mustang, deren er sich nicht gleichzeitig erwehren kann.

Doch weit schwerer trifft es die II. Gruppe des JG 1. Mit insgesamt 15 Gefallenen oder Vermißten und zwei Verwundeten stellt sie einen traurigen Rekord auf. So ist es denn fast als besonderes Geschick zu werten, daß Leutnant Weissbrodt von der 8. Staffel, den man nach einem Luftkampf hatte abstürzen sehen und dessen Namen man schon auf die Verlustliste setzte, später wohlbehalten wieder in Tutow eintrifft. Die Gruppe ist mit allen Staffeln im Gebiet von Waren und südlich davon über dem Müritz-See im Einsatz. Wieviel deutsche Jagdflieger am 5. Dezember in diesen, mehr als 100 Quadratkilometer großen See gestürzt sind, ist ungewiß. Von der 6. Staffel wird Leutnant Nock aus Baden-Baden, von der 7. der 24jährige Staffelführer Oberleutnant Rudolf Diesem, Feldwebel Hartlieb sowie Unteroffizier Schwan, und von der 8. Staffel Unteroffizier Fischer vermißt. Insgesamt also sieben Flugzeugführer. Aber auch der Gruppenstab verzeichnet einen Gefallenen und einen Vermißten. Es sind dies Unteroffizier Rheinberg und Oberleutnant Rossmeisl.

Das ganze Drama spielt sich in den Planquadraten »Berta-Friedrich« und »Cäsar-Friedrich« ab. Bei Bornkrug schlägt die FW 190 von Unteroffizier Wätzlich auf, und auch die Unteroffiziere Hässler und Weichardt kehren nicht mehr zurück. Die Stadt Waren liegt an der Nordspitze des Müritz-Sees, westlich davon schließen sich zwei weitere, aber wesentlich kleinere Gewässer, der Kölpin-See und der Fleesen-See an. Über diesem Areal haben die Staffeln Luftkampf, wobei Unteroffizier Bröckelmann und Leutnant Wilhelm Hasse fallen. Bei der 7. Staffel ist es Feldwebel Teckel, während Unteroffizier Wiedenbeck beim Abschuß durch die Garben einer Mustang verwundet wird und mit dem Schirm abspringen kann.

Nach und nach müssen die Flugzeugführer sowohl des Gegners als auch der eigenen Verbände den Kampf abbrechen, denn die Amerikaner haben noch eine lange Rückflugstrecke vor sich und bei den Deutschen werden bald die roten Lampen zu flackern anfangen. Aber noch befinden sich die Viermot.-Verbände über dem Reichsgebiet und kommen noch einmal in den Bereich des II. Jagdkorps. Die I. Gruppe des »Schlageter«-Geschwaders in Fürstenau flog bereits am Vormittag taktische Einsätze im amerikanischen Durchbruchsraum Düren-Jülich-Linnich und hatte dabei Luftkampf mit Thunderbolt gehabt. Nach Landung aller 29 Focke-Wulf wird Gruppenkommandeur Major Borris auf dem Platz vom Inspizient der Tagjagd erwartet. Ein kurzer Auszug aus dem KTB der I./JG 26 soll den weiteren Tagesablauf wiedergeben:

»10.41 Landung. Ritterkreuz an Major Borris. Oberst Trautloft befiehlt Einsatz auf rückfliegende Viermot. 13.15 Start 5 FW 190. 13.25 brennender Abschuß einer Boeing durch Borris. 5 Mann steigen mit Fallschirmen aus, 13.45 Landung. 14.32–35 Start 9 FW 190. 15.05–15 Luftkampf mit etwa 50 Thunderbolts ohne Verluste. 16.01 Landung.«

Die von Borris abgeschossene, zur 452. Bombardment Group gehörende Fortress kommt westlich von Lingen im Lohnerfeld herunter, eine weitere B-17, schon über dem Zielgebiet von der Flak schwer getroffen, stürzt südostwärts Lingen bei Talge-Wilsten ab. Die I./JG 26 selbst verzeichnet an diesem Tag nur einen Verlust: Oberfeldwebel Buschegger, der nach Luftkampf mit amerikanischen Begleitjägern in Fürstenau eine Bruchlandung machen muß und dabei ums Leben kommt.

Noch ehe die gegnerischen Kampfverbände und deren Jagdschutz wieder auf den britischen Basen landen, weiß man in den Stäben der Jagddivisionen, daß die deutsche Jagdwaffe heute abermals eine Niederlage erlitten hat. Den rund 75 Flugzeugverlusten stehen zwölf Bombereinbußen gegenüber, wobei die Mehrzahl dieser Viermotorigen von der Flak abgeschossen worden ist. Immerhin büßen die Amerikaner aber auch 15 Mustang des Berlin-Begleitschutzes ein, während die 8. Luftflotte die Vernichtung von 90 deutschen Jagdmaschinen meldet.

Landung nach Luftkampf. Auf den Horsten werden die am Einsatz beteiligten Messerschmitt und Focke-Wulf zurückerwartet. Nicht wenige Maschinen aber müssen wegen Spritmangel, technischer Störungen oder Beschußschäden Außenlandungen vornehmen.

Ab Sommer 1944 nimmt die Luftüberlegenheit der Alliierten immer mehr zu. Die eigenen Verluste im Abwehreinsatz steigen von Woche zu Woche an, so daß Bilder wie diese leider zum Tagesablauf gehören. Manchmal zeugt nur noch ein winziger Krater von dem Tod eines Jagdfliegers in seiner Maschine.

Verluste der Jagdwaffe am 5. Dezember 1944

am Einsatz beteiligte Einheiten	gefallen oder vermißt	verwundet	Personalverluste insgesamt	Maschinentyp	Verlustraum
I./JG 1	6	10	16	FW 190 A-8	Fürstenberg,
II./JG 1	15	2	17	FW 190 A-8	Neuruppin,
III./JG 1	4	2	6	Bf 109 G-10/G-14	Neustrelitz,
			39		Rheinsberg, Waren
II./JG 2		1	1	FW 190 A-8	Bonn
I./JG 3	2		2	Bf 109 G-10/G-14	Steinhuder Meer
IV./JG 4	1	2	3	Bf 109 G-14	Darmstadt, Gössenheim
I./JG 26	1		1	FW 190 A-8	Fürstenau
II./JG 27	3	1	4	Bf 109 G-10/G-14	Dorsten, Gelsenkirchen, Gladbeck
IV./JG 27	2	1	3	Bf 109 G-10	
			7		
IV./JG 54	1		1	FW 190 A-8	Dortmund
I./JG 301	4	1	5	FW 190 A-8/R11	Angermünde, Finow, Neustrelitz, Prenzlau, Schorfheide
II./JG 301	7		7	FW 190 A-9/R11	
III./JG 301	7	2	9	FW 190 A-8/R2	
			21		
Verluste insgesamt (Reichsgebiet)	53	22	75	(davon 1 Gruppenkommandeur und 2 Staffelkapitäne gefallen 1 Staffelkapitän verwundet)	

Dienstag, 12. Dezember 1944

»12.12.44: Die 8. amerikanische Luftflotte mit zwei Kampfverbänden gegen die Treibstoffwerke von Leuna und Bahnanlagen im Rhein-Main-Gebiet (Hanau und Darmstadt). Dagegen nur vereinzelter Abwehreinsatz der Jagdgeschwader 4 und 27. Major Walter Spies, Kom. II./JG 27 nördlich von Greven im Luftkampf gefallen. IV./JG 4 hat drei Gefallene: Uffz. Dreher (13.), Ogfr. Grüning (14.), Fw Kubitschek (13.).
I. Gruppe JG 3 über dem Ruhrgebiet im Einsatz gegen britischen Viermot.-Verband, der einen Angriff auf Witten durchführte. Dabei Ofhr. Meyer und Uffz. Wester (beides 1.) Gefr. Nickel (2.) und Uffz. Hahn (3.) im Luftkampf gefallen.
Taktischer Einsatz im Bereich 5. Jagddivision. JG 53 meldet zwei Flugzeugführer als gefallen und einen Verwundeten (Uffz. Betsch, über Dammheim/Landau mit dem Schirm abgesprungen). Besonders tragisch der Tod von Fw. Scholle, der beim Ausstieg aus seiner weißen »5« mit dem Schirm hängen blieb sowie von Ofw. Alexander Preinfalk. Der knapp 25jährige Ritterkreuzträger wurde nach 78 Luftsiegen südwestlich Graben bei Bruchsal von einer P-47 am Schirm erschossen.«

Wie schon an anderer Stelle erwähnt, ist nicht zuletzt wegen starker Treibstoffeinsparungen sowie aufgrund einer sehr erschwerten Luftlageerfassung im Dezember auch bei der Nachtjagd ein weniger erfolgreicher Einsatz zu beobachten. Die Engländer haben die besseren Möglichkeiten in der Hand, um das deutsche Frühwarnsystem derart täuschen und damit in den Jägerleitzentralen Verwirrung stiften zu können, so daß umfangreichere Abwehroperationen der Nachtjagd – obwohl diese zahlenmäßig im Dezember 1944 ihre größte Stärke erreicht – nicht möglich sind oder zumindest kaum zum Tragen kommen.
Das beste Beispiel hierfür ist der RAF-Angriff auf Essen am Abend des 12. Dezember, denn erneut zeigt es sich, wie hilflos die eigene

Abwehr den Funkmeßstörungen der Briten gegenübersteht. An jenem Abend führen speziell für diesen Zweck ausgewählte Kampfflugzeuge ganze Batterien von »Mandrel«-Geräten mit sich, die beim Einschalten einen wahren Schleier vor die deutschen Ortungsgeräte legen werden und damit ein Erkennen der eigentlichen Bomberverbände unmöglich machen. Der »Mandrel-Schirm« täuscht nämlich eine Vielzahl von Zielen vor, so daß deutscherseits völlige Unklarheit über den wirklichen Verlauf des Feindeinsatzes herrscht. Und genau das geschieht auch während des Angriffes auf Essen am 12. Dezember 1944.

Mit 633 Lancaster und Halifax fliegt der Gegner über die holländische Küste ein und wird von den Funkmeßgeräten kurz vor 18.30 Uhr südwestlich von Aachen gemeldet. Kurs Südost. Das I. Jagdkorps erteilt daraufhin den Startbefehl für die Nachtjagdeinheiten in Richtung Frankfurt/Main, während die Briten jedoch die Stadt Essen zum Ziel haben. Zehn Minuten später starten weitere Nachtjäger in den Raum Mönchengladbach. Als um 19.06 Uhr die Ortungsgeräte einen anderen gegnerischen Verband auffassen, wissen die Beobachtungsstellen nicht, daß es sich hier um einen kleineren Pulk Mosquito-Kampfflugzeuge handelt, der sich vom Bomberstrom gelöst hat und zu einem Störangriff auf Osnabrück ansetzt. Man vermutet, da bald darauf über Osnabrück viele bunte Zielmarkierungen hängen, dort einen Großangriff, und so werden um 19.27 Uhr, drei Minuten vor dem eigentlichen Großangriff auf Essen, die Nachtjäger in den neuen Einsatzraum Osnabrück beordert.

Zwar tritt nun auch der große Viermot.-Verband kurz vor dem Angriff deutlich aus dem »Mandrel-Schirm« heraus, doch jetzt glaubt man an einen Scheinangriff. Um 19.37 Uhr erhalten die Nachtjäger endlich die Durchsage, daß tatsächlich Essen das Hauptziel darstelle, doch die Verwirrung ist komplett, als nur wenig später wieder Osnabrück und eine Minute darauf abermals Essen als Hauptziel gemeldet wird. Aber um 19.45 Uhr ist der Angriff des RAF Bomber Commands bereits vorüber. Die Deutsche Nachtjagd kommt zu spät.

Im Dezember 1944 können die Nachtjäger des I. Jagdkorps bei 15 Großangriffen 40 Luftsiege bei einem gleichzeitigen Verlust von 66 Maschinen erringen. Die Gesamtabschußzahl des Monats liegt demnach bei 66 und die eigenen Einbußen bei 114 Flugzeugen.

Sonnabend, 16. Dezember 1944

Seit den frühen Morgenstunden läuft die deutsche Offensive im Westen, der letzte große Gegenschlag der deutschen Wehrmacht an. Von Monschau bis Echternach ist die Heeresgruppe B unter Generalfeldmarschall v. Rundstedt aus ihren Bereitstellungen heraus in die amerikanischen Linien eingebrochen und dringt zügig vorwärts. Der Gegner ist völlig überrascht. Man hat für den Zeitpunkt der Offensive ganz bewußt schlechtes Wetter gewählt, so daß die Alliierten erst eine Woche später, am 23. Dezember in der Lage sind, Luftstreitkräfte in größerem Umfange einzusetzen, um ihren bedrängten Truppen Entlastung zu bringen und vor allem den deutschen Vormarsch aufzuhalten.

Inzwischen gilt auch die Verlegung der Jagdverbände an die Westfront so gut wie abgeschlossen. Für den Schutz des Reiches selbst verbleiben praktisch nur zwei Einheiten, die Jagdgeschwader 300 und 301. Und bis zu jenem 16. Dezember hat kaum einer der Verbandsführer vermutet, daß das OKW unter einem Masseneinsatz der Jagdwaffe etwas ganz anderes verstehen würde. Nicht die Vernichtung des Gegners in der Luft, besonders der Bomber ist jetzt primäre Aufgabe der Reichsluftverteidigung, sondern die Verzettelung in Tiefangriffen gegen alliierte Bodenziele im Zuge einer Offensive, die von vornherein schon auf dünnem Fundament aufgebaut wurde.

Für die Zeit der Offensive stehen jetzt alle Jagdverbände unter dem Befehl des Luftwaffenkommandos West, dessen Gefechtsstand sich in Limburg befindet. Insgesamt zwölf Jagdgeschwader mit 40 Gruppen, zuzüglich zweier Gruppen des JG 54, welche anderen Geschwadern (JG 26 und JG 27) unterstellt sind.

JG 1	3 Gruppen
JG 2	3 Gruppen
JG 3	4 Gruppen
JG 4	4 Gruppen
JG 6	3 Gruppen
JG 11	3 Gruppen
JG 26	3 Gruppen (+ III./JG 54)
JG 27	4 Gruppen (+ IV./JG 54)
JG 53	3 Gruppen

JG 77   3 Gruppen
JG 300   4 Gruppen
JG 301   3 Gruppen

Damit hat, wie vom Oberkommando der Luftwaffe vorgesehen, General der Kampfflieger Peltz (!) die Führung aller Jagdeinheiten übernommen. Wieder eine Entscheidung, die unter den Verbandsführern der Jagdwaffe große Verbitterung auslöst, weil sie sich nicht zuletzt auch gegen den unbequem gewordenen und gewissermaßen schon so gut wie kaltgestellten General der Jagdflieger Galland richtet. Es ist zugleich eine folgenschwere Entscheidung, wie es sich in den nächsten Wochen zeigt.
Eine Koordination der Einsätze wird obendrein mit großen Schwierigkeiten verbunden sein, da die in einer Breite von fast 400 Kilometern zwischen Oldenburg und dem Rhein-Main-Gebiet stationierten Geschwader viel zu weit auseinander liegen.
Als die Wehrmacht am 16. Dezember in der Eifel zum Gegenstoß antritt, herrscht auf den deutschen Feldflugplätzen zunächst Ruhe. Die Verbände bleiben – mit wenigen Ausnahmen – wegen des schlechten Wetters am Boden.

Sonntag, 17. Dezember 1944

Am zweiten Tag der Offensive haben sich die Wetterverhältnisse wenig geändert. Das Thermometer zeigt +7 Grad und es regnet anhaltend. Trotz der geschlossenen Wolkendecke ist die Sicht ausreichend, so daß die Jagdstreitkräfte beider Seiten zum Einsatz gelangen. Dabei fällt auf, daß es den Amerikanern gelingt, die deutschen Jäger vom eigentlichen Schauplatz der Kämpfe fernzuhalten, weil sich der Gegner vorwiegend im Hinterland auf Nachschubziele konzentriert. So spielen sich die Luftgefechte denn auch hauptsächlich über dem weiten Areal der Eifel ab.
Der 17. Dezember ist ein Tag der Thunderbolt und Lightning. Wohl kaum ein anderes Flugzeug scheint als Jagdbomber so prädestiniert gewesen zu sein wie gerade die Republic P-47 D »Thunderbolt«, wenngleich auch Deutsche, Briten oder Russen geeignete Jabos und Schlachtflugzeuge vorzuweisen hatten. Die Thunderbolt zeichnet sich hauptsächlich durch ihre Höhenleistung aus: Sie erreicht fast 700 km/h

in etwa 9000 Metern. Hinzu kommen die sehr guten Sturzflugeigenschaften dieses schwersten, jemals im Zweiten Weltkrieg eingesetzten einmotorigen Jagdflugzeuges. Und die Lockheed P-38 »Lightning«, ebenfalls auf allen Kriegsschauplätzen im Einsatz, ist nicht nur wegen ihrer enormen Steigleistung bekannt. Aber es beeindruckt die deutschen Piloten immer wieder, wenn diese doppelrümpfigen Maschinen praktisch aus der Marschgeschwindigkeit heraus und ohne »Anlauf« plötzlich mit überwältigender Geschwindigkeit, die ihnen die beiden starken Allison-Triebwerke verleihen, in den Himmel steigen. Ein Flugmanöver, welches so manchem nichtsahnenden deutschen Jagdflieger unerwartet zum Verhängnis wird.
Schon am Vormittag beginnt es über dem linksrheinischen Gebiet lebhaft zu werden. Die 404. Fighter Group der 9. (taktischen) US-Luftflotte hat den Auftrag, den Flugplatz Bonn-Hangelar anzugreifen, auf dem zur Zeit neben einer Nahaufklärereinheit auch die Nachtschlachtgruppe 20 sowie Teile des KG 55 liegen. Gegen 9.30 Uhr starten 26 FW 190 des JG 26 bei ungünstigster Wetterlage. Sie finden den Gegner nicht und kehren ohne Feindberührung gehabt zu haben wieder nach Fürstenau zurück.
Währenddessen aber treffen die II., III. und IV./JG 27 im Raum Euskirchen auf die von St. Trond/Belgien aus gestarteten Thunderbolt. Es kommt sofort zum Luftkampf, nachdem Deutsche und Amerikaner sich ihrer Zusatztanks entledigt haben. Die Gruppen des JG 27 können eine ganze Reihe von Luftsiegen verbuchen, haben aber selber sechs Gefallene sowie vier Verwundete. Dabei muß allein die 8. Staffel einen Verlust von vier Flugzeugführern hinnehmen, darunter auch ihren Kapitän, Hauptmann Herbert Rehfeld, der im Raum östlich von Aachen tödlich abgeschossen wird. Der Gefreite Breiter und Unteroffizier Etzler fallen, Obergefreiter Lüders wird verwundet. Den Gruppenkommandeur der II./JG 27 erwischen die Thunderbolt südwestlich von Zülpich über Vlatten. Auch er wird verwundet und hängt am Schirm. Von der III. Gruppe fallen zwei Piloten: Unteroffizier Kummer und Obergefreiter Möllers. Feldwebel Völz gelingt der Absprung aus seiner gelben »19« bei Neuenahr. Feldwebel Fritz Hopf von der 14. Staffel, zunächst als vermißt geltend, wird später mit seiner Bf 109 G-10 bei Berg, Raum Altenahr, gefunden.
Leutnant Buddes 14. Staffel der IV./JG 54 hat bei Bonn Feindberührung und verliert zwei ihrer Flugzeugführer. Unteroffizier Winkler fällt bei Roggendorf, Oberfähnrich Werner Timpes Schicksal bleibt

unbekannt. Seine Maschine, eine FW 190 der neuen A-9 Serie* wird im Raum Düren zum letztenmal gesichtet. Feldwebel Schelnast von der 13. Staffel unterliegt im Luftkampf und wird über dem Ahr-Gebirge bei Werthoven tödlich abgeschossen.
Da wegen der Luftkämpfe der Platz Hangelar selbst verschont bleibt, kommen die Amerikaner am Nachmittag wieder. Lt.Col.Moon schickt diesmal alle drei Squadrons seiner 404. Fighter Group, und abermals kommt es zu harten Gefechten zwischen den Thunderbolt und den deutschen Verbänden.
Der Platz Rheine beherbergt neben den verschiedensten Luftwaffeneinheiten auch die Me 262 des KG 51 und wird deshalb von den alliierten Jabos der 2. Tactical Air Force ununterbrochen überwacht, denn die überlegenen Düsenjagdmaschinen sind nie so gefährdet wie gerade bei Start und Landung. Am Morgen des 17. Dezember starten fünf Hawker Tempest der 56. Squadron zur »Wachablösung« in Richtung Rheine und treffen südlich von Nijmegen auf mehrere Bf 109, die der I./JG 27 angehören. Der dann folgende Luftkampf, an dem sich später noch weitere britische Jäger beteiligen, endet mit dem Verlust von vier Flugzeugführern. Oberfeldwebel Rump von der 2., sowie Fähnrich Achilles und der Gefreite Dieck von der 3. Staffel fallen. Von der 1. Staffel wird Unteroffizier Schulze abgeschossen und gerät in Gefangenschaft. Die Engländer aber landen ohne Einbußen wieder auf ihrem Einsatzhorst Volkel.
Über der Mosel im Raum Trier operiert die 474. Fighter Group des Col. Wasem. Seine Lightning haben während des Morgeneinsatzes bereits sieben Abschüsse ohne Verluste getätigt und melden nun erneut vier FW 190 als abgeschossen sowie vier weitere als beschädigt. Die 474. verliert gleichzeitig zwei eigene Maschinen; eine andere P-38 geht bei Luxemburg nieder und macht eine Bauchlandung. Es könnte sich hier um die drei vom JG 26 abgeschossenen Lightning handeln, denn auf seinem zweiten Feindflug des Tages meldet Unteroffizier Delor zwei P-38-Abschüsse und Leutnant Günther einen weiteren.
Hat das JG 26 an diesem Tag keinen einzigen Verlust, so werden allein vom »Richthofen«-Geschwader (JG 2) noch vier Flugzeugführer vermißt, die allesamt der I. Gruppe angehören. Es sind dies:

---

* Im Gegensatz zur A-8 Serie besaß die FW 190 A-9 den stärkeren BMW 801 F-Motor mit 2000 PS Startleistung

Leutnant Elser, der Gefreite Eube, Fähnrich Selpin und Leutnant Snobeck. Oberfeldwebel Nowak kann mit dem Schirm abspringen und der Gefreite Rebmann kehrt, nachdem man auch ihn zunächst als vermißt wähnte, später unverwundet zurück. Beide Piloten berichten von einem Luftkampf der 3. und 4. Staffel mit rund 15 Thunderbolt über dem deutsch-belgischen Grenzgebiet. Nach seinem Abschuß gerät Oberfähnrich Kowalski von der II./JG 2 auf belgischem Boden bei Krinkelt in Gefangenschaft, während Feldwebel Fester über der Front einen Flaktreffer erhält, was ihn dazu zwingt, schließlich bei Adenau mit dem Schirm abzuspringen. Der Gefreite Frischer fällt im Luftkampf mit Thunderbolt bei Oberstedem in der Nähe von Bitburg.

Die Jagdgeschwader 3, 4 und 11 sind ebenfalls an den Kämpfen des 17. Dezember beteiligt und haben hohe Ausfälle. Hierbei steht das JG 4 mit zehn Gefallenen und einem Vermißten sowie drei Verwundeten an der Spitze. Kommodore Michalskis vier Gruppen sind unterwegs in dem Kampfraum West. Schwerpunkt der Kämpfe liegt in diesen Stunden im Gebiet von St. Vith, was erst nach heftigem Ringen von den deutschen Truppen eingenommen werden kann. Doch die wenigsten Maschinen erreichen die deutsch-belgische Grenze, denn schon hinter dem Hunsrück sehen sich die Piloten des JG 4 den Thunderbolt gegenüber. Unter den Messerschmitt jetzt die zahlreichen Windungen der Mosel, die allerdings kaum jemand zu Gesicht bekommt. Und da gehen schon einige Maschinen in die Tiefe, verschwinden in Wolkenbänken, werden nicht mehr gesehen. Als einer der ersten Flugzeugführer fällt Leutnant Heinz Krause im Luftkampf über Cochem, und das Schicksal seines Staffelkameraden, des 21jährigen Augsburgers Leutnant Brindlinger bleibt zunächst ungewiß. Später stellt es sich heraus, daß er bei Zemmern, nördlich von Trier abgeschossen wurde. Zwischen Zemmern und Zell/Mosel bei Heidweiler verliert die 4. Staffel den Unteroffizier Heyne. Auch er fällt im Luftkampf.

Bei der II./JG 4 ist es die 6. Staffel, welche mit zwei Gefallenen und einen Verwundeten die meisten Flugzeugführer der Gruppe einbüßt: Leutnant Lehmann, Feldwebel Lippold und Unteroffizier Weichmann, wobei letzterer verwundet bei Pronsfeld mit dem Schirm niedergeht. Südöstlich der Schnee-Eifel haben Teile der IV. Gruppe plötzlich etwa 20 Thunderbolt gegen sich und man sieht noch, wie Unteroffizier Heinrichs Bf 109 von mehreren Amerikanern abge-

drängt wird. Da auch die anderen Flugzeugführer sich auf den zahlenmäßig überlegenen Gegner konzentrieren müssen, kann keiner den Weg der Messerschmitt verfolgen. Der junge Unteroffizier aus Aachen aber schlägt bei Mürlenbach, unterhalb Birresborn auf und kommt ums Leben. Die III./JG 4 meldet insgesamt drei Ausfälle, wovon die Unteroffiziere Gras und Walther gefallen sind und der Unteroffizier Walter Ziegler immer noch als Suchfall gilt.
Das Jagdgeschwader 3 »Udet« kämpft zwischen dem Bonner Raum und dem Ahr-Gebirge. Unteroffizier Werner Thiel muß über Nierendorf bei Remagen verwundet aussteigen, und die rote »5«, das ist Leutnant Rolf Lahne mit seiner FW 190 A-8, bleibt im Raum Bonn verschollen.
Zusammen mit dem JG 4 ist auch eine Gruppe des JG 11, dessen Einsatzhorste jetzt südlich von Frankfurt/Main befinden, in das Frontgebiet gestartet. Am 17. Dezember trifft es die 2. und 4. Staffel besonders hart; beide zählen je vier Verluste. Die 2. Staffel hat nördlich des Ahr-Gebirges in der Gegend von Münstereifel Luftkampf mit starken Thunderbolt-Formationen, zu denen sich dann auch noch etliche Schwärme P-38 gesellen. Das Resultat: Vier Verwundete. Die schwarze »6« stürzt ab und ihr Pilot, Unteroffizier Liebick, steigt aus. Unteroffizier Heyer schießt eine der P-38 ab, die er jedoch nicht anerkannt bekommt, weil ihm die Zeugen fehlen. Kurz darauf muß auch er seine A-8 mit der schwarzen »1« verlassen. Aufgrund der erlittenen Verwundungen ist für Unteroffizier Heyer die Ardennen-Offensive vorbei, desgleichen für seine Kameraden Sauseng und Wegener.
Inzwischen schlägt sich die 4. Staffel zwischen Wittlich und Gillenfeld am Pulver-Maar mit den Amerikanern herum. Obwohl es die Focke-Wulf-Piloten den kampferfahrenen gegnerischen Jagdfliegern nicht leicht machen, bleiben die Thunderbolt Sieger und schießen im harten Luftkampf die Maschinen der Unteroffiziere Dalecki, Grätzer und Schäfer ab. Alle drei Flugzeugführer fallen. Unteroffizier Alfred Winderlich wird verwundet.
Die »Winterschlacht im Westen«, wie die Offensive in der Presse bezeichnet wird, bringt den deutschen Jagdverbänden am 17. Dezember den Verlust von 56 Mann fliegenden Personals ein, und wieder einmal hat das JG 27 mit neun Gefallenen, vier Verwundeten sowie einen in Gefangenschaft geratenen Flugzeugführer den höchsten Anteil. Allerdings erzielt das Geschwader in den heutigen Einsätzen 16 Luftsiege.

Die 9. US-Luftflotte beansprucht die Vernichtung von 68 deutschen Jagdflugzeugen, und sie gibt 16 eigene Maschinenverluste bekannt, was mit den Meldungen des JG 27 exakt übereinstimmen würde.
Am Vormittag des gleichen Tages muß auch das in Mitteldeutschland verbliebene Jagdgeschwader 300 einen hohen Blutzoll entrichten. Jedoch nicht an der Westfront, sondern diesmal über dem Südosten des Reiches sowie über dem Protektorat liefern sich die deutschen Jäger und stark eskortierte Liberator-Verbände weiträumige Luftgefechte. Offensichtlich verfolgen die Alliierten mit vermehrten Einflügen der 15. US-Luftflotte von den italienischen Basen aus gleich zwei Ziele. Einmal erlangt angesichts der deutschen Gegenoffensive die Zerschlagung der synthetischen Treibstoff produzierenden Werke, speziell der in Ostdeutschland, Österreich und Polen liegenden Anlagen nun noch mehr Priorität, und zum anderen werden bei den Einsätzen gleichzeitig auch die Jagdstreitkräfte der Reichsluftverteidigung gebunden, so daß sie für vorgesehene Operationen an der Westfront ausfallen oder zumindest stark reduziert werden müssen. Aus diesem Grund fliegt die 15. Luftflotte mit ihren Viermot.-Verbänden am 17. Dezember nach Polen ein, um das Hydrierwerk bei Auschwitz zu bombardieren.
Die Amerikaner überqueren in mehreren Wellen und mit Nordnordostkursen den Golf von Triest, dann den östlichen Teil Österreichs und dringen in den Mährischen Raum ein. Zwischen Olmütz und Prerau und später über oberschlesischem Gebiet kommt es zum Luftkampf zwischen den eingeflogenen Gegner und der II./JG 300. Die Gruppe, jetzt auch als Sturmeinheit eingesetzt und mit der FW 190 A-7 und A-8 ausgerüstet, hat dabei sieben Gefallene und drei Verwundete. Die 5. Staffel meldet zwei Ausfälle, die 6. vier, wobei Feldwebel Funk, Unteroffizier Pöhner und Oberfähnrich Winter tödlich abgeschossen werden. Ebenfalls vier Flugzeugführer verliert die 7. Staffel. Oberfähnrich Hohmanns weiße »7« erhält Treffer und stürzt bei Proßnitz ab. Der Pilot fällt. Unteroffizier Martin und Feldwebel Paplowski können ihrem Schicksal ebenfalls nicht entrinnen und werden schließlich das Opfer gegnerischer Mustang.
Über den Ostsudeten und dem Glatzer Bergland versuchen die 13., 15. und 16. Staffel mit ihren Messerschmitt an die amerikanischen Kampfflugzeuge heranzukommen, aber sie erleiden dabei eine Schlappe. Die Gruppe hat die meisten Ausfälle an diesem Tag, insgesamt 11 Flugzeugführer. Zwei Piloten der 13. fallen: Feldwebel

Baartz bei Milawetz und Leutnant Stegmann über Bautsch. Der aus Hannover stammende Feldwebel Grothendieck bleibt vermißt. Wo die gelbe «6» mit dem 22jährigen Leutnant Dieter Kaiser aufgeschlagen ist, wird gleichfalls für immer ungewiß bleiben. Und auch die G-14 des Düsseldorfer Unteroffiziers Gresing ist spurlos verschwunden. Die 15. Staffel verzeichnet damit insgesamt zwei Gefallene und zwei Vermißte, denn auch die Unteroffiziere Knoch und Riese werden tödlich abgeschossen, während Feldwebel Weinert bei Hochheim in den Sudeten glücklicherweise nur Verwundungen davon trägt. Staffelkapitän Hauptmann Kowatsch wird bei Grunwald verwundet. Er fliegt übrigens, wie auch sein noch vermißter Staffelkamerad von der 16., Fähnrich Weiss, eine Bf 109 G-10 mit je einer 2-cm-Kanone unter den Flächen als Rüstsatz. Hauptmann Josef Puchinger vom Gruppenstab bleibt in Oberschlesien verschollen.
So steht denn letzten Endes fest, daß trotz hohen Opfermutes und oft schneidiger Gegenangriffe die deutschen Jagdstreitkräfte nicht ausreichen, um die Amerikaner an der Durchführung ihres geplanten Bombardements zu hindern. Sie kommen nahezu ungeschoren davon, aber das JG 300 kostet dieser Abwehreinsatz 23 Maschinen mit ihren Piloten, und somit verliert die deutsche Jagdwaffe am 17. Dezember 1944 rund 80 Flugzeugführer.
Das große Sterben aber soll erst noch beginnen.

Verluste der Jagdwaffe am 17. Dezember 1944

am Einsatz beteiligte Einheiten	gefallen, vermißt, gefangen	ver- wundet	Personal- verluste insgesamt	Maschinentyp	Verlustraum
I./JG 2	4	1	5	FW 190 A-8	Bitburg, Gießen,
II./JG 2	4	2	6	Bf-109 G-6/G-14	Koblenz, St. Vith
			11		
III./JG 3	1	2	3	Bf 109 G-14	Andernach, Bonn,
IV./JG 3	1	1	2	FW 190 A-8	Nierendorf
			5		
I./JG 4	3	1	4	Bf 109 G-14	Birresborn, Bop-
II./JG 4	3	1	4	FW 190 A-8	pard, Cochem,
III./JG 4	3		3	Bf 109 G-14/K-4	Heidweiler,
IV./JG 4	1	1	2	Bf 109 G-10/G-14	Pronsfeld
			13		
II./JG 6	1		1	FW 190 A-8	Königswinter
I./JG 11	3	5	8	Bf 109 G-14	Münstereifel, Wittlich
I./JG 27	4		4	Bf 109 G-14/K-4	Aachen, Beers,
II./JG 27	3	3	6	Bf 109 G-10/G-14	Düren, Eindho-
III./JG 27	2	1	3	Bf 109 K-4	ven, Neuenahr
IV./JG 27	1		1	Bf 109 G-10	
			14		
II./JG 53		1	1	Bf 109 G-14	Kandel
IV./JG 54	3		3	FW 190 A-8/A-9	Bonn, Düren
II./JG 300	7	3	10	FW 190 A-8	Hochheim, Lieg-
III./JG 300	2		2	Bf 109 G-10	nitz, Meseritz,
IV./JG 300	9	2	11	Bf 109 G-10/G-14	Olmütz, Prerau,
			23		Proßnitz
Verluste insgesamt (Reichsgebiet, Westen und »Protektorat«)	55	24	79	(davon 1 Staffelkapitän gefallen 1 Gruppenkommandeur, 2 Staffelkapitäne verwundet)	

84

Montag, 18. Dezember 1944

Auch der dritte Tag nach Beginn der deutschen Offensive im Westen ist von schlechtem Wetter gekennzeichnet, aber dennoch versucht die 8. US-Luftflotte, mit rund 950 Viermotorigen in das Reichsgebiet einzufliegen. Ohne Sicht bombardieren die Amerikaner durch eine 10/10 geschlossene Wolkendecke vorwiegend Knotenpunkte im Eisenbahndreieck Koblenz–Ehrang–Köln. Jetzt und auch im Verlauf der nächsten Tage soll es sich zeigen, daß die Alliierten den Schwerpunkt ihrer Luftangriffe nun auf Verkehrsziele im Hinterland des Kampfgebietes verlagern, um so den Nachschub zu unterbinden. Als nächste Reaktion auf die deutsche Offensive werden pausenlos Angriffe auf die Fliegerhorste beiderseits des Rheins folgen.
Gegen den Viermot.-Einflug sind Teile des JG 1 eingesetzt, denn die 9. Staffel meldet einen Verwundeten nach Luftkampf mit viermotorigen Bombern bei Bonn. Es ist Leutnant Klaus Holz, der sich mit dem Schirm retten kann. Unteroffizier Mietling von der 4. Staffel fällt im Raum Malmédy.
Die 9. Luftflotte operiert mit Verbänden zweimotoriger Kampfflugzeuge über dem belgisch-luxemburgischen Gebiet, während die Thunderbolt sich ihre Ziele weiter hinter der Front suchen, indem sie Lastwagenkolonnen, Lokomotiven oder Panzerformationen bekämpfen. Zum ersten Mal ist das im Raum Dortmund stationierte Jagdgeschwader 77 im Einsatz. Die II. und Hauptmann Köhlers III. Gruppe haben den Auftrag, im Frontraum die Bewegungen der Panzerspitzen zu beobachten, doch sie kommen gar nicht so weit. Schon südlich von Köln werden die Messerschmitt vom Gegner gestellt. Drei Maschinen der III. Gruppe gehen verloren, darunter die beiden K-4 von Leutnant Rogall und Unteroffizier Schulze. Beide Piloten werden zwischen Weilerswist und Lechenich abgeschossen und verwundet. Unteroffizier Albin Micheliak muß als vermißt geführt werden.
Thunderbolt der 365. und 368. Fighter Group sind die Gegner der II. und III./JG 2 zwischen Aachen und Bonn. Die eigenen Verluste bleiben glücklicherweise gering, denn nur zwei Flugzeugführer kehren nicht zurück. Feldwebel Pfeiffer von der 11. fällt, der Obergefreite Melda von der 7. bleibt vermißt. Seine K-4 wird bei Aachen nach Luftkampf mit 15 Thunderbolt nicht mehr gesehen.

Neben den Scharen der amerikanischen Jäger tauchen am 18. Dezember auch die Spitfire der 2. Tactical Air Force auf. Die 610. Squadron meldet Luftkampf mit etwa 15 Focke-Wulf, doch wegen schlechter Sicht kommt es zu keinem Abschuß. Allerdings kehrt ein britischer Verbandsführer aus unbekanntem Grund nicht zurück, und auch beim zweiten Einsatz geht eine Spitfire verloren. Etwas erfolgreicher ist dagegen die 66. Squadron, die mit zwölf Maschinen zu einem bewaffneten Erkundungsflug bis nach Köln und Koblenz vordringen soll. Als plötzlich etwa vier Schwärme Messerschmittjäger auftauchen, die sich auf dem Flug in den Frontraum befinden, kommt es zum Kampf am wolkenverhangenen Himmel. Eine Bf 109 stürzt brennend in die Tiefe, vier weitere sind beschädigt, und auch eine Spitfire geht verloren.

Inzwischen ist über dem Kölner Raum der Teufel los. Hier stehen die Gruppen des JG 27 im Luftkampf mit starken gegnerischen Streitkräften. Für Unteroffizier Fink als einzigen Verlust der I. Gruppe ist der Einsatz bereits nach wenigen Flugminuten vorüber, als bei Burgsteinfurt die eigene Flak seine Maschine vom Himmel holt. Größere Ausfälle hat heute dagegen die III./JG 27. Hauptmann Richard Hasenclever vom Gruppenstab stürzt mit seiner K-4 »Winkel-Strich« bei Rondorf ab und gilt vorübergehend als vermißt. Die Unteroffiziere Grote und Kauffeld, beide von der 11. Staffel, werden im Luftkampf verwundet. Vergebens wartet man nach dem Einsatz auf die Rückkehr des Gefreiten Heinz Merkel, dessen Bf 109 K-4, schwarze »4«, in den Rhein gestürzt sein soll. Dem Gefechtsstandsschreiber bleibt nichts anderes übrig, als Merkel und einen weiteren nicht mehr gelandeten Flugzeugführer, den Unteroffizier Fritzsche, als vermißt zu melden. Das Schicksal des Gefreiten Merkel klärt sich erst vier Monate später, als man seine Leiche am 27. April 1945 bei Düsseldorf-Benrath aus dem Rhein bergen kann. Auch bei der 10. Staffel bleiben zwei Flugzeugführer zunächst vermißt, aber der Obergefreite Herberg und Oberfähnrich Scheiber kehren nach Fallschirmabsprung im Kölner Raum unversehrt zur Einheit zurück. Hingegen ist der Verbleib des Unteroffiziers Wolf Korn von der 12. Staffel auch heute noch ungewiß. Gegen 10.45 Uhr gerät auch die dem JG 27 unterstellte IV./JG 54 westlich von Köln in Luftkämpfe.

Als der vom Luftwaffenkommando West an die Verbände des II. Jagdkorps ergehende Einsatzbefehl das Jagdgeschwader 3 erreicht, starten alle vier Staffeln der III. Gruppe von ihren unterhalb der Ost-

ausläufer des Teutoburger Waldes gelegenen Horste. Hauptmann Langer, Kommandeur dieser Gruppe und erfahrener Verbandsführer, hat ein ungutes Gefühl, und es widerstrebt ihm, seine Männer bei schlechtester Witterung in einen Abwehreinsatz zu schicken. Täglich vergegenwärtigt er sich die vielen jungen Gesichter unter den Flugzeugführern, und wie die anderen Kommandeure in der Tagjagd weiß auch Hauptmann Langer nur zu gut, welchen Preis solche Unternehmen fordern können und immer wieder fordern werden. Aus seiner Gruppe sind erst am 2. Dezember fünf Mann, darunter der Kapitän der 11. Staffel, Leutnant Karl Willeke, gefallen.
Die Maschinen der III./JG 3 fliegen das Ruhrgebiet an, ehe sie Kurs auf den Kölner Raum nehmen, denn aufgrund der Durchsagen der Bodenleitstelle müßte man dort die gegnerischen Kampfverbände finden. Südwestlich von Bonn kommt es schließlich zum Luftkampf mit den amerikanischen Begleitjägern, und als der Einsatz vorüber ist, fehlen acht Flugzeugführer: zwei Verwundete, der Obergefreite Kaufmann von der 10. und Unteroffizier Lehnen von der 11. Staffel sowie drei Gefallene und die gleiche Anzahl Vermißte, darunter Feldwebel Rinke und der Gefreite Riess von der 9. bzw. 12. Staffel. Ein weiterer Angehöriger der 9. Staffel, Unteroffizier Horst Witzler, ist heute noch einmal davongekommen, denn er meldet sich, nachdem man schon auf seine Rückkehr gewartet hat, bei seiner Staffel zurück. Dreiundzwanzig Tage später aber entgeht er seinem Schicksal nicht. Unteroffizier Witzler fällt bei Münstereifel.
Und so lautet der Wehrmachtsbericht vom 18. Dezember 1944:
»... Geschwader deutscher Jagd- und Schlachtflieger, die die Bewegungen unserer Truppen abschirmten, schossen in Luftkämpfen 24 feindliche Flugzeuge ab. Das Feuer unserer Fernkampfwaffen auf London, Antwerpen und Lüttich wurde verstärkt fortgesetzt ...«

Verluste der Jagdwaffe am 18. Dezember 1944

am Einsatz beteiligte Einheiten	gefallen oder vermißt	ver- wundet	Personal- verluste insgesamt	Maschinentyp	Verlustraum
I./JG 1	1		1	FW 190 A-8	Bonn, Malmédy
III./JG 1		2	2	Bf 109 G-10/G-14	
			3		
II./JG 2	2		2	Bf 109 K-4	Aachen, Bonn
III./JG 2	1		1	FW 190 A-8	
			3		
III./JG 3	5	2	7	Bf 109 G-14/K-4	Bonn, Dortmund, Düren
III./JG 6		1	1	Bf 109 G-6	Andernach
II./JG 26		1	1	FW 190 D-9	Almelo, Plant-
III./JG 26	1		1	Bf 109 K-4	lünne
			2		
II./JG 27		1	1	Bf 109 G-10/G-14	
III./JG 27	5	2	7	Bf 109 K-4	Köln, Werl
IV./JG 27	1		1	Bf 109 G-14	
			9		
IV./JG 54	2	1	3	FW 190 A-8	Köln, Vussem
I./JG 77	2		2	Bf 109 G-14	Lechenich, Wei-
III./JG 77	1	2	3	Bf 109 K-4	lerswist, Scheuer-
			5		heck
Verluste insgesamt (Reichsgebiet und Westen)	21	12	33	(davon 1 Staffelkapitän gefallen)	

Wenn man vom Einsatz der Jagdwaffe spricht, darf dies nicht geschehen ohne die Erwähnung der Schwarzen Männer des Bodenpersonals, denn ohne sie wären auch die Besten unter den Jagdfliegern nicht zu ihren Erfolgen gekommen. Aber auch die im Kampf unerfahrenen Piloten wußten, daß sie sich dank der unermüdlichen Arbeit der Warte auf ihre Maschinen verlassen konnten.

Thunderbolt! Dieses amerikanische Flugzeug war das schwerste im letzten Krieg zum Einsatz gelangte einmotorige Jagdflugzeug und wurde auf dem europäischen Kriegsschauplatz als Jabo bei der 9. taktischen US-Luftflotte eingesetzt, während die 8. US-Luftflotte ihre Jagdverbände nach und nach auf die Mustang umrüstete. 6-8 12,7 mm-Browning-MGs verliehen der Thunderbolt eine enorme Feuerkraft, die nicht wenigen deutschen Jagdfliegern zum Verhängnis wurde.

Sonnabend, 23. Dezember 1944

Seit den frühen Morgenstunden herrscht auf den Einsatzbasen der alliierten Luftstreitkräfte Hochbetrieb. Geschwader viermotoriger Bomber der 8. US-Luftflotte starten zum Flug nach Deutschland, während rund 400 leichte und mittlere Kampfflugzeuge der 9. US-Luftflotte das Frontgebiet und die Eifel zum Ziel haben werden. Die RAF wird mit Viermotorigen die Stadt Köln angreifen. Starke Kräfte gegnerischer Jäger sind den Fortress- und Liberatorpulks vorausgeeilt, um sie nach Norden abzuschirmen, da erfahrungsgemäß aus dieser Richtung die Mehrzahl der deutschen Jäger zu erwarten sein wird. Und wirklich, auf eigener Seite stehen die Jagdverbände schon bereit. In kleineren Formationen, aber auch in großen Gefechtsverbänden werden sie an die Masseneinflüge der Alliierten herangeführt.
Am heutigen Tage ist eine schon lange nicht mehr erlebte Luftaktivität zu beobachten, denn praktisch über Nacht ist eine Wetterbesserung eingetreten und der Himmel beginnt sich aufzuhellen. Die Schlechtwetterfront, welche seit dem 16. Dezember und mit Beginn der deutschen Gegenoffensive über dem Kampfraum lag, löst sich jetzt genau eine Woche später auf. Teilweise bricht sogar die Sonne durch. Die an Nieselregen und Schneeschauer, Bodennebel oder tiefliegenden Wolkenschichten verzweifelten Jägerpiloten beider Seiten fühlen sich, da nun auch gute Sichtverhältnisse zurückkehren, wieder sicherer.
Von über 400 Jagdflugzeugen eskortiert, greifen 417 Bomber der 8. US-Luftflotte Eisenbahnknotenpunkte im linksrheinischen Gebiet an, um die Nachschubwege der Wehrmacht zu zerstören. Denn noch immer befinden sich die alliierten Bodentruppen in einer mißlichen Lage. Der Druck der Deutschen wächst weiter an. St. Vith ist gefallen, Bastogne eingeschlossen.
Der Angriff der amerikanischen Kampfflugzeuge richtet sich vor allem gegen die Verkehrsanlagen im Raum Trier–Ehrang, Jünkerath–Dahlem und Ahrweiler. Gegen 10.15 Uhr hat ein großer Verband deutscher Jäger den Kölner Bereich überflogen und steht jetzt über dem Dreieck zwischen Brühl, Bonn und Euskirchen. Etwa 90 Messerschmitt und Focke-Wulf der Jagdgeschwader 4, 11, 27 und 54. Die

drei Gruppen des JG 4 dringen ungehindert weiter südlich vor, während die restlichen Formationen plötzlich Schwärme von Thunderbolt über sich haben. Es sind die Maschinen von Col. Schillings kampferprobter 56. Fighter Group, die sofort ihre Zusatztanks abwerfen, um sich anschließend auf ihre Gegner zu stürzen. Die deutschen Piloten erkennen zwar die Gefahr, doch die aus der Überhöhung kommenden P-47 sind im Vorteil.
Dicht über dem Kottenforst jagt eine angeschossene FW 190 dahin und versucht, ihren Verfolgern zu entkommen, jedoch bei Röttgen ereilt den Flugzeugführer, Unteroffizier Willi Bach von der 16./JG 54, das Schicksal. Er stürzt mit seiner Maschine ab und kommt ums Leben. Es ist etwa 10.30 Uhr, als eine zweite FW 190 A-8, ebenfalls vom JG 54, über den Baumwipfeln erscheint und kurz vor der Gemeinde Villip tief hinuntergeht. Auch diese Maschine ist bereits getroffen, so daß der Pilot sich zum Aussteigen entschließen muß. Der Absprung gelingt ihm nicht. Unteroffizier Klaus Gehring aus Gerdauen/Ostpreußen bleibt mit dem Schirm am Leitwerk hängen und kommt beim Aufprall der Maschine ums Leben.
Nur ein paar hundert Meter weiter entfernt, unweit des Wasserschlosses Gudenau stürzt eine Messerschmitt ab und bohrt sich mit unvorstellbarer Gewalt in den hartgefrorenen Boden. Kein Fallschirm ist zu sehen. Erst fast genau 24 Jahre später weiß man über diesen Absturz mehr. Es ist die Bf 109 G-10 von Oberfeldwebel Heinrich Bartels, der kurz vor seinem Abschuß noch eine Thunderbolt vernichten kann. Dies war der 99. Luftsieg des 26jährigen Ritterkreuzträgers aus Linz/Donau. Ende Januar 1968 wird Oberfeldwebel Bartels, der seit Mai 1943 der IV. Gruppe des JG 27 angehörte, mit seiner Messerschmitt geborgen. Dem Oberfähnrich Fritz Russ vom Gruppenstab III./ JG 27 muß, nachdem er westlich von Bonn im Luftkampf schwere Verwundungen erleidet, im Kriegslazarett Bonn ein Arm amputiert werden.
Drei Gruppen des JG 4 sowie die I. Gruppe des unter der Führung von Oberstleutnant Günther Specht stehenden Jagdgeschwaders 11 versuchen gemäß ihrem Auftrag, die amerikanischen Bomberpulks noch vor Trier zu erreichen, doch der gegnerische Jagdschutz vereitelt dieses Vorhaben zum größten Teil und zwingt die Verbände zu Luftkämpfen, die sich über den gesamten Eifelraum erstrecken.
Major Jeffrey von der 479. Fighter Group verbucht allein drei der zwölf durch seine Einheit abgeschossenen FW 190 bei einem Verlust

von einer Mustang. Besonders hart erwischt es die 8. Staffel des JG 4, von der die Unteroffiziere Haug, Nefzger und Walter noch vermißt werden. Leutnant Dietmar Bischoff und Feldwebel Höflich geraten in Gefangenschaft. Leutnant Eduard Schmidt meldet sich später wieder zurück, nachdem er den Absprung aus seiner Focke-Wulf »blaue 10« heil überstanden hat. Bei der 10. Staffel werden die beiden Unteroffiziere Jessen und Lemmer verwundet, während Unteroffizier Werner Dehr noch als vermißt gilt. Die 11. verliert den Fähnrich Ernst Amman, und Oberfähnrich Rickling erhält über Roth an der Sauer Verwundungen im Luftkampf mit den gegnerischen Jägern. Auch bei der IV. Gruppe treten drei Verluste auf. Unteroffizier Heinz Weber fällt über Ehrang, Oberfähnrich Herdtle bleibt im Raum Trier verschollen. Die Bf 109 G-14 mit Unteroffizier Karlheinz Witt wird im gleichen Raum abgeschossen.

Weit schlimmer sieht es beim JG 11 aus. Das Geschwader trägt mit 12 Gefallenen und vier vermißten Flugzeugführern den Hauptanteil der eigenen Verluste am 23. Dezember. Die drei Gruppen sind über das gesamte Einsatzgebiet verteilt, wobei die I./JG 11 zusammen mit der IV./JG 4 den Viermot.-Einflug im Moselraum bekämpfen. Die anderen beiden, dem »Richthofen«-Geschwader unterstellten Gruppen haben sowohl die Jagdeskorte der 8. als auch die der 9. US-Luftflotte zum Gegner. Fähnrich Kaluza und Oberleutnant Georg Ulrici von der 1./JG 11 bleiben mit ihren FW 190 A-8 zwischen Daun und Cochem vermißt. Im Februar 1945 findet man einen von ihnen, den Oberleutnant Ulrici, bei Kaisersesch tot auf. Von der 2. Staffel fallen Unteroffizier Ehrke und der Gefreite Eiden bei Gillenfeld im Luftkampf. Drei Flugzeugführer der 4./JG 11 erleiden Verwundungen, und Oberfähnrich Hansjoachim Wesener wird südlich von Kaisersesch von amerikanischen Jägern abgeschossen.

Die günstige Witterung ausnützend, geben die Jabos der 9. Luftflotte ihren Erdtruppen jede nur mögliche Unterstützung. Geschwader mit C-47-Transportflugzeugen können endlich über dem eingeschlossenen Bastogne Verpflegung und Waffen abwerfen, doch die deutsche Flak schießt acht dieser Transporter herunter. Unterdessen sind im Verlauf des Vormittags insgesamt 624 zweimotorige Bomber vom Typ A-26 »Invader« und B-26 »Marauder« unterwegs, um die direkt hinter der Front liegenden Eisenbahnanlagen auszuschalten. Die 9. Bombardment Division erleidet hierbei die bisher schwersten Verluste, denn durch Flak und Jäger der Reichsluftverteidigung gehen

36 Bomber verloren, sechs stürzen ab oder müssen notlanden und mehr als 180 werden beschädigt. Eines der ersten Ziele der 9. Luftflotte sind die Bahnanlagen von Ahrweiler, die jetzt von rund 60 Marauder der 386. und 391. Bombardment Group angeflogen werden. Da taucht plötzlich etwa die gleiche Anzahl grauer Jagdmaschinen auf, die einen Teil des Gefechtsverbandes JG 2/JG 3/JG 11 bilden. Die Deutschen konzentrieren sich auf die zweite Angriffswelle des in Richtung Westerwald weiterfliegenden Gegners und vernichten 16 Marauder der 391. Group.
Aber die eigenen Verluste liegen höher. Unteroffizier Kleybrink und Feldwebel Lang sowie Obergefreiter Maas und Unteroffizier Pfeifer, Angehörige der I. bzw. II./JG 2, werden vom amerikanischen Begleitschutz auf der rechtrheinischen Seite abgeschossen. Für Oberfähnrich Kusche kommt jede Hilfe zu spät, als er noch auf dem Einsatzhorst Nidda verunglückt. Kurz nach dem Start stürzt er mit seiner Messerschmitt ab und wird dabei getötet. Mit Beschußschäden versucht Oberfähnrich Aickelin nach Luftkampf den gerade in der Nähe liegenden Platz Köln-Wahn zu erreichen, um dort notzulanden. Beim Aufsetzen überschlägt sich die G-14, und der Flugzeugführer muß mit Verletzungen in das Lazarett eingeliefert werden.
Die III. Gruppe des JG 2 büßt fünf Flugzeugführer ein. Während Feldwebel Heinz Schneider vermißt bleibt, kann das Schicksal des Unteroffiziers Burger von der 12. Staffel im Januar 1968 endgültig geklärt werden. Man findet ihn in seiner FW 190 D-9, einer der ersten »Langnasen«, die im Westen verloren gehen, bei Meckenheim am Swistbach.
Vier Fallschirmabsprünge verzeichnet das JG 3. Unter diesen Piloten befindet sich der Fähnrich Adolf Tham, der mit seiner Bf 109 K-4 eine Marauder rammt und dabei Verwundungen davonträgt. Es könnte sich hier um eine der beiden von der 322. Bombardment Group als verloren gemeldeten B-26 handeln. Diese Gruppe wendet sich gegen Eisenbahnbrücken von Euskirchen, als etwa 20 bis 30 eigene Maschinen den Verband angreifen. Dabei gehen etwa sechs deutsche Jagdmaschinen verloren. Oberfeldwebel Gerhard Wilhelm und Unteroffizier Wichmann, IV./JG 3, fallen. Wilhelm flog übrigens die »Doppelwinkel« seines Kommandeurs, Hauptmann Weydenhammer. Unteroffizier Kröber erliegt später seinen im Luftkampf erlittenen Verwundungen.
Etwa 70 Marauder der 387. und 394. Bombardment Group sind auf

die Eisenbahnanlagen Mayen angesetzt, als noch vor Erreichen des Zieles sich mehrere Schwärme deutscher Jagdflugzeuge auf den gegnerischen Kampfverband stürzen. Vier Abschüsse gegen vier eigene Verluste sind das Resultat dieses Gefechtes. Weitere Ausfälle erleiden die Jagdgruppen bei der Abwehr eines Angriffes Zweimotoriger gegen die Moselbrücken zwischen Cochem und Eller. Bei acht eigenen Jägerverlusten erringen die deutschen Jäger hier sieben Luftsiege.

Im Luftkampf über Mayen verliert die 9. Staffel des JG 11 ihren Führer, Oberleutnant Herbert Planer, und auch die weiße »6« des Unteroffiziers Pfaffinger wird abgeschossen. Die restlichen Staffeln der III./JG 11 des Hauptmanns von Fassong stehen noch im Raum zwischen Bonn und der deutschen Reichsgrenze im Kampf. An- und abfliegende feindliche Bomberströme und Jagdformationen gehören schon seit Jahren zum Tagesablauf der Bewohner des Gebietes südlich zwischen Aachen und Köln, doch was sich heute über den verschneiten, rauhen Hochflächen der Eifel abspielt, scheint der Beginn einer Tragödie zu sein. Noch nie haben die Bauern so viele Flugzeuge vom Himmel fallen sehen.

Über der Steinbach-Talsperre kommt es zum Gefecht zwischen der 10. und 11./JG 11, in dem Oberfähnrich Bühmann abgeschossen wird und bei Rheinbach abspringen muß. Im gleichen Ort fällt Leutnant Küke von der von Hauptmann Dähne geführten 11. Staffel. Hauptmann Dähne, bei Kriegsende Kommandeur der II./JG 1, soll noch im April 1945 mit einer Heinkel He 162 tödlich abstürzen. Etwas weiter südwestlich, bei Münstereifel, werden zwei andere Staffelangehörige im Luftkampf verwundet. Es sind die beiden Feldwebel Borgenhagen und Schwarz.

Währenddessen muß die 12. Staffel etwa über der Schnee-Eifel, also im Dreieck St. Vith–Prüm–Stadtkyll an den Gegner geraten sein. Es wird vermutet, daß in diesem unwegsamen Gelände der noch vermißte Major Erich Putzka vom Gruppenstab III./JG 11 mit seiner FW 190 A-8 nach Luftkampf abgestürzt ist. Und das gleiche trifft für den Oberfeldwebel Holland zu, der sich zuletzt in einer Kurbelei mit rund 30 Thunderbolt befand. Auch Oberfeldwebel Titscher fällt und soll nach Beobachtungen seiner Kameraden von einer Spitfire abgeschossen worden sein. Dies könnte zutreffen, da auch die RAF am 23. Dezember um diese Zeit einen Tageseinsatz unternimmt und mit einem durch Jäger geschützten Kampfverband Köln angreift.

An die Viermotorigen der Engländer versuchen Teile der Jagdgeschwader 1, 6 und 26 heranzukommen. Kurz nach 11 Uhr starten 23 Focke-Wulf der 2. und 3./JG 26 von Fürstenau in den befohlenen Einsatzraum südlich von Köln. Bei nur zwei Abschüssen verliert jede Staffel drei Flugzeugführer, wobei sich Leutnant Mathony bei einer Notlandung in Krefeld-Bockum mit seiner Maschine überschlägt. Unteroffizier Bischoff fällt im Luftkampf, und der erst 20jährige Obergefreite Erhard Schmidt bleibt für immer verschollen. Die gelbe »13« mit dem Obergefreiten Krägeloh macht bei Rondorf wegen Spritmangel eine Bauchlandung und stellt sich auf den Kopf, wobei der Pilot verletzt wird. Aus dem Raum westlich von Düren kehren die beiden Unteroffiziere Wering und Zubaiko nicht mehr zurück. Von der II. Gruppe des JG 26 bleibt Feldwebel Werner Fraaß im Raum Köln vor dem Feind, während Leutnant Helmuth Wirth von der 5. Staffel mit seiner beschädigten »Dora-9« dem Gegner entkommen kann. Er schafft es jedoch nicht mehr zum Einsatzhorst und macht westlich von Münster, bei Buldern, eine Bruchlandung.

Bei der Rückkehr der am Einsatz beteiligten Staffeln des JG 1 fehlen vier Flugzeugführer. Unteroffizier Thienert von der 4. Staffel ist südlich von Dortmund gefallen, die anderen drei können mit dem Fallschirm abspringen.

Während vormittags am Himmel zwischen Aachen und Saarbrücken die wechselvollsten Luftkämpfe seit Wochen entbrannten, klingt die Luftaktivität am Nachmittag wieder ab. Die deutschen Jagdverbände haben sich dabei verausgabt. Über den Einsatzräumen abgesprungene Flugzeugführer versuchen zu den Einheiten zurückzukehren, werden von Eifelbauern oder von der Wehrmacht in die umliegenden Lazarette eingeliefert oder müssen sogar den Weg in die Gefangenschaft antreten. Man holt gefallene Piloten aus ihren zertrümmerten Maschinen, und die Bauern fragen sich angesichts der Fetzen verbogenen, ausgeglühten Metalls mit den zerschmetterten Toten darin nicht selten genug, was das alles für einen Sinn haben soll.

Unterdessen sind erneut über 200 zweimotorige Kampfflugzeuge mit Thunderbolt-Begleitschutz der 9. US-Luftflotte gestartet. Kurz nach Mittag erhält Hauptmann Köhler den Einsatzbefehl für seine III./JG 77. Als die Gruppe um 13.45 Uhr vom Platz Düsseldorf-Unterrath abhebt, können die Flugzeugführer noch nicht wissen, daß keiner von ihnen den befohlenen Einsatzraum um Bastogne erreichen soll. Mit Südkursen fliegen die Messerschmitt Bf 109 K-4 zunächst an Köln

vorbei, um in der Höhe des Ahr-Gebirges in Richtung Westfront einzuschwenken. Und genau über dem Tal der Ahr ist es, als plötzlich ein Rudel Feindjäger die 11. und 12. Staffel überrascht und angreift. Die 11. Staffel von Leutnant Hackler kommt mit zwei Verwundeten davon, aber Leutnant Staroste wird diesen Tag so schnell nicht vergessen, an der die Amerikaner seine 12. Staffel so stark dezimieren: Ein Drittel seiner Flugzeugführer fällt oder erleidet Verwundungen. Unter den Verletzten befinden sich Leutnant Ludwig sowie die Unteroffiziere Meyer und Reinberg. Feldwebel Rössner wird bei Houverath tödlich abgeschossen und Unteroffizier Walter Silwester fällt über Altenahr. Seine blaue »11« zerschellt in einem Waldstück unweit der Straße nach Gelsdorf/Meckenheim. Einer der wenigen unverletzt abgesprungenen Piloten der III./JG 77 ist Leutnant Unverzagt.
Nach und nach fallen die vom Gegner in alle Richtungen abgedrängten deutschen Maschinen auf den verschiedensten Plätzen ein, und gegen 15.15 Uhr setzen die beiden Bf 109 des Kommandeurs sowie des Adjutanten, Oberleutnant Kleber, in Köln-Wahn auf.
Am selben Tag verliert das »Pik As«-Geschwader vier seiner Flugzeugführer im Luftkampf. Unteroffizier Zimmermann, der in Rastatt zuletzt gesehen wurde, bleibt vermißt, Leutnant Westhoff gerät bei Weißenburg in amerikanische Gefangenschaft, nachdem ihn eine Thunderbolt über dem Frontgebiet abgeschossen hat. Die beiden Unteroffiziere Desaga und Krüger können aus ihren getroffenen G-14 mit dem Schirm abspringen. Damit geht einer der bisher verlustreichsten Tage seit Aufstellung der Reichsluftverteidigung zu Ende. Die in umfangreiche Luftgefechte verwickelte Jagdwaffe hat trotz einer ganzen Reihe erzielter Luftsiege das gegnerische Angriffsschema nicht beeinflussen können. Die 8. US-Luftflotte büßt aufgrund eines sehr wirksamen Jagdschutzes nur zwei Viermotorige und 15 Jäger ein, während die 9. US-Luftflotte allerdings rund drei Dutzend zweimotorige Kampfflugzeuge verliert, von denen ein Teil auf das Konto der Flak geht.
Von den an den Einsätzen des 23. Dezember 1944 teilnehmenden rund 450–500 Jagdfliegern sind nach eigenen Unterlagen 63 gefallen, vermißt oder in Gefangenschaft geraten. 35 Piloten sind verwundet. Demgegenüber melden die alliierten Luftstreitkräfte den Abschuß von 116 deutschen Jagdflugzeugen sowie elf weitere als wahrscheinlich vernichtet.

Verluste der Jagdwaffe am 23. Dezember 1944

am Einsatz beteiligte Einheiten	gefallen, vermißt, gefangen	ver- wundet	Personal- verluste insgesamt	Maschinentyp	Verlustraum
I./JG 1	1	1	2	FW 190 A-8	Bocholt, Dort-
III./JG 1		1	1	Bf 109 G-14	mund, Wesel
			3		
I./JG 2	2		2	FW 190 A-8/D-9	Aachen, Bastogne,
II./JG 2	3	1	4	Bf 109 G-14	Marienberg,
III./JG 2	5		5	FW 190 A-8/D-9	Meckenheim,
			11		Siegburg
I./JG 3	1		1	Bf 109 G-14	Adenau, Mecken-
III./JG 3	1	1	2	Bf 109 G-14/K-4	heim, St. Vith
IV./JG 3	2	3	5	FW 190 A-8	
			8		
I./JG 4		1	1	Bf 109 G-14	
II./JG 4	6		6	FW 190 A-8	Nürburg, Roth,
III./JG 4	3	3	6	Bf 109 G-10/K-4	St. Vith, Trier
IV./JG 4	3		3	Bf 109 G-14	
			16		
I./JG 11	6	5	11	FW 190 A-8	Adenau, Gillen-
II./JG 11	3	3	6	Bf 109 G-14	feld, Kaisersesch,
III./JG 11	7	3	10	FW 190 A-8	Koblenz, Mayen,
			27		St. Vith
I./JG 26	4	2	6	FW 190 A-8	Düren, Köln,
II./JG 26	1	1	2	FW 190 D-9	Nettersheim
			8		
II./JG 27	2		2	Bf 109 G-10/G-14	Bonn, Rhein-
III./JG 27		1	1	Bf 109 K-4	Main, Villip
IV./JG 27	1		1	Bf 109 G-10	
			4		
II./JG 53	1	2	3	Bf 109 G-14 AS	Rastatt, Wags-
III./JG 53	1		1	Bf 109 G-14	hurst, Weißenburg
			4		
IV./JG 54	2		2	FW 190 A-8	Villip, St. Vith, Lüttich
I./JG 77	6	2	8	Bf 109 G-14	Altenahr, Hou-
III./JG 77	2	5	7	Bf 109 K-4	verath, Lessenich,
			15		Neuenahr
Verluste insgesamt (Reichsgebiet und Westen)	63	35	98	(davon 1 Staffelkapitän gefallen)	

Sonntag, 24. Dezember 1944

In einer seit der Invasion nicht wieder gesehenen Stärke bereiten sich die Verbände des I. und II. Jagdkorps auf einen Großeinflug der Alliierten vor. Es ist überhaupt ein Wunder, daß die Jagdwaffe einen Tag nach der opfervollen Luftschlacht im Westen mit 700–800 Maschinen zum erneuten Abwehreinsatz antreten kann, und es muß nicht zuletzt den »Schwarzen Männern« des Bodenpersonals zugeschrieben werden, daß diese Flugzeuge nach pausenloser Arbeit am Morgen wieder einsatzklar auf dem Feld stehen. Eine Leistung, die nur jemand würdigen kann, der weiß, wieviel Messerschmitt und Focke-Wulf mit Beschußschäden, mit Motorstörungen oder anderen technischen Mängeln zurückgekehrt sind oder vielleicht wegen Hydraulikschaden gar nicht erst zum Start rollen konnten. Wieviel Verantwortungsbewußtsein, Sorgfalt und Mühe gehören eigentlich dazu, um die Maschinen in den wenigen Stunden wieder zurechtzuflicken?
Nicht ohne Grund ist die Jagdwaffe so zahlreich aufmarschiert. Die Schlechtwetterzone der vergangenen Woche weicht nun endgültig, so daß sich der 24. Dezember in strahlendem Blau präsentiert. Über dem Kölner Raum zeigt sich der Himmel nur zu 1/10 bedeckt. Unschwer sich auszurechnen, daß auch der Gegner dieses Wetter nützt. Mit 2034 schweren Kampfflugzeugen startet am Morgen die 8. Luftflotte der Amerikaner, um die Rundstedt-Offensive nun endgültig zum Stoppen zu bringen. Es ist der größte Einzeleinsatz, den die 8. Luftflotte jemals flog. Allein 1400 Bomber, von über 700 Jagdmaschinen gedeckt, werden elf Flugplätze der Luftwaffe im Gießener, Frankfurter und Darmstädter Raum bombardieren, die restlichen Formationen, unterstützt durch Verbände der RAF und der 9. US-Luftflotte, greifen wieder Verkehrsziele, vorwiegend Eisenbahnanlagen zwischen Trier und Euskirchen an.
Als die ersten »Fliegenden Festungen« über Deutschland erscheinen, verlassen die letzten Viermotorigen gerade die britische Insel. Eine riesige Armada, die von Brigadegeneral Frederic Castle angeführt wird. Das Jagdgeschwader 3 mit der IV. Gruppe, der ehemaligen Sturmgruppe, an der Spitze ist einer der ersten deutschen Verbände, die dem Bomberpulk entgegenfliegen. Hinter den Steuerknüppeln

alles bekannte und bewährte Flugzeugführer der Reichsverteidigung, denn nicht wenige Leitwerke tragen Abschußmarkierungen. Und auch heute sind die Männer der 13., 14. und 15. Staffel in ihren Focke-Wulf FW 190 A-8 entschlossen, es dem Gegner recht ungemütlich zu machen.

Dicht vor Lüttich entdecken die Piloten der IV./JG 3 die Bomberspitzen. Der amerikanische Jagdschutz ist noch nicht zur Stelle, und so fliegen die Focke-Wulf den ersten Frontalangriff. In wenigen Augenblicken stehen vier B-17 in Flammen und stürzen ab, fünf weitere erhalten so schwere Treffer, daß sie notlanden müssen. Inzwischen treffen die Mustang ein und versuchen jetzt, die Angreifer wieder abzudrängen. Es entwickelt sich eines der heftigsten Luftgefechte, welche die IV./JG 3 durchstehen muß. Hauptmann Wolfgang Kosse, Führer der 13./JG 3, und Oberfeldwebel Egon Schulz platzen vom Verband ab und bleiben seitdem vermißt. Fünf andere Flugzeugführer werden von den MG-Schützen an Bord der Viermotorigen und vom gegnerischen Jagdschutz abgeschossen. Alle fünf, der Obergefreite Hirschfelder, Feldwebel Hopfensitz, die Unteroffiziere Kapteina und Klose sowie Feldwebel Sommer, geraten in Gefangenschaft. Überhaupt hat das JG 3 am heutigen Tag die höchste Zahl an Vermißten aufzuweisen. Außer den schon Genannten noch zwei Flugzeugführer der I. Gruppe, darunter den Kapitän der 4. Staffel, Ritterkreuzträger Leutnant Franz Ruhl, und zwei Piloten der III. Gruppe.

In einer der abgeschossenen Fortress aber befindet sich Brig. Gen. Castle, einer der fähigsten Kommandeure in der 8. Luftflotte. Castle gibt seiner Besatzung noch den Befehl zum Verlassen der Maschine und stürzt dann, da es für ihn selbst zum Aussteigen zu spät ist, mit dem viermotorigen Bomber in den Tod.

Mit leicht wechselnden Ostkursen dringen die Pulks weiter vor und überqueren bald die Reichsgrenze unterhalb Aachens. Während das JG 3 weiter am Feind bleibt und noch eine Anzahl Viermotoriger zum Absturz bringt, sind auch die I./JG 27 und alle drei Gruppen des JG 6 herangeführt worden, so daß es jetzt über dem Hohen Venn zu heftigen Duellen mit den Amerikanern kommt. Immer mehr Kondensstreifen zeichnen sich am blauen Himmel ab, formen sich zu Kurven, Kreisen, Wellen oder Kringeln und vermitteln dem am Boden stehenden Beobachter ein schaurig-schönes Bild vom Verlauf der schweren Luftkämpfe.

Es ist bitterkalt in 4000 Meter Höhe, und damit lauert noch eine andere Gefahr auf die jungen Flugzeugführer: Vereisung an den Maschinen. Wieviel Piloten das Opfer der Kälte werden, ist nicht bekannt, aber es mag unter den noch vermißten Flugzeugführern etliche geben, die nicht im Luftkampf gefallen sind und deren Spuren sich in der unwegsamen Heide- und Moorlandschaft des Venns für immer verlieren. Allein drei der nicht zurückgekehrten Piloten gehören zur I. Gruppe des JG 27, darunter der Oberfähnrich Max-Heinrich Klick, den man noch am Fallschirm hat hängen sehen. Beim JG 6 gelten der Führer der 10. Staffel, Oberleutnant Weyl sowie Unteroffizier Götz von der 8. und Oberfeldwebel Heinz Schmidt, 4. Staffel, noch als Suchfall. Den Unteroffizier Paul Borth nehmen die Amerikaner bei Aachen gefangen. Hauptmann Elstermann, der die I. Gruppe führt, verliert in diesem Einsatz gleich drei seiner Offiziere: Oberleutnant Lyons, Leutnant Rieckhoff und Leutnant Starzacher.

Nördlich von Aachen und über dem Ruhrgebiet patrouillieren Schwärme von Spitfire, Typhoon und Tempest der 2. Tactical Air Force, aber auch die Briten sind von der ungewöhnlich regen Luftaktivität der Jagdwaffe am heutigen Tage überrascht. Ihre Gegner, die I. und III./JG 1, zwei Gruppen des JG 26 sowie drei des JG 27 und die IV./JG 54 sind eigentlich zur Abwehr des amerikanischen Viermot.-Einfluges vorgesehen und müssen nun von ihrem ursprünglichen Vorhaben ablassen, um sich den Engländern zu stellen. Die 193. Squadron sichtet plötzlich über 50 Messerschmitt und Focke-Wulf, die sogleich eine Hawker Typhoon abschießen und eine weitere beschädigen. Vermutlich ist an diesem Luftkampf die IV./JG 27 und die IV./JG 54 beteiligt. Zehn britische Jäger, die sich gerade über dem Westmünsterland befinden und das Gekurbel im FT mithören, drehen sofort ein, um ihren Kameraden zu Hilfe eilen zu können. Aus der Sonne heraus werden sie von deutschen Jägern angegriffen. Andere Jagdformationen melden Luftkampf im Raum Malmédy und Eindhoven. Als dann weitere Feindberührungen zwischen dem Rhein und der deutsch-holländischen Grenze stattfinden, scheint der deutsche Abwehreinsatz aus der Kontrolle zu geraten. Man weiß nicht mehr, welche Einheit sich an welchen Orten mit welchen Gegnern herumschlägt.

Unweit der holländischen Grenze im Raum Nijmegen holen die Briten eine Maschine der II./JG 27 vom Himmel, und eines der krepierenden gegnerischen Bordwaffengeschosse verwundet den Piloten,

Unteroffizier Heumann, am Kopf. Fast zur gleichen Zeit wie Heumann wird auch der Wuppertaler Gefreite Welter mit Verwundungen in das Luftwaffenfeldlazarett Dyk eingeliefert. Zwischen Maastricht und Köln stoßen Teile der III./JG 1 auf viermotorige Bomber der RAF mit Begleitschutz. Den Briten, vermutlich Spitfire der 421. Squadron, gelingt der Abschuß zweier Angreifer, und da auch die III./JG 1 nur zwei Verluste meldet, dürfte es sich bei den beiden abgeschossenen Flugzeugführern um den Kommandeur der III., Hauptmann Erich Woitke, und Leutnant Schöne, der bei Mönchengladbach fällt, handeln. Hauptmann Woitke wird noch vermißt.

Die I./JG 26 starte kurz vor 11.30 Uhr mit 18 Maschinen und bekommt Feindberührung mit etwa 60 bis 80 Viermotorigen, die sich auf dem Rückflug befinden. Bei insgesamt fünf eigenen Verlusten schießt die Gruppe eine Lightning ab. Drei Mann sind vermißt, der Gefreite Gold stürzt bei Solingen ab, und Leutnant Günther, der erfolgreiche Schütze des Vortages, muß wegen Motorschaden südwestlich von Rheine notlanden, wobei er sich Verletzungen zuzieht. Auch die II. Gruppe zählt vier Ausfälle, aber die Männer der 6. Staffel empfinden den tödlichen Absturz von Leutnant Siegfried Benz als besonders tragisch, weil ein eigener Jäger dessen FW 109 D-9 wohl für eine Tempest gehalten hat.

Äußerst dramatisch wirkt sich der Abwehreinsatz des JG 77 aus, denn die gegen die taktische 9. US-Luftflotte angesetzte I. Gruppe erleidet empfindliche Verluste im Luftkampf mit englischen und amerikanischen Jägern. Innerhalb dieser Zeit verliert das Geschwader ein Dutzend Messerschmitt. Acht Piloten fallen, einer ist vermißt. Die Maschine des erst im Herbst 1944 vom JG 52 zur Reichsverteidigung versetzten Kommodores, Major Johannes Wiese, fällt den Browning-MGs einer Spitfire zum Opfer. Er steigt aus, doch der im Luftkampf beschädigte Fallschirm öffnet sich nur halb, so daß der Kommodore beim Aufprall am Boden schwere Verletzungen erleidet. Hauptmann Lothar Baumann, Kommandeur der I. Gruppe, zerschellt mit seiner G-14 auf luxemburgischem Gebiet nördlich von Diekirch bei Hoscheid. Sein Grab befindet sich heute auf dem Ehrenfriedhof Sandweiler. Bei Flamersheim, südöstlich von Euskirchen, findet der Kapitän der 2. Staffel, Oberleutnant Iring Englisch den Tod, und nicht weit davon entfernt, bei Münstereifel, schießt der Gegner die seiner Staffel angehörenden Unteroffiziere Köberlein und Morgerauer ab.

Ausgerechnet heute, an seinem Geburtstag, muß der jetzt 21jährige Leutnant Rolf v. Kampen von der 4. Staffel in die Hände der Amerikaner fallen. Als seine blaue »2« vom Einsatz über dem Gebiet nördlich der Eifel nicht zurückkehrt, trägt man ihn als vermißt in die Verlustmeldung ein. Leutnant v. Kampen aber kommt mit dem Leben davon, und insofern bedeutet der 24. Dezember für ihn doch noch ein Glückstag.

Hinter dem Rhein eilen Mustang und Lightning des Jagdschutzes den Kampfverbänden plötzlich voraus, um die Angriffe der 8. Luftflotte auf die Flugplätze im Rhein-Main-Gebiet nach Osten abzuschirmen, denn die Amerikaner müssen damit rechnen, in den Einsatzbereich der beiden bewährten Jagdgeschwader 300 und 301 zu geraten. Zwei große Angriffsformationen heben sich jetzt heraus. Die eine Hälfte wird die Plätze des JG 4 und des JG 11 anfliegen, die anderen Pulks wenden sich den Einsatzhäfen des JG 2 zu. Teile der I., II. und III./JG 4 jagen von ihren entlang der Autobahn Frankfurt-Darmstadt gelegenen Plätzen den Fortress entgegen, die sich in den Planquadraten »Paula-Quelle/Quelle-Quelle«, also etwa südlich von Koblenz im Mosel-Rhein-Dreieck befinden. Und kaum am Feind, werden schon zwei Focke-Wulf der 5. Staffel bei Boppard abgeschossen. Die Piloten, Feldwebel Erler und Oberleutnant Ullmann fallen. Unteroffizier Ferchland von der III. Gruppe stürzt nach Luftkampf bei Erbenheim ab, während die G-14 des Oberleutnant Stark, Staffelführer der 3., fast am eigenen »Gartenzaun«*, bei Mörfelden und praktisch in Sichtweite des Rhein-Main-Flughafens noch mit dem Schirm abspringen muß.

Zur gleichen Zeit, da Bomben und Bordwaffen ihre Plätze Biblis, Groß-Ostheim und Zellhausen umpflügen, bekämpft im Trierer Raum das Jagdgeschwader 11 nahezu komplett die Liberator-Verbände der 2. Air Division. Drei Flugzeugführer fallen im Luftkampf. Unteroffizier Stöhr wird während des Bombenangriffs in Groß-Ostheim, dem Platz der III. Gruppe, getötet. Major Bischoff und Fähnrich Franz hatten östlich von Trier Luftkampf mit vielen P-38, Feldwebel Horlacher stürzt bei Groß-Karben, nördlich von Frankfurt/Main ab. Vom Einsatz an der Mosel kehren Leutnant Richter und Feldwebel Schulirsch nicht mehr zurück. Weder sie noch ihre beiden Focke-Wulf hat man bisher finden können.

* eigener Flugplatz

Fünf Flugplätze im Großraum Gießen stellen das Ziel des zweiten Kampfverbandes der 8. Luftflotte dar. Es sind vorwiegend vom »Richthofen«-Geschwader unter Oberstleutnant Bühligen belegte Plätze: Ettingshausen, Gießen, Merzhausen, Nidda, Kirch-Göns. Die Abwehr der Jagdwaffe stellt sich als sehr gering heraus, da die Amerikaner schon auf der linksrheinischen Seite den Großteil der Jagdwaffe hat binden können. Vom JG 2 fällt Unteroffizier Maier im Luftkampf mit Mustang über Nidda, die beiden Unteroffiziere Kühn und Patzelt bleiben im Kampfraum West verschollen. Auf dem Platz Merzhausen im Taunus findet Unteroffizier Löbering während des Bombenangriffs den Tod.
Wie von den Amerikanern vorausgesehen, kommt es auf dem Rückflug über Nordhessen zur fast erwarteten Begegnung mit den Einheiten der Jagdgeschwader 300 und 301. Die deutschen Jäger, aus Richtung Thüringen heranfliegend, greifen den Gegner in mehreren Wellen an, so daß sich schließlich der äußerst hart geführte Abwehrkampf zwischen Knüll-Gebirge und dem Göttinger Raum erstreckt.
Major Peters, der den Einsatz der II./Sturm/JG 300 wegen einer Verletzung am Bein nur vom Gefechtsstand aus leiten kann, registriert die Abschußmeldungen seiner Jagdflieger – aber auch die zunehmenden Ausfälle. Der heute den gesamten Gefechtsverband anführende Leutnant Bretschneider gerät am Südhang des Knüll-Gebirges mit seiner A-8 »Raubautz VII« an einen überlegenen Mustang-Piloten, der die rote »1« nach zähem Kampf über Hausen bei Oberaula abschießt. Leutnant Bretschneider, Ritterkreuzträger und Führer der 5. Staffel, konnte insgesamt 31 Luftsiege, davon fast die Hälfte bei der einmotorigen Nachtjagd, in nur 20 Einsätzen erringen. Mit ihm fallen noch weitere fünf Flugzeugführer der II. Gruppe. Um Fritzlar stürzen fünf Messerschmitt der III. und IV./JG 300 ab, wobei man die Piloten nur noch tot aus ihren Maschinen bergen kann. Über Uttershausen bei Wabern sehen die Flugzeugführer der 12. Staffel, wie sich Leutnant Günter Rudolph anschickt, seine von den Amerikanern zusammengeschossene und abtrudelnde G-10 zu verlassen. Er schafft es auch, aber dann müssen seine Kameraden mit Entsetzen beobachten, wie der Leutnant einem Stein gleich in die Tiefe stürzt, ohne daß sich der Fallschirm öffnet.
Die große Luftschlacht geht zu Ende. Wenn sich in wenigen Stunden überall der Heilige Abend niedersenken wird, wenn die Menschen in der fünften Kriegsweihnacht sich wohl nichts sehnlicher wünschen,

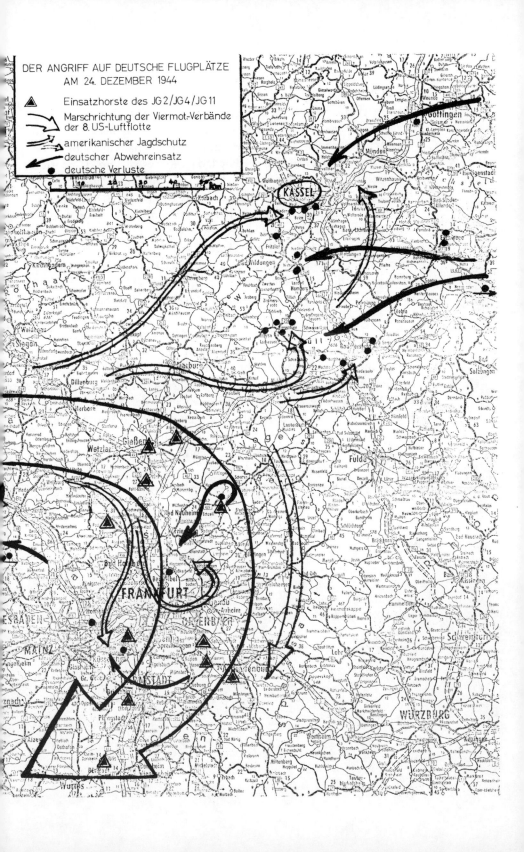

als daß endlich Friede einkehren möge, ist nicht bekannt, welch entsetzlich hohen Preis das heutige Abwehrunternehmen der Jagdwaffe eigentlich forderte, denn es stehen ja nicht einmal alle Verluste der vorangegangenen Tage endgültig fest, so daß man sich in den Stäben der Jagddivisionen oder des Luftwaffenkommandos West über das wirkliche Ausmaß der Niederlage keineswegs im klaren ist.
Erst viel später wird man wissen, daß am 24. Dezember 1944 85 Jagdflieger gefallen und vermißt sind oder das Los einer Kriegsgefangenschaft auf sich nehmen mußten. Rechnet man noch die 21 verwundeten Piloten hinzu, so sind an einem einzigen Tag mindestens 106 Mann fliegendes Personal ausgefallen: wahrscheinlich mehr als 12 Prozent des gesamten eigenen Einsatzes. Nach Angaben der Gegenseite haben die amerikanischen und britischen Luftstreitkräfte 125 deutsche Jagdflugzeuge sicher unf fünf weitere wahrscheinlich abgeschossen.
Wenn auch die 8. u. 9. Luftflotte der Amerikaner sowie die 2nd Tactical Air Force der Briten insgesamt über 40 Flugzeugverluste verzeichnen, täuscht dies nicht darüber hinweg, daß die Jagdwaffe ihre eigentliche Aufgabe nicht mehr erfüllen kann – den Gegner an der Durchführung seiner Unternehmen über der Front und dem Reich zu hindern und ihm dabei noch empfindliche Verluste zuzufügen. Aber das Mißtrauen der Jagdflieger ihrer Führung gegenüber wächst weiter an, denn sie haben schon seit langem das Gefühl, einfach verheizt zu werden.

Das sind die gefährlichen Kontrahenten mit den britischen Kokarden am Rumpf. Die 2. Tactical Air Force (TAF), ausgerüstet mit den drei abgebildeten Flugzeugmustern Spitfire, Typhoon IB und Tempest V, befindet sich ab Herbst 1944 nahezu jeden Tag über dem norddeutschen Raum und stellt die Luftwaffe zum Kampf.

Drei Flugzeugführer der III./JG 3 Udet sind vom Einsatz zurückgekehrt und erstatten dem Kommandeur der Gruppe, Hptm. Dahl, einen ersten Bericht.

Mit der FW 190 D-9 gelangt noch einmal ein Flugzeug in Großserie an die Front, von dem die Piloten der Meinung sind, daß dieser Typ – abgesehen von der Me 262 – das Beste ist, was die Luftwaffe zu bieten hat. Die D-9 ist im Steigflug und mit ihren nahezu 700 km/h allen gegnerischen Jagdflugzeugmustern ebenbürtig und zum Teil sogar überlegen.

Angriffe auf die deutschen Jägerflugplätze stehen mit an der Spitze der alliierten Zielaufstellungen. Hier der Flugplatz Twenthe nach einem Angriff Mitte November 1944. Der Platz dient neben verschiedenen Nachtjagdeinheiten um die Jahreswende 1944/45 auch der I. Gruppe des JG 1 als Einsatzhorst.

Eine deutsche Jagdstaffel im Herbst 1944. Die 11./JG 53, vermutlich in Kirrlach. V. l. n. r.: Uffz. Sommerhoff (verwundet 18. November 1944), Uffz. Tesarik (gefallen 14. März 1945), Fw. Scheer, Uffz. Fröschmann, Uffz. Dröge (gefallen 14. März 1945), Uffz. Gröbke (gefallen 17. März 1945), Fw. Plettner (verwundet 1. Januar 1945), Uffz. Maier? (verwundet 10. Januar 1945). Auf der Bf 109 G-14 sitzend: Staffelkapitän Lt. Landt.

Einer, der sich um den fliegerischen Nachwuchs kümmerte und der immer wieder seine Kampferfahrungen den Neulingen der IV./JG 27 weitervermittelte. Unter seiner Obhut fühlten sich die jungen Flugzeugführer der Gruppe sicher. Ofw. Heinrich Bartels, gefallen am 23. Dezember 1944 nach 99 Luftsiegen.

Verluste der Jagdwaffe am 24. Dezember 1944

am Einsatz beteiligte Einheiten	gefallen, vermißt, gefangen	ver- wundet	Personal- verluste insgesamt	Maschinentyp	Verlustraum
I./JG 1	1	1	2	FW 190 A-8	Aachen, Mön-
II./JG 1	1		1	FW 190 A-8	chen-Gladbach,
III./JG 1	2		2	Bf 109 G-14	St. Vith
			5		
II./JG 2	3		3	Bf 109 G-14	Aachen, Bstogne
I./JG 3	6		6	Bf 109 G-10	Ardennen-Eifel,
III./JG 3	4		4	Bf 109 G-14/K-4	Lüttich, St. Vith
IV./JG 3	7		7	FW 190 A-8/A-9	
			17		
I./JG 4		1	1	Bf 109 G-14	Boppard, Mörfel-
II./JG 4	2		2	FW 190 A-8	den, Wiesbaden
III./JG 4	1		1	Bf 109 G-10	
			4		
I./JG 6	9		9	FW 190 A-8/A-9	Aachen, Eupen,
II./JG 6	2		2	FW 190 A-8	Köln, Lüttich
III./JG 6	2		2	Bf 109 G-14	
			13		
I./JG 11	2	1	3	FW 190 A-8	Alzey, Trier
III./JG 11	3	1	4	FW 190 A-8	
			7		
I./JG 26	4	1	5	FW 190 A-8/A-9	Haltern, Lüttich,
II./JG 26	3	1	4	FW 190 D-9	Malmédy, Rheine
			9		
I./JG 27	4	1	5	Bf 109 G-14/K-4	Bochum, Bonn,
II./JG 27	1	1	2	Bf 109 G-10	Dyk, Hattingen,
III./JG 27		1	1	Bf 109 K-4	St. Vith
IV./JG 27		2	2	Bf 109 G-10/G-14	
			10		
IV./JG 53	1	1	2	Bf 109 G-14	Neustadt, Rottweil
IV./JG 54	3	1	4	FW 190 A-8/A-9	Lüttich, Setterich
I./JG 77	9	1	10	Bf 109 G-14	Antweiler, Euskir-
III./JG 77	1		1	Bf 109 K-4	chen, Hoscheid,
			11		Münstereifel
II./JG 300	6	7	13	FW 190 A-8	Eschwege, Fritz-
III./JG 300	2		2	Bf 109 G-10	lar, Göttingen,
IV./JG 300	3		3	Bf 109 G-10AS	Hersfeld, Kassel,
			18		Ziegenhain
I./SG 4	1		1	FW 190 F-8	Bastogne
II./SG 4	2		2	FW 190 F-8	
			3		
Verluste insgesamt (Reichsgebiet und Westen)	85	21	106	(davon 2 Gruppenkommandeure u. 5 Staffelkapitäne gefallen oder vermißt 1 Kommodore verwundet)	

Montag, 25. Dezember 1944

Weihnachten 1944. Die Winteroffensive in den Ardennen neigt sich dem Höhepunkt zu, denn schon sind Anzeichen dafür vorhanden, daß ein Weitervordringen der deutschen Truppen nicht möglich sein wird und daß die Alliierten ihre Abwehrfront festigen und sogar zu Gegenstößen antreten können. Durch massierte Angriffe auf Verkehrsziele unmittelbar im Hinterland des Kampfraumes gelingt es den gegnerischen Luftstreitkräften, den Nachschub für die Heeresgruppe B weitgehend zu unterbinden, so daß, falls überhaupt möglich, ein Heranführen von Kriegsmaterial an die Front nur unter den schwierigsten Bedingungen durchzuführen ist.
Daß die Jagdwaffe die ihr übertragene Aufgabe, den eigenen Vormarsch mit taktischen Operationen zu unterstützen, nur zu einem geringen Anteil erfüllt, kann nicht den Jagdfliegern zur Last gelegt werden, denn gerade sie sind es, welche unter ungewohnten Bedingungen in unvorstellbarer Einsatzbereitschaft ein Höchstmaß an Opfer vollbringen. Kaum ein deutscher Jagdverband, der nicht schon auf dem Anflug von der Übermacht der Mustang, Thunderbolt, Spitfire, Typhoon oder Tempest gestellt und zum Luftkampf gezwungen wird. An den Weihnachtsfeiertagen des Jahres 1944 erhält die Jagdwaffe ihren tödlichen Stoß, so daß sie innerhalb von nur knapp zwei Wochen schließlich aufgerieben wird.
Am Vormittag des 25. Dezember starten Hawker Typhoon der 193. und 266. Squadron der 2. TAF zu Tiefangriffen in die Räume nördlich des Ruhrgebietes, und im Raum Duisburg lauern die Spitfire der 401. Squadron auf Beute. Beide Einheiten geraten dann auch an die Jäger der Reichsverteidigung und es kommt zu Luftkämpfen. Teile einer abgeschossenen Bf 109 kollidieren mit der Maschine des britischen Squadron-Leaders Everards, so daß dieser mit dem Schirm abspringen muß.
Feldwebel Meindl, dessen Fallschirm sich beim Absprung nicht öffnet, und Feldwebel Hoppe, der mit seiner braunen »13« bei Dortmund im Luftkampf fällt, sind die beiden Verluste der II./JG 26 an diesem Tag. Das Geschwader meldet nur zwei Abschüsse, zwei weniger als das JG 27, dessen vier Gruppen über dem gesamten Westraum verstreut eingesetzt sind. Im übrigen trifft es das JG 27 heute

abermals recht hart, und mit 13 ausgefallenen Flugzeugführern führt das Geschwader die Verlustliste wieder einmal an. Vier Verwundete, darunter der Kommandeur Hauptmann Herbert Kutscha und einen Vermißten, den Gefreiten Friedrich Lemke, meldet allein die II. Gruppe, die um das Gebiet der Hohen Acht, zwischen Adenau und dem Nürburgring von den Jägern der 9. US-Luftflotte zum Luftkampf gestellt wird.
Auf dem Platz Paderborn stehen Bf 109 G-14 der I./JG 3 am Start. Die Gruppe hat den Auftrag, vor Lüttich den Luftraum über den eigenen Panzerformationen gegen feindliche Angriffe zu sichern, doch es kommt nicht soweit, denn kurz vor 12 Uhr fangen zahlreiche Mustang den Verband südlich von Bonn ab. Zwei P-51 haben sich hinter die Maschine von Unteroffizier Markl gesetzt und können ihm einige Treffer in den Motor beibringen. Dem Flugzeugführer von der 3. Staffel bleibt schließlich nur noch der Absprung mit dem Fallschirm bei Tondorf, wobei er sich den Rücken verletzt und Prellungen am Knie davonträgt. Die 4. Staffel büßt in diesem Luftkampf zwei ihrer Piloten ein: der Gefreite Orth fällt bei Merten an der Sieg und Feldwebel Kühn bleibt vermißt.
Südöstlich von Düren schießt der britische Flight-Lt. Sherk von der 402. Squadron mit seiner Spitfire eine einzelne FW 190 ab und erzielt damit den 100. Luftsieg der 125. Group seit Beginn der Invasion. Der deutsche Pilot, dessen Fallschirm sich nach dem Absprung nicht öffnet, könnte Unteroffizier Wolfgang Rosenow von der 11./JG 11 gewesen sein, der mit seiner FW 190 A-8 bei Euskirchen vermißt wird.
Kurz nach Mittag entdecken Piloten der 411. Squadron eine einzelne Me 262, die sich vermutlich im Landeanflug auf den Platz Rheine befindet. Es ist die Maschine 9K+MM der II./KG(J) 51 mit Oberleutnant Lamle am Steuer, und auch er, der gerade vom Einsatz im Raum Lüttich zurückkehrt, sieht die gegnerischen Jäger plötzlich hinter sich. Doch er hat seine Geschwindigkeit schon so weit gedrosselt, daß ein Entkommen unmöglich ist: etwa um 12.30 Uhr wird Oberleutnant Lamle von Flight-Lt. Boyle tödlich abgeschossen. Und am selben Nachmittag können die Briten sogar noch eine zweite Me 262 vernichten, als die 403. Squadron bei Eupen auf drei dieser Düsenjagdmaschinen stößt und Squadron-Leader Collier eine davon zu Boden bringt. Der Pilot, Feldwebel Hans Meyer von der I./KG(J) 51 kommt ebenfalls ums Leben.

Bei klarer, bis zehn Kilometer weit reichender Sicht erscheinen auch die viermotorigen Bomber der 8. US-Luftflotte über dem westlichen Kampfraum, um wiederum Verkehrsziele im linksrheinischen Gebiet zu bombardieren, allerdings mit weit weniger starken Kräften als am Vortage, denn auf vielen britischen Basen liegt Nebel auf, so daß nur 422 Kampfflugzeuge der 2. und 3. Air Division starten.
Die Amerikaner steuern gerade die Reichsgrenze an, als sie über dem Hohen Venn von starken Formationen des JG 1 und JG 3 angegriffen werden. Heute Nachmittag ist die gesamte IV. Gruppe des JG 3 mit ihrem Kommandeur, Hauptmann Hubert-York Weydenhammer, in der Luft. Unterstützt von den Messerschmitt der III./JG 1 brechen die Deutschen in die gegnerischen Verbände ein, und schon fallen die ersten Liberator über den Wäldern zwischen Lüttich und St. Vith vom Himmel. Hauptsächlich aus dem Pulk der 467. Bombardment Group können die Jäger eine ganze Reihe von Bombern zum Absturz bringen, aber auch die Deutschen haben Verluste, dann nämlich, als die 479. Fighter Group mit ihren Mustang von hinten angreift und den Gefechtsverband nahezu auseinandersprengt. Man beobachtet noch, wie Hauptmann Weydenhammer zum Angriff auf eine Liberator ansetzt, doch verhindern die weiteren Ereignisse, den Kampfverlauf zu verfolgen. Hauptmann Weydenhammer aber bleibt seit diesem Zeitpunkt verschollen und mit ihm Feldwebel Clässen, Unteroffizier Gaspers sowie der Oberfähnrich Vaitl. Nach gegnerischer Schilderung stellt die amerikanische Jagdgruppe etwa 12 bis 15 Focke-Wulf zum Kampf, die ihrerseits gerade den Luftkampf gegen den Liberator-Pulk eröffnen. Sie schießen zwei deutsche Jäger ab, wobei sie die eine FW 190 im wahrsten Sinne des Wortes in den Boden jagen. Es ist anzunehmen, daß in diesen beiden deutschen Jagdflugzeugen einer der noch vermißten Flugzeugführer einschließlich des Kommandeurs der IV. Gruppe den Tod gefunden haben muß. Zwei Flugzeugführer der Gruppe, Leutnant Mebesius und Unteroffizier Wagner, kommen auf belgischem Gebiet herunter, wo sie von den Amerikanern gefangengenommen werden. Insgesamt büßt die IV./JG 3 sieben Piloten ein. Feldwebel Hoffmann aber entkommt dem Gegner im Sturzflug, wird anschließend von feindlichem Flakfeuer eingedeckt und landet mit durchlöcherter FW 190 in Köln-Wahn.
Mit elf Verlusten kommt auch das Jagdgeschwader 1 bei diesem Einsatz nicht gerade günstig davon. Oberleutnant Bilfinger, Führer der 10. Staffel, fällt nach Luftkampf mit viermotorigen Bombern über

Meckenheim. Wahrscheinlich wird er, wie auch die beiden Piloten der 11. Staffel, Feldwebel Sperling und Unteroffizier Zinnen, von gegnerischen Jägern abgeschossen, denn im Großraum Bonn meldet die 352. Fighter Group eine Anzahl von Luftsiegen über deutsche Maschinen. Major Preddy, einer der amerikanischen Jagdfliegerasse und Kommandeur der 352. Mustang-Gruppe, kann heute seinen 26. und 27. Gegner bezwingen, doch er selbst wird von diesem Einsatz nicht zurückkehren. Beim Überfliegen der Front erhält er Treffer von der eigenen Flak, so daß er bei Lüttich mit seiner Mustang tödlich abstürzt. Fast ebenso geht es Leutnant Bouchier von der schon erwähnten 479. Fighter Group, doch kann er sich noch mit dem Fallschirm retten.

Zweimotorige Kampfflugzeuge der 9. US-Luftflotte greifen, in viele Kleinverbände aufgeteilt, mit einer Gesamtstärke von 629 Maschinen wiederum das hinter der Kampflinie gelegene Straßen- und Eisenbahnnetz an, wobei der Raum Köln bis Koblenz erneut das bevorzugte Zielgebiet darstellt. Diesen Kampfverbänden gilt der vom Luftwaffenkommando West angesetzte Einsatz des Jagdgeschwaders 6 mit der III. Gruppe, des JG 11 mit der I. und III. Gruppe sowie des gesamten JG 27, der IV./JG 54 und der I. JG 77. Daß es dabei recht oft englische Jäger sind, die anstelle der erwarteten Amerikaner angreifen oder umgekehrt, ist typisch für den Einsatz in jenen Tagen, da der Gegner so zahlreich und weitverteilt über dem westdeutschen Raum operiert.

Die Bf 109 G-14 der III./JG 6 aus dem Oldenburger Raum bekommen zwischen Köln und Düren Feindberührung mit gegnerischen Begleitjägern und werden auseinandergerissen. Bei dem Versuch der 12. Staffel, entlang der Erft nach Norden zu entkommen, fällt Unteroffizier Scherf bei Bergheim. Unteroffizier Radke wird im gleichen Gebiet verwundet. Um 10.59 Uhr ist die 9. Staffel mit wenigen Messerschmitt gestartet, und auch sie gerät um Köln in den Hexenkessel, aus dem Leutnant Siegfried Dönch und der Berliner Obergefreite Werner Schoodt nicht wieder zurückkehren. Die Gruppe hat übrigens schon auf dem Anflug das Pech, bei Quakenbrück den Typhoon der 193. Squadron vor die Rohre zu kommen. Die Briten verbuchen den Abschuß einer Focke-Wulf, und es ist fast sicher, daß diese Maschine die FW 190 A-9 des Oberleutnants Paris vom Gruppenstab gewesen ist. Paris selbst erleidet schwere Verwundungen, denen er zwei Monate später, am 9. Februar 1945 erliegt.

Etwa um 11.30 Uhr stürzt über Bergisch-Gladbach eine Messerschmitt ab und zerschellt auf einem Sumpfacker in Paffrath. Vom Piloten findet man nur noch Teile seiner sterblichen Überreste sowie den noch gepackten Fallschirm, aber es gibt keinen Anhaltspunkt für die Identität dieses Flugzeugführers. Der Name des Gefallenen von Paffrath bleibt auch heute noch unbekannt.
Ungewöhnlich hoch auch die Ausfälle bei der IV./JG 54, die in den Abwehreinsätzen des Dezember 1944 stark dezimiert werden soll. In heftigen Luftkämpfen muß sich die Gruppe im Süden von Köln ihren zahlreichen Gegnern wehren, doch die Amerikaner machen kurzen Prozeß. Leutnant Franke fällt über Heckenbach bei Kempenich, der Oberfähnrich Ernst Hoffman schlägt mit seiner A-8 bei Walberberg, ein paar Kilometer südlich von Brühl auf, Oberfeldwebel Eugen Lude wird am Rande des Kottenforstes bei Duisdorf abgeschossen, und der 24jährige Fähnrich Erwin Schommert findet über Jammelshofen an der Hohen Acht den Tod und erhält in dieser Gemeinde auch seine letzte Ruhestätte. Von der zersprengten Gruppe landet nur ein Bruchteil der Maschinen wieder in Vörden. Acht Flugzeugführer sind gefallen.
Zwei Ausfälle meldet die I./JG 77 zwischen Bonn und Köln, während die III. Gruppe des JG 11 im gleichen Einsatzraum vier Piloten verliert. Weiter südlich bekommen Teile der I./JG 11 über der Eifel Feindberührung mit amerikanischen Jägern, welche die beiden FW 190 A-8 der Unteroffiziere Holzinger und Weismüller abschießen können. Die genannten Piloten bleiben nach diesem Luftkampf zunächst vermißt, doch stellt sich später dann heraus, daß beide im Planquadrat »Quelle-Otto 4« bei Densborn und Usch gefallen sind.
Am folgenden Tag gibt das Oberkommando der Wehrmacht bekannt, daß »deutsche Jagdgeschwader auch gestern starke feindliche Fliegerverbände zum Kampf stellten und sie am gezielten Bombenabwurf hinderten«. Was die Bevölkerung jedoch nicht erfährt ist die Tatsache, daß die deutsche Jagdwaffe am 25. Dezember, innerhalb eines Tages also, wiederum über 60 Flugzeuge verloren hat und daß mehr als 40 Piloten ihr Leben lassen mußten oder noch vermißt sind.

Verluste der Jagdwaffe am 25. Dezember 1944

am Einsatz beteiligte Einheiten	gefallen, vermißt, gefangen	ver- wundet	Personal- verluste insgesamt	Maschinentyp	Verlustraum
II./JG 1	1	1	2	FW 190 A-8	Hohes Venn,
III./JG 1	7	2	9	Bf 109 G-10/G-14	Lüttich, Marche
			11		
I./JG 3	2	1	3	Bf 109 G-14	
III./JG 3	1		1	Bf 109 G-14	Lüttich, St. Vith
IV./JG 3	7		7	FW 190 A-8	
			11		
III./JG 6	4	1	5	Bf 109 G-14	Köln, Quaken- brück
I./JG 11	2		2	FW 190 A-8	Bitburg, Eus-
III./JG 11	4		4	FW 190 A-8	kirchen, Sieg-
			6		burg
II./JG 26	2		2	FW 190 D-9	Dortmund, Für-
III./JG 26	1		1	Bf 109 K-4	stenau, Horne-
			3		burg
I./JG 27	1	2	3	Bf 109 G-10/G-14	Aachen, Adenau,
II./JG 27	2	4	6	Bf 109 G-10/G-14	Malmédy, Mayen
III./JG 27	1		1	Bf 109 K-4	Neuenahr, Nür-
IV./JG 27	2	1	3	Bf 109 G-10/G-14	burgring
			13		
II./JG 53	2		2	Bf 109 G-14	Hochspeyer,
III./JG 53	1		1	Bf 109 G-14	Oberharmers-
			3		bach
IV./JG 54	8		8	FW 190 A-8/A-9	Jammelshofen, Kempenich
I./JG 77	1	1	2	Bf 109 G-14	Ollheim
Verluste insgesamt (Reichsge- biet und Westen)	49	13	62	(davon 1 Gruppenkommandeur u. 1 Staffelkapitän gefallen oder vermißt 1 Gruppenkommandeur verwundet)	

Dienstag, 26. Dezember 1944

»26.12.44: Sehr kalt. Amerikaner und Briten erscheinen nur mit geringen Kräften und auch der eigene Einsatz klingt wieder ab.
II./JG 1 hat die meisten Verluste heute. Acht Flugzeugführer fehlen und sind allesamt vermißt. Die Gruppe hatte Luftkampf im Gebiet um Bastogne.
Um 10.58 starten 15 ›Langnasen‹ der I./JG 26 unter Führung von Oblt. Hartigs. Über belgischem Gebiet LK mit Mustang. Oblt Hartigs (4.) sowie Uffz. Schöndorf (1.) bei Carlsbourg in Gefangenschaft. Einen Luftsieg durch Ofw. Schwarz, aber Flieger Bergmeier und die Unteroffiziere Grad und Sattler fallen.
6 Gefallene auch beim JG 27 im Raum Lüttich.
Im Südwesten Einsatz der II./JG 53 gegen US-Einflug im Raum Stuttgart. Kommandeur Hptm. Meimberg wird im Luftkampf abgeschossen und steigt über Schaichhof aus. Leider fällt Oblt. Ludolf, da seine Me beim Absprung über Rutesheim schon zu tief ist und der Schirm sich nicht mehr vollständig öffnet. Gefr. Ruland (8. Staffel) macht bei Flacht Bauchlandung und wird verwundet. Gefr. Meermann (6. Staffel) wird östlich von Wimsheim tödlich abgeschossen.
Schlachtgeschwader 4 (FW 190 F-8) verliert vier Flugzeugführer, darunter die Staffelkapitäne Hptm. Jungclaussen (3.) und Hptm. Schürmer (1.) in LK nördlich über dem Soonwald. Ofw. Weinreich und Ofw. Zumkeller sind vermißt*.«

Mittwoch, 27. Dezember 1944

Nach zwölf Tagen Winterschlacht im Westen gelingt es den Alliierten, den Ring um das eingeschlossene, hart umkämpfte Bastogne zu sprengen und den deutschen Vormarsch endgültig zu stoppen. Die weiteste Eindringtiefe der deutschen Truppen ist damit erreicht, ihre

---

* Ofw. Karl Zumkeller ist am 30. Dezember 1944 auf luxemburgischem Gebiet tot aufgefunden worden. Der Gesamtausfall der Jagdwaffe am 26. Dezember 1944 betrug 38 Flugzeugführer, darunter 19 Gefallene und zwölf Vermißte.

Spitzen stehen vor Dinant, schon in Sichtweite der Maas. Doch für ein weiteres Vordringen reichen die Kräfte nicht mehr aus und die Verluste übersteigen längst ein Vielfaches von dem, was man erwartet hat.
Immer noch hält die klare aber kalte Winterwitterung an, so daß überlegene Luftstreitkräfte des Gegners auch heute den Himmel über dem Frontgebiet beherrschen. Zudem fliegt die 8. US-Luftflotte mit über 1000 viermotorigen Kampfflugzeugen in das Rheinland ein, um Verkehrsziele im Raum Koblenz zu bombardieren. Und wieder eilen Schwärme von Mustang den Bombern weit voraus, damit sie deren Einsatz nach Norden abschirmen können.
Hauptmann Ehlers und seine I. Gruppe des JG 1 starten zur Unterstützung der eigenen Truppen in den Einsatzraum um Dinant, doch westlich von Mayen in der Eifel kommt es zum großen Luftkampf, bei dem neun Piloten vor dem Feind bleiben – an der Spitze Hauptmann Hans Ehlers, dessen Focke-Wulf mit der weißen »20« am Fuß des 670 Meter hohen Hochkels bei Bereborn abgeschossen wird. In einer sich über der Hohen Acht anbahnenden Kurbelei schießen die Mustang der 364. Fighter Group den der 1. Staffel angehörenden Unteroffizier Schiller herunter, und Feldwebel Wolf Oswald von der 3. stürzt mit seiner A-8 direkt über dem Nürburgring ab. Zur gleichen Zeit ereilt den Leutnant Birnbaum das Schicksal bei Antweiler an der Ahr, während Unteroffizier Schaumburg, 2. Staffel, mit lahmgeschossener Focke-Wulf Kurs auf Koblenz nimmt und auf der rechten Rheinseite bei Bensdorf eine Bauchlandung vornehmen muß. Nach dem Einsatz bleiben drei Flugzeugführer vermißt: Feldwebel Heribert Mehl von der 1. sowie der Führer der 2./JG 1, Leutnant Gottfried Just und Oberleutnant Walter Pörschel von der 4./JG 1. Oberleutnant Millers, 1. Staffel, liegt verwundet im Lazarett von Adenau. Das Geschwader hat somit an diesem Tag einen Ausfall von insgesamt 15 Piloten.
Die am gleichen Einsatz beteiligte II./JG 2 kommt mit zwei Verwundeten davon. Nach Luftkampf mit rund 20 Mustang steigt Unteroffizier Trefzer bei Wershofen nördlich von Antweiler aus, und der Fahnenjunkerfeldwebel Alfred Richter macht rund 30 Kilometer davon entfernt mit seiner Bf 109 G-14 bei Brühl eine Notlandung.
Für einen Einsatz zum Freikämpfen des Luftraumes über den Infanteriespitzen ist wieder einmal das JG 27 vorgesehen, und diesmal erreicht der Großteil des Verbandes sogar das Gebiet um Bastogne. Leutnant Beckmann, dessen 4. Staffel den Höhenschutz übernimmt,

sichtet plötzlich zwei P-38 Lightning, von denen er eine abschießt. Während das amerikanische Jagdflugzeug südöstlich von Bastogne zerschellt, trifft die Staffel auf eine Anzahl Mustang, von denen zwei den Staffelkapitän in die Zange nehmen, Beckmanns Rottenflieger, Unteroffizier Karl-Heinz Klempau, hängt bereits am Schirm, da seine Messerschmitt über der Schnee-Eifel abgeschossen wird. Und auch die G-14 von Leutnant Beckmann erhält Treffer in das Ruder, so daß nur noch der Griff zum Fallschirmabzug bleibt. Insgesamt hat die I. Gruppe aber nur zwei Gefallene, darunter den Unteroffizier Sauter, dessen Maschine der Flight-Lt. Fox von der 412. Spitfire-Squadron nahe des Platzes Rheine zu Boden schickt. Zwei Vermißte bei der II. und einen bei der IV. Gruppe sind die weiteren Verluste des JG 27. Der zunächst vermißte Feldwebel Bürger, Angehöriger der 13. Staffel, kehrt verwundet zurück. Er hat seine Maschine, die weiße »4«, ein paar Kilometer westlich von Düren bei Girbelsrath aufgeben müssen. Und da die Spitfire der 411. Squadron bei Düren drei Messerschmitt-Abschüsse verbuchen, muß Feldwebel Bürger eines dieser Opfer sein. Britische Jabos der 440. Squadron, die um St. Vith deutsche Ziele bombardieren, stoßen dabei auf drei Messerschmitt, von denen Flight-Lt. Jenvey eine abschießen kann. Nicht ausgeschlossen, daß es sich hier um die Bf 109 G-14 des Staffelkapitäns der 7./JG 27, Leutnant Gernot Stein handelt, welcher in diesem Raum zum letztenmal gesehen worden ist. Und der auf dem Flug in das Einsatzgebiet zwischen Rheine und Aachen vermißte Gefreite Leitner von der 6./JG 27 dürfte dem Flight-Lt. Malloy zum Opfer gefallen sein, als es gegen 11 Uhr in Höhe des Niederrheins zu einer Begegnung zwischen Tempest der 274. Squadron und einer Formation von acht Messerschmitt kommt.

Gegen 13 Uhr geraten östlich von Münster Thunderbolt der 9. US-Luftflotte und Tempest der 486. Squadron an einen deutschen Jagdverband, mit dem seit langer Zeit auch wieder Teile der III./JG 54 zum Einsatz gelangen. Es sind die 10. Staffel von Leutnant Crump und die 12. Staffel von Oberleutnant Dortenmann. Sofort nehmen die Briten sich die »Langnasen«-FW 190 zum Ziel und schießen beim Verlust einer Tempest gleich vier der 10. Staffel angehörenden Maschinen ab, die auf das Konto der britischen Fliegeroffiziere Tanner, Taylor-Cannon, Smith und Short gehen. Zwei der im Luftkampf unterlegenen deutschen Flugzeugführer, Oberleutnant Breger und Feldwebel Dähn, fallen bei Telgte und Everswinkel, die anderen beiden

werden über Münster-Handorf verwundet. Von der 12. Staffel geht nur eine Maschine verloren; ihr Pilot, Feldwebel Hutz, fällt im Luftkampf durch die Bordwaffen einer Thunderbolt.
Überhaupt scheint die 9. Luftflotte der Amerikaner heute wieder recht stark vertreten zu sein, denn ihre Thunderbolt sind fast in jedem Gefecht zu finden. Es kommt sogar vor, daß die Typhoon der 137. Squadron plötzlich von einer Formation amerikanischer Jäger angegriffen werden, doch endet diese Begegnung ohne Ausfälle. Durch die pausenlosen taktischen Operationen am 26. und 27. Dezember hat die 9. Luftflotte einen nicht unerheblichen Anteil am Scheitern der Ardennenoffensive. An beiden Tagen verbucht die Luftflotte 70 Luftsiege bei einem gleichzeitigen Verlust von 39 zweimotorigen Kampfflugzeugen. Einen Großteil dieser Maschinen bringt die deutsche Flak zum Absturz.

Währenddessen aber muß das Jagdgeschwader »Udet« beim heutigen Abwehreinsatz empfindliche Verluste einstecken. Die I., III. und IV. Gruppe steht zwischen Köln und dem Ahr-Gebirge im Kampf mit amerikanischen und britischen Jägern, die in überwältigender Anzahl über dem genannten Einsatzraum warten. Zum Teil überdecken sich die Luftkämpfe mit denen des Jagdgeschwader 1, dessen Gruppen fast zur gleichen Zeit, aber etwas südlicher über der Eifel sind. Die 14. Staffel wird ohne ihren Kapitän zurückkehren, denn Leutnant Glaubig fällt einigen Thunderbolt zum Opfer, die ihn mit seiner schwarzen »9« bei Antweiler vom Himmel holen. Und mit ihm gehen noch zwei Focke-Wulf seiner Staffel in die Tiefe. Mit Leutnant Rennewanz von der 15. und Oberfähnrich Büchsenmann von der 16. Staffel, die beide im Raum St. Vith als vermißt gelten, zählt die IV. JG 3 schließlich fünf Ausfälle.
Gleichstarke Verluste erleidet auch die III. Gruppe, die südlich von Köln auf eine amerikanische Jagdeinheit trifft, wobei der Unteroffizier Kaudela verwundet wird und der Gefreite Stump fällt. Zwei andere Piloten geraten mit etwa zehn Thunderbolt in ein ausweisloses Gefecht, aus dem es für die gelbe »13« mit Unteroffizier Aigner und die schwarze »8« mit dem Obergefreiten Hirschmann kein Entrinnen mehr gibt. Beide Piloten gelten seitdem als Suchfall.
Heute fordert der nun schon bekannte und gefürchtete »Einsatzraum St. Vith« nicht nur von den Einheiten des JG 27 wieder seinen Blutzoll, sondern auch die dem großen Gefechtsverband angeschlossenen

Formationen der II./JG 77 und der IV./JG 54 bekommen das tödliche Feuer aus den Bordkanonen der alliierten Jabos zu spüren. Von der 14. Staffel des JG 54 fehlen nach der Rückkehr auf den Platz Vörden drei Flugzeugführer, die alle als vermißt angesehen werden müssen. Unter ihnen abermals ein erfahrener Staffelführer, Leutnant Alfred Budde. Die anderen beiden Piloten sind Leutnant Baur-Bargehr und Oberleutnant Drexler.

Wenngleich der Kampf in der Luft nicht immer aussichtslos erscheint und praktisch jede Gelegenheit genützt wird, dem Gegner die Zähne zu zeigen, so bedeutet das Duell am Himmel doch für den Großteil aller deutschen Jagdflieger die Hölle. Allein das JG 27 erzielt am 27. Dezember wieder zehn Luftsiege. Für die vielen Rottenflieger ist es immer schwieriger und oft sogar unmöglich geworden, in enger Kurbelei die Verbandsführer noch zu decken. Den zahlreichen Schwarmführern gelingt es jetzt kaum noch, auf die Neulinge zu achten, um sie im Gefecht vor unüberlegten Reaktionen zu bewahren.

Aber auch am Bodenpersonal, an den Warten und Mechanikern auf den Feldflugplätzen gehen diese Strapazen nicht spurlos vorüber, und man fragt sich, sie lange sie das noch durchhalten können. Ihre aufopfernde Arbeit, ohnehin in keinem Einsatzbericht erwähnt, kennt keine Ruhepausen und erstreckt sich somit rund um die Uhr. Es ist ausschließlich das Verdienst der Schwarzen Männer, daß die Flugzeugführer überhaupt zum nächsten Abwehreinsatz starten können.

Doch was nützt das alles, wenn letzthin die Übermacht des Gegners mehr und mehr zur Geltung kommt.

Verluste der Jagdwaffe am 27. Dezember 1944

am Einsatz beteiligte Einheiten	gefallen, vermißt, gefangen	ver- wundet	Personal- verluste insgesamt	Maschinentyp	Verlustraum
I./JG 1	8	4	12	FW 190 A-8	Bastogne, Dinant-
II./JG 1	1	1	2	FW 190 A-8	Vielsalm, Mayen,
III./JG 1	1		1	Bf 109 G-14	Münstereifel
			15		
II./JG 2		2	2	Bf 109 G-14	Brühl
I./JG 3	3		3	Bf 109 G-10/G-14	Antweiler, Lüttich,
III./JG 3	4	1	5	Bf 109 G-14	Malmédy, Marche,
IV./JG 3	5		5	FW 190 A-8/A-9	St. Vith
			13		
I./JG 27	2	1	3	Bf 109 G-14/K-4	Bastogne,
II./JG 27	2	1	3	Bf 109 G-10/G-14	Schnee-Eifel,
IV./JG 27	1	1	2	Bf 109 G-10	Rheine, St. Vith
			8		
III./JG 53		1	1	Bf 109 G-14	Kirrlach,
IV./JG 53		1	1	Bf 109 G-14	Schönaich
			2		
III./JG 54	3	2	5	FW 190 D-9	Münster, Telgte
IV./JG 54	4		4	FW 190 A-8	St. Vith, Schnee-Eifel
II./JG 77	1		1	Bf 109 G-14	Eupen-St. Vith
Verluste insgesamt (Reichs- gebiet und Westen)	36	14	50	(davon 1 Gruppenkommandeur und 4 Staffelkapitäne gefallen oder vermißt)	

Freitag, 29. Dezember 1944

Auf dem nordöstlich der Ortschaft Varrelbusch und an der Bahnlinie Cloppenburg-Friesoythe gelegene Einsatzhorst der III./JG 54 stehen alle verfügbaren Maschinen bereit für den ersten geschlossenen Gruppeneinsatz seit dem 25. Dezember, dem Tag, da dieser Verband dem Jagdgeschwader 26 offiziell unterstellt worden ist. Insgesamt fast 70 Focke-Wulf 190 D-9 werden heute den Start- und Landeschutz für die in Rheine stationierten Me 262 des KG(J) 51 übernehmen. Zusammen mit Teilen des JG 6 aus dem Oldenburger Raum und einer Staffel der IV./JG 27 vom Platz Achmer erhalten die vier Staffeln der III./JG 54 den Befehl, gegnerische Tieflieger in den Räumen beiderseits des Dortmund-Ems-Kanals und des Mittelland-Kanals zu bekämpfen, wobei die 3. Jagddivision in Wiedenbrück die Y-Führung übernimmt*. Es wird der letzte große Einsatz sein, zu dem die III./JG 54 startet, denn die ausdrückliche Anordnung aus dem Divisionsgefechtsstand, die Gruppe staffelweise zum Einsatz zu bringen, soll sich als völlig verfehlt erweisen, so daß das ganze Unternehmen mißlingt und mit einer – von den Staffelführern vorhergesehenen – Katastrophe endet: 17 Flugzeugführer fallen, drei werden verwundet. Es ist der Schwarze Freitag der III./JG 54.

Gegen 9 Uhr startet Oberleutnant Crump mit seiner 10. Staffel als erste Einheit. Etwa jeweils eine Stunde später werden ihr die 9., 11. und 12. Staffel folgen. Zu klären bleibt nur, warum man die Jagdflieger von der wahren Luftlage nicht in Kenntnis setzt und sie über die Stärke der gegnerischen Jagdstreitkräfte nicht richtig informiert, denn zu dem Zeitpunkt, da die deutschen Piloten sich dem Einsatzraum nähern, halten zahlreiche Verbände des Gegners das Tecklenburger Land und das gesamte Münsterland unter Kontrolle. Ein gravierender Führungsfehler also, jetzt die eigenen Kräfte staffelweise aufsteigen zu lassen und damit dem Gegner die Möglichkeit anzubieten, jede Einheit in Ruhe einzeln in Empfang nehmen und auf-

---

* UKW-Sprechfunkführung Boden/Bord mit Funkgerät FuG 16 ZY (Bereich: 38,5–42,3 MHz). Von der Bodenstelle wurde die Entfernung zum Bordsender gemessen und dadurch der genaue Standort der eigenen Maschinen festgestellt. Diese Werte wurden mit den Angaben über Standort und Höhe der Feindverbände koordiniert, so daß die Jagdflugzeuge exakt an den Gegner herangeführt werden konnten. Umgekehrt war es natürlich möglich, die eigenen Flugzeuge zu den verschiedenen Landeplätzen zurückzuführen (»Reichsjägerwelle«).

reiben zu können. Vielleicht ist es ein Nachteil, daß bestimmte Jägerleitstellen oft nicht in dem Maße reagieren und den Einsatzverlauf nicht rasch genug korrigieren können wie am Himmel der Verbandsführer, der aus der Situation heraus Entscheidungen innerhalb von Sekunden treffen muß. Daß aber der Abwehreinsatz vom 29. Dezember 1944 kein Einzelfall bedeutet, ist erwiesen.

Die als zweite Formation gestartete 9. Staffel erreicht eben den Raum Lingen-Rheine, als sie von den Spitfire der 411. Squadron aus Heesch in Holland überraschend angegriffen wird. Die deutschen Focke-Wulf-Piloten haben kaum Zeit zur Gegenwehr und Staffelkapitän Leutnant Heilmann unternimmt alles mögliche, damit seine Flugzeugführer die befohlene Höhe von nur 2000 Metern aufgeben, um höher zu steigen. Aber das alles nützt nichts mehr. Unteroffizier Busch und Unteroffizier Reichardt unterliegen im Luftkampf und stürzen mit ihren »Doras« bei Lingen ab. Nur ein paar Kilometer südöstlich davon, bei Messingen, kommt Unteroffizier Fernau mit der weißen »7« herunter, und Leutnant Bartak schießen die Spitfire knapp vor der Reichsgrenze bei Bentheim ab. Über der Ems zwischen Rheine und Lingen werden auch Fähnrich Schmauser und Unteroffizier Toepler das Opfer gegnerischer Jäger.

Sechs Flugzeugführer gefallen, zahlreiche Fallschirmabsprünge. Kein Wunder also, daß Gruppenkommandeur Hauptmann Weiß fassungslos über das Feld schaut, auf dem anstelle der zurückerwarteten 9. Staffel nur einzelne Maschinen landen. Hauptmann Weiß überlegt nicht lange und startet mit dem Stabsschwarm in den Einsatzraum, um sich selbst von der Feindlage zu überzeugen. Auch die 11. Staffel, vertretungsweise von Leutnant Prager geführt, befindet sich jetzt in der Luft.

Den Dortmund-Ems-Kanal zur Rechten nähern sich die FW 190 dem Planquadrat »Friedrich-Quelle«, als gegen Mittag ein großer Spitfire-Verband auftaucht. Die Deutschen können diesmal ihre Höhe vorteilhaft ausnutzen und sich auf den Gegner stürzen, aber da unter den Spitfire plötzlich weitere Formationen von Typhoon sichtbar werden, bleiben sie zahlenmäßig weit unterlegen. Es kommt in der Gegend von Lengerich bei Lingen zu einer Kurbelei, die mit dem Abschuß von Feldwebel Neersen und Oberleutnant Schreiner endet. In diesem Gefecht bei Lengerich fällt auch der Kommandeur, Ritterkreuzträger Hauptmann Weiß im Kampf mit mehreren Spitfire. Die 11. Staffel, inzwischen vollkommen zersplittert, wird von den gegnerischen

Jägern verfolgt und zum Kampf gezwungen. Westlich von Nordhorn erleidet Oberfeldwebel Wilhelm Philipp schwere Verwundungen, als er mit seiner gelben »6« brennend abgeschossen wird und mit dem Fallschirm abspringt, während der Rest der Staffel jetzt in südlicher Richtung auszuweichen versucht. Aber noch zwei Flugzeugführer müssen im Luftkampf ihr Leben lassen: Feldwebel Kreisel über Nienborg und Unteroffizier Rupp bei Vreden.
Die gegnerischen Jagdstreitkräfte, die 331. und 401. Spitfire-Squadron sowie die 168. und 439. Typhoon-Squadron melden insgesamt neun sichere und zwei wahrscheinliche Abschüsse bei einem Verlust von sechs Maschinen. Zu den Luftsiegen der 439. Squadron aus Eindhoven zählt eine FW 190 A-8, die vermutlich mit der Maschine identisch ist, welche bei Oldenzaal kurz hinter der holländischen Grenze niedergeht, wobei der Pilot, Unteroffizier Wolfgang Miebach von der III./JG 6 fällt.
Unter dem Eindruck der vorangegangenen Ereignisse stehend, starten jetzt die Flugzeugführer der 12. Staffel mit Oberleutnant Dortenmann vom Platz Varrelbusch und steigen sofort auf 6000 Meter Höhe. Es ist etwa 12 Uhr. Die zwölf FW 190 D-9 nehmen ebenfalls Kurs auf Münster und haben zwischen dem Dümmersee und der Ems Feindberührung aller Wahrscheinlichkeit nach mit den Tempest der aus Volkel kommenden 3. und 56. Squadron. Die Staffel verliert dabei nur einen Piloten, den Unteroffizier Seibert, während Unteroffizier Zessin verwundet aus seiner roten »12« aussteigt. Es spricht alles dafür, daß auch die 7./JG 6 am Luftkampf beteiligt ist, denn die Engländer schießen bei Wallenhorst die A-8 mit Unteroffizier Schneider ab. Beide britischen Einheiten verlieren zusammen vier Tempest; Feldwebel Steinkamp von der 12./JG 54 erzielt eine Doublette und ein weiterer Abschuß geht auf das Konto der 11. Staffel.
Drei Messerschmitt der 13./JG 27 gehen bei Alsstätte im Luftkampf verloren, wobei zwei Piloten, Fähnrich Ferdinand Miebach und Feldwebel Patan fallen und der Unteroffizier Thormählen Verwundungen erleidet.
Da der Einsatzablauf der Jagdstreitkräfte beider Seiten an diesem Tage sich in der Mehrzahl aller Fälle überschneidet und die Luftaktivität praktisch von 9 bis 15 Uhr ununterbrochen anhält, läßt sich eine Gegenüberstellung der am Kampf beteiligten Einheiten im einzelnen nicht mehr exakt aufzeichnen. Obwohl im großen und ganzen zu erkennen ist, welche Verbände in Frage kommen, die miteinander

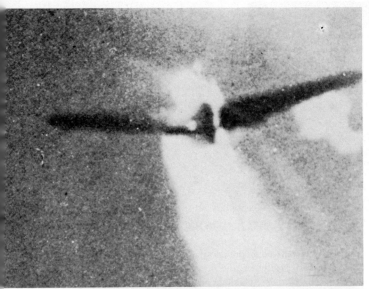

Aus der mit den Bordwaffen gekoppelten Kamera einer Mustang: Abschuß einer Messerschmitt Bf 109 G. Die Verluste, welche die deutsche Jagdwaffe während der Ardennenoffensive hinnehmen muß, sind unvorstellbar hoch. Allein in der Zeit vom 23. bis 27. Dezember 1944 fallen mehr als 260 Flugzeugführer, werden vermißt oder geraten in Gefangenschaft.

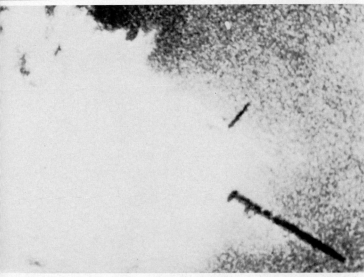

Oberstlt. Bühligen, letzter Kommodore des Jagdgeschwaders 2 »Richthofen«, ist einer der wenigen deutschen Jagdflieger, die über 100 Luftsiege gegen die Alliierten im Westen erzielen konnten. Die Abbildung zeigt Bühligen im Juli 1943 in Cherbourg noch als Kommandeur der II./JG 2 (links).

Als die Bombenangriffe gegen Deutschland immer mehr zunehmen und die eigene Abwehr nicht die erhofften Erfolge aufweisen kann, wird von seiten der obersten Luftwaffenführung zum erstenmal der Vorwurf laut, die Jagdflieger seien Feiglinge. In seiner Eigenschaft als General der Jagdflieger hat sich Gen.-Lt. Galland gegen diese Angriffe verwahrt, fällt wegen unliebsamer Kritikübung schließlich in Ungnade und wird seines Postens enthoben. Erst in den letzten Kriegswochen darf er – jetzt längst zu spät – einen Düsenjäger-Spezialverband, den JV 44, aufstellen. Die noch erzielten örtlichen Erfolge haben jedoch für das Gesamtgeschehen keinerlei Bedeutung mehr.

Oberstlt. Michalski, hier noch als Leutnant bei der 4./JG 53, führt als Geschwaderkommodore am Neujahrstag 1945 das JG 4 gegen den belgischen Flugplatz Le Culot. Der Angriff schlägt fehl; das Geschwader verliert, bezogen auf die Einsatzstärke, die meisten Flugzeugführer an diesem Tag.

Start im Morgengrauen. Das Unternehmen »Bodenplatte« beginnt. Für 33 Jagdgruppen kommt am frühen Morgen des 1. Januar 1945 der Startbefehl zum Angriff auf die alliierte Bodenorganisation in Holland, Belgien und Frankreich. Der verlustreichste Einsatz der deutschen Jagdwaffe bahnt sich an. Die Abbildungen zeigen zwei FW 190 A-8 und eine D-9 beim Start.

Auf einem schneebedeckten Platz rollt ein Schwarm Messerschmitt Bf 109 G zum Start.

Eine Jagdstaffel der Reichsluftverteidigung auf Feindflug – und im Angriff auf gegnerische Bodenziele.

Feindberührung haben oder haben könnten, ist das Einsatzgebiet doch zu weiträumig, um auszuschließen, daß nicht auch andere Einheiten an diesem oder jenem Luftkampf beteiligt sind. Außerdem muß man berücksichtigen – und das gilt nicht allein für den 29. Dezember – daß folgende, durch ungenügende oder ungenaue Aussagen zu Mißverständnissen führenden Spezifikationen eine Auswertung von Einsatzunterlagen und sonstigem Dokumentationsmaterial immer wieder erschweren: Einmal scheinen die Alliierten mit Standortangaben recht großzügig umzugehen, so daß beispielsweise mit der Bezeichnung »im Raum Enschede« in Wirklichkeit der Teutoburger Wald gemeint ist. Das Fehlen präziser Standortbestimmungen wird aus diesem Grund die Aufstellung einer Chronik oft sehr beeinflussen, hat man nicht die Möglichkeit das Geschehen durch Gegendarstellungen und andere Informationen wie Zeitangaben usw. rekonstruieren zu können. Zum anderen sind nicht nur die deutschen Piloten optischen Täuschungen unterlegen, wenn es darum geht, das genaue Muster des Feindflugzeuges zu erkennen. Da die beiden Typen FW 190 und Bf 109 fast in jedem Einsatz nebeneinander zu finden sind, meldet ein Amerikaner oder Engländer schon einmal eine Focke-Wulf anstelle einer Messerschmitt als Abschuß, und die Deutschen können nicht immer Spitfire, Typhoon und Tempest voneinander unterscheiden, was im harten Gefechtsverlauf wohl oft auch nicht möglich ist. So bleibt denn schließlich festzustellen, ob Gesamterfolge und -verluste sich in Einklang bringen lassen.

Die Bilanz des Einsatzes am 29. Dezember zeichnet demnach folgendes Bild auf: Bei einem Verlust von elf Jagdflugzeugen erringt die 2. Tactical Air Force insgesamt 31 Luftsiege. Der britische Flight-Lt. Audet von der 411. Squadron kann fünf deutsche Jagdflugzeuge abschießen. Die eigenen Unterlagen weisen den Ausfall von 20 Flugzeugführern des JG 6, JG 27 und JG 54 aus, doch müssen hierzu die abgeschossenen Maschinen der unverwundet abgesprungenen Piloten hinzugerechnet werden, so daß kein Grund besteht, die Angaben des Gegners anzuzweifeln.

Auf jeden Fall hat die deutsche Luftwaffe einen empfindlichen Schlag hinnehmen müssen, denn der Verlust beträgt rund ein Drittel der gestarteten Kräfte. Eine Einbuße, die sich bei besserer Einsatzplanung vielleicht hätte vermeiden lassen. Den schwersten Verlust dieses Tages bedeutet aber ohne Zweifel der Tod eines bewährten Verbandsführers, des 24jährigen Hauptmann Robert Weiß, seit Juli 1944

Kommandeur der III./JG 54 und Sieger in 121 Luftkämpfen. Der mit ihm im Stabsschwarm gestartete Oberleutnant Bellaire fällt etwa zwei Kilometer nordwestlich von Vreden über der kleinen Gemeinde Köckelwick.

Sonntag, 31. Dezember 1944

Nachdem amerikanische Viermot.Verbände am 30. Dezember Verkehrsknotenpunkte um Kassel, Mannheim und Kaiserslautern angegriffen haben, stehen einen Tag später Werke der Treibstoffindustrie auf dem Zielplan der 8. Luftflotte. Es ist der letzte Tag des schweren Kriegsjahres 1944, und noch einmal entbrennt am Himmel über Norddeutschland eine Luftschlacht von größerem Ausmaß. Eine Luftschlacht, die den Amerikanern diesmal 39 viermotorige Kampfflugzeuge, die I. Jagddivision 20 gefallene, vier vermißte und zehn verwundete Flugzeugführer kostet, wobei der Verlust von einem Gruppenkommandeur und zwei Staffelkapitänen besonders schwer wiegt.

Der in Norddeutschland eingeflogene Kampfverband in Stärke von etwa 1300 Maschinen hat den Auftrag, die Raffinerien von Hamburg-Harburg sowie das Hydrierwerk Misburg mit Bomben zu belegen, und es erübrigt sich fast schon zu erwähnen, daß auch heute wieder ein aus mehreren Fighter Groups gebildeter starker Jagdschutz die Fortress begleiten. Gegen diesen Großeinsatz starten die beiden »Reichs«-Geschwader JG 300 und JG 301 mit vierzehn Staffeln. Zwei davon sind mit der Bf 109 ausgerüstet, alle anderen fliegen die FW 190 A-8, A-9 und vereinzelt auch die D-9. Insgesamt 150 bis 190 Maschinen, von denen mindestens 40 verloren gehen.

Gruppenstab der III./JG 300 und die 10. Staffel hoffen im Norden Hannovers, etwa bei Langenhagen auf die Viermotorigen zu treffen, doch statt dessen stoßen die Messerschmitt auf den gegnerischen Begleitschutz. Das sich anschließende Luftgefecht bezahlt die III. Gruppe mit dem Tod ihres Führers, Major Hans-Karl Kamp, dessen Bf 109 mit den Kommandeurswinkeln am Rumpf brennend abgeschossen wird. Aus der 10. Staffel fällt Unteroffizier Ferdinand Dyk zwischen den Ortschaften Kaltenweide und Bissendorf bei Altenhorst.

Unterdessen hat die 1. Jagddivision die gesamte II./JG 300, die Sturmgruppe also, von Süden her in das Planquadrat »Dora-Theodor« herangeführt, exakt vor die ersten Formationen des gewaltigen Bomberstromes. Und während die Deutschen bereits ihre Frontalangriffe einleiten, stürzt sich der Jagdschutz auf die graugefleckten Focke-Wulf mit den braunroten Rumpfbinden der Reichsverteidigung, um diese Angriffe zu verhindern. Es entwickelt sich die »Luftschlacht über Rotenburg«. Aber die Amerikaner verlieren eine Fortress nach der anderen. Allein die den Kampfverband anführende 3. Luftdivision büßt 14 B-17 ein, die Hälfte davon gehören der 100. Bombardment Group. Weitere zehn Maschinen vernichtet später die Hamburger Flak.

Doch das tödliche Duell im Raum um Rotenburg bei Bremen fordert auch von der Jagdwaffe ihren Tribut. Die ersten beiden Sturmjäger werden bei Unterstedt, südwestlich von Rotenburg abgeschossen, wobei die Feldwebel Rudolf Müller und Kurt Schoepp fallen. Die 7. und 8. Staffel melden je einen vermißten Flugzeugführer, die möglicherweise im Borschelsmoor oder im Großen Lohmoor abgestürzt sein könnten. Mit drei Verlusten liegt die 8. Staffel ohnehin an der Spitze, nach dem noch Feldwebel Arnezeder gefallen ist und Unteroffizier Hieke verwundet wird. Leutnant Norbert Graziadei, Führer der 5. Staffel, erleidet ebenfalls Verwundungen im Luftkampf über Rotenburg, als seine rote »14« gegnerische Jäger unter Beschuß nehmen.

Hauptsächlich die 78. und die 364. Fighter Group machen es den deutschen Jägern schwer, am Bomberverband zu bleiben, um weitere Abschüsse erzielen zu können. Aber inzwischen sind Teile des JG 301, mit allen drei Gruppen aus dem Raum Salzwedel vorstoßend, im gleichen Kampfraum angelangt und greifen in die Luftkämpfe ein. Auch diese Einheiten bleiben gegen die Viermotorigen etliche Male erfolgreich, doch sie verlieren vier Maschinen, darunter die rote »19« von Oberleutnant Stahl, dem Führer der 10. Staffel. Stahl selbst wird verwundet, wie auch sein Staffelkamerad, Feldwebel Penzin. Aus der dritten Maschine, eine FW 190 A-9, springt Unteroffizier Hillert ab, doch die vierte, die weiße »1« nimmt ihren Piloten, den Gefreiten Marschik mit in den Tod.

Die restlichen Formationen kommen erst gar nicht in den Raum Rotenburg, denn sie werden von den Amerikanern vorher abgefangen und gebunden, wobei drei weitere Flugzeugführer des JG 301 im Luftkampf fallen und einer, Fähnrich Leopold aus der 2. Staffel, verwundet mit dem Fallschirm aussteigt. In derselben Kurbelei wird Staffelkapitän Hauptmann Paul Quednau bei Faßberg abgeschossen. Seine 9. übernimmt Leutnant Reinicke, der nur einen Tag später mit Verwundungen vom Einsatz zurückkehrt.

Südöstlich von Hamburg entsteht an der rechten Flanke des Bomberpulks ein neuer Schwerpunkt, als starke amerikanische Jagdkräfte den Angriff der 6., 8., 11. und 12./JG 301 beiderseits der Elbe abriegeln. Etwa zur gleichen Zeit schwenken die Fortress bereits mit geöffneten Bombenschächten im spitzen Winkel nach Nordwesten ein und stehen dicht vor ihrem Ziel. Als Oberleutnant Herzog am heutigen Vormittag mit seiner 11. Staffel in Stendal startete, hat er sicher nicht geahnt, daß er vier seiner Flugzeugführer im Luftkampf verlieren wird. Die 11. überquert jetzt die große Elbschleife bei Hitzacker und stößt weiter bis zur Bahnlinie Hamburg–Berlin vor, wo es dann zu einer Begegnung mit den Amerikanern kommt. Gleich hinter dem Forst Lübtheen erwischt es den Feldwebel Ernst Otto mit der gelben »4«. Er stürzt mit seiner Focke-Wulf in der Gemeinde Düssin ab, und etwa zehn Kilometer weiter westlich, bei Blücher, wird Feldwebel Karl Rienth tödlich abgeschossen. Fast gleichzeitig fällt auch der dritte Pilot nördlich davon, über Tessin. Die schwarze »18« mit dem 22jährigen Thüringer Unteroffizier Rolf Burghardt aber bleibt verschollen. Im Winsener Marsch bei Eichholz kommt eine FW 190 A-9 der 8. Staffel brennend herunter, und ihr Pilot, der Unteroffizier Franz Leeb rettet sich vorher mit dem Schirm, doch Oberleutnant Walter, der Kapitän dieser Staffel, fällt im Luftkampf an der Reichsstraße 5. Noch ein weiterer Fallschirm steht am Himmel, nachdem auch der Kommandeur der II./JG 301, Hauptmann Nölter, im Luftkampf verwundet wird und seine arg lädierte »Dora-9« verlassen muß.

Nur vereinzelt versuchen die Deutschen, dem Bomberpulk zu folgen, der jetzt schon längst im Mittagsdunst verschwunden ist und sich bereits wieder auf dem Rückflug befindet. Dabei hat die 10. Staffel noch einen Verlust zu beklagen, als die Amerikaner Leutnant Max Müller bei Stade im Luftkampf abschießen. Somit haben die 10. und 11. Staffel am 31. Dezember je vier Ausfälle, davon sechs Gefallene und einen Vermißten.

Von einigen Einsätzen im Frontraum abgesehen, bleibt jedoch der Großteil aller Jagdverbände der Reichsluftverteidigung an diesem Tag am Boden, denn der für den nächsten Morgen vorgesehene Großeinsatz der Jagdwaffe, erfordert alle zur Verfügung stehenden Maschinen. Aber noch wissen die wenigsten unter den Flugzeugführern etwas von diesem Sonderunternehmen. Noch steht man beispielsweise bei der 6./JG 1 unter dem Eindruck des Luftgefechtes mit britischen Typhoon der 137. Squadron, in dem bei Emsdetten und Mesum drei Piloten tödlich abgeschossen worden sind. Spitfire der 411., 416. und 422. Squadron machen am Vormittag wieder einmal das Münsterland unsicher und begegnen dabei etwa 15 Messerschmitt, die wohl zur III. Gruppe des JG 27 gehören. Die Briten greifen ohne zu zögern an und erringen vier Luftsiege. Von der III./JG 77 fallen Leutnant Eck und der Oberfähnrich von Rath. Eine einzelne Focke-Wulf, die Maschine des Oberfähnrichs Kraaß von der 14./JG 54, wird zwischen Münster und Osnabrück von Flight-Officer Tapley abgeschossen.

Zur Abwehr amerikanischer Jabos hat der Stab des Jagdabschnittsführers Mittelrhein in Darmstadt zwei Staffeln des JG 4 aus dem Rhein-Main-Gebiet in den Pfälzer Raum entsandt, doch die 16. Staffel bezahlt diesen Einsatz mit zwei Gefallenen: Staffelkapitän Oberleutnant Hans Schleef, dessen Konto mindestens 98 Luftsiege aufweist sowie Unteroffizier Klein. Beide Messerschmitt stürzen nach Luftkampf im Raum um Bad Dürkheim ab und explodieren beim Aufschlag. Weiter nördlich, bei Eisenberg, geht eine K-4 der 9. Staffel verloren und nimmt Unteroffizier Schwagerick in die Tiefe. Als dann auch Unteroffizier Georg Schwarze von der 12. Staffel nicht mehr nach Egelsbach zurückkehrt, erhöht sich damit der Verlust auf insgesamt vier Flugzeugführer.

Als endlich der Gefechtslärm am Himmel abgeklungen ist, auf den Einsatzhorsten die letzten BMW-, Jumo- oder Daimler-Benz-Triebwerke verstummen, versucht so mancher Pilot in Gedanken Bilanz zu ziehen. Wir wissen nichts über das Resultat solcher Überlegungen, die, gemessen an der Denkweise, der Auffassung und Weitsicht jedes einzelnen auch in ihrer Aussagekraft unterschiedlich ausfallen müssen. Doch es ist zu vermuten, daß die Frage nach dem weiteren Sinn und Zweck der zum Beruf gewordenen »Jagd am Himmel« im Mittelpunkt gestanden haben mag. Wir wissen auch nicht, ob es viele sind, die sich solchen Gedanken hingeben. Diejenigen unter den Jagdfliegern jedenfalls, die nach den letzten großen, aussichtslosen Kämpfen der vorangegangenen Wochen am heutigen Abend, Silvester 1944, sich auf einen kräftigen Schluck freuen, um auf diese Weise wenigstens für ein paar Stunden den Wahnsinn, das Grauen, den täglichen Tod und die Ungewißheit um das eigene Schicksal, vielleicht auch die Angst zu vergessen, sie alle sehen sich bitter enttäuscht.

Noch am Abend wird auf sämtlichen Horsten Ausgangssperre verhängt, dazu absolutes Alkoholverbot, denn der aufwendigste, umfassendste und zugleich verlustreichste Einsatz, der von deutschen Jagdfliegern in diesem Krieg jemals geflogen wird, steht bevor: das Unternehmen »Bodenplatte«.

Verluste der Jagdwaffe am 31. Dezember 1944

am Einsatz beteiligte Einheiten	gefallen oder vermißt	ver- wundet	Personal- verluste insgesamt	Maschinentyp	Verlustraum
II./JG 1	3	1	4	FW 190 A-8	Emsdetten, Mesum
I./JG 2	1		1	FW 190 D-9	Koblenz
III./JG 4	2		2	Bf 109 K-4	Bad Dürkheim,
IV./JG 4	2		2	Bf 109 G-14	Bastogne, Eisen-
			4		berg
I./JG 6	1		1	FW 190 A-8	Oldenzaal
III./JG 54		1	1	FW 109 D-9	Limburg
IV./JG 54	1		1	FW 190 A-8	Osnabrück- Münster
III./JG 77	3		3	Bf 109 K-4	Hemer, Münster
II./JG 300	6	3	9	FW 190 A-8	Altenhorst, Hoya,
III./JG 300	2		2	Bf 109 G-10	Rotenburg, Unter-
			11		stedt
I./JG 301	1	3	4	FW 190 A-9/R 11	Boitzenburg, Faß-
II./JG 301	7	1	8	FW 190 A-9/R 11	berg, Lüneburg,
III./JG 301	8	3	11	FW 190 A-8	Riepe, Soltau
			23		
Verluste insgesamt (Reichs- gebiet und Westen)	37	12	49	(davon 1 Gruppenkommandeur und 3 Staffelkapitäne gefallen, 1 Gruppenkommandeur und 2 Staffelkapitäne verwundet)	

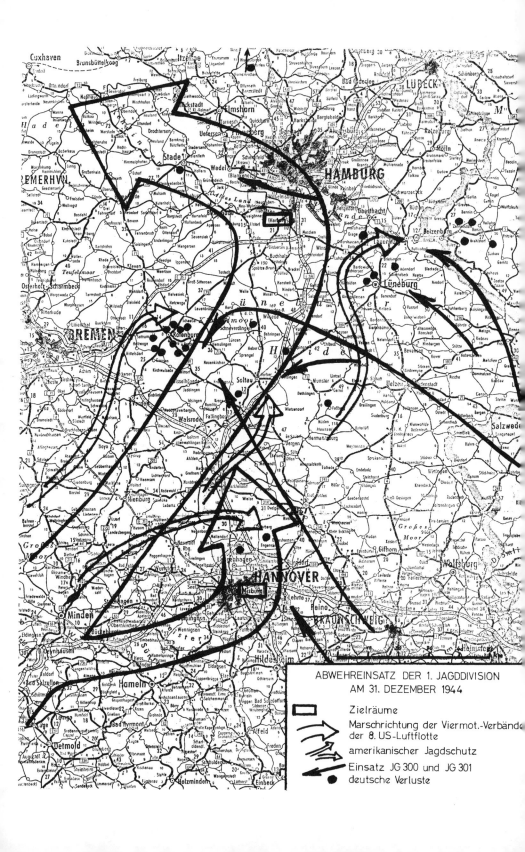

Dezember-Überblick

Noch mehr als im Vormonat zeigt sich in den letzten Wochen die Überlegenheit der amerikanischen und englischen Flugzeugführer in der Beherrschung ausgesprochener Schlechtwettereinsätze, was dazu führt, daß auch im Dezember – abgesehen von wenigen Tagen – die Jagdflieger der Reichsluftverteidigung an allen Orten eine zahlenmäßige Übermacht antreffen.
Überdies vermag der Gegner nicht nur das Kampfgeschehen über den Fronten in den Griff zu bekommen, sondern gleichzeitig auch das Hinterland zu kontrollieren, wobei die Ausschaltung des Verkehrssystems und die Zerschlagung von Luftwaffenanlagen in den Vordergrund rücken. So werden im letzten Monat des Jahres 1944 durch Bombenangriffe auf insgesamt 80 Flugplätzen 129 Maschinen total zerstört und weitere 140 beschädigt. Von den in den letzten vier Tagen des Monats in das Reich einfliegenden 5500 Viermotorigen der alliierten Luftflotte bringt das I. Jagdkorps bei 128 eigenen Flugzeugverlusten 63 Bomber und 23 Jäger zum Absturz. Und da die Flak innerhalb des gleichen Zeitraums fast die dreifache Anzahl gegnerischer Flugzeuge vernichtet (lt. Gen.-Major Grabmann), kann von einer wirksamen Tagjagdabwehr nicht mehr die Rede sein.
Die Verluste sind verheerend: vom 1. bis einschließlich 16. Dezember, dem Beginn der deutschen Westoffensive, kehren 136 Jagdflieger nicht mehr zurück. In den vier Tagen bis zum 22. sind es »nur« 83, in der kurzen Zeit vom 23. bis zum 31. Dezember, innerhalb gut einer Woche also, haben die Jagdverbände einen Ausfall von 316 Piloten, und in diesen Zahlen sind noch nicht einmal die Verwundeten berücksichtigt. Allein um die Weihnachtszeit 23. bis 27. Dezember verliert das Luftwaffenkommando West und die ihr während der Ardennenschlacht unterstellten Einheiten über 260 Mann fliegendes Personal. Die Gesamtverluste der Jagdwaffe im Monat Dezember 1944 belaufen sich demnach auf 500 gefallene oder vermißte sowie 35 in Gefangenschaft geratene und 194 verwundete Flugzeugführer.
Anbetracht einer solchen Dezimierung ist es mehr als beachtenswert, daß der kommende Neujahrseinsatz, das Unternehmen »Bodenplatte« überhaupt noch stattfinden kann. Der Krieg aber, und nur noch die wenigsten wollen das nicht wahrhaben, ist schon längst ent-

schieden. Was nützt es noch, wenn man jetzt auch in der obersten Luftwaffenführung zu begreifen scheint, daß die Luftwaffe unfähig ist, um noch Einfluß auf das weitere Geschehen nehmen zu können. Die Jagdflieger kämpfen einen aussichtslosen Kampf, und ihre einzigartigen Leistungen werden wahrscheinlich niemals ihre gebührende Würdigung finden.

III START IM MORGENGRAUEN
Unternehmen »Bodenplatte«　　　　　　　　1. Januar 1945

Nachdem der schon für Anfang November 1944 geplante »Große Schlag« der Jagdwaffe nicht zur Durchführung kam und die bis dahin bereitgestellten Jagdstreitkräfte zum großen Teil dann in der Ardennenoffensive aufgerieben wurden, scheint dieses Projekt damit endgültig zu Fall gebracht zu sein. Nur ganz wenige glaubten noch an einen Masseneinsatz der Luftwaffe. Doch da ergeht gegen Ende Dezember an das Generalkommando II. Jagdkorps die Anweisung, ein großangelegtes Unternehmen vorzubereiten, in welchem in den frühen Morgenstunden eines noch zu bestimmenden Tages alle verfügbaren Tagjäger zu Tiefangriffen gegen die alliierte Bodenorganisation in Holland, Belgien und Frankreich starten sollen. Im Stab der Luftflotte Reich erhofft man, durch überraschend ausgeführte Angriffe die auf dem Festland stationierte gegnerische Jägerstreitmacht weitgehend ausschalten zu können, denn nur dadurch würde es möglich sein, endlich die alliierte Jägerüberlegenheit abschwächen und den Bomberströmen wieder eine wirkungsvollere Abwehr entgegensetzen zu können. Das Ziel dieses Unternehmens heißt also: Rückgewinnung der seit Invasionsbeginn verlorenen Lufthoheit im Westen.
Der Plan zu Unternehmen »Bodenplatte«, einer der am meisten umstrittenen Einsätze, den deutsche Jagdflieger je flogen, kann nur aus der Verzweiflung heraus geboren sein. Man schickt die Piloten in einen Einsatz, der seinen Zweck nicht mehr erfüllt und auch nicht erfüllen kann, denn dazu ist die Jagdwaffe schon zu sehr ausgeblutet. Die Flugzeugführer fühlen sich ohnehin seit Monaten zu Unrecht beschuldigt und müssen unter dieser zusätzlichen seelischen Belastung ihren aussichtslosen Abwehrkampf führen. Zuerst ist es Hitler, der angesichts der ungehindert nach Deutschland einfliegenden Bomberpulks immer wieder die Leistungsfähigkeit der Luftabwehr in Frage stellt, und dann der Oberbefehlshaber der Luftwaffe, dessen Anschuldigungen in den Äußerungen gipfeln, die Jagdwaffe bestünde aus lauter Feiglingen.

Das erste Zusammentreffen mit Kommandeuren der Tag- und Nachtjagd und Göring Anfang November 1944 verläuft nahezu fruchtlos. Fordert die eine Seite mehr Leistungen und noch größere Anstrengungen, versucht die andere zum wievielten Male, anhand der Fakten auf die wahren Gründe der »Mißstände« hinzuweisen: Kein befriedigender Pilotennachwuchs, zu spärlicher Nachschub an Material, abgekämpfte und unglaublich stark dezimierte Jagdgeschwader.
Ganz ohne Widerhall bleiben die Appelle der Jagdflieger nicht. Was man jedoch unter dem immer wieder geforderten und erfolgversprechenden Großeinsatz versteht, ist das sinnlose, kleckerweise Verheizen der noch einmal aufgebotenen Streitmacht in den Luftschlachten über dem Reich und an der Front im Westen. Noch im Herbst 1944 hätte ein nach den Vorstellungen Gallands großangelegter Gegenschlag gewiß sehr gute Aussichten auf Erfolg gehabt. Sogar einen geschätzten Verlust von etwa 400 eigenen Flugzeugen hätte man in Kauf genommen, wenn dafür zumindest die gleiche Zahl Feindbomber vernichtet werden konnte. Inzwischen aber liegen die Einbußen bei den Verbänden der Reichsluftverteidigung um ein Vielfaches höher, ohne den Gegner dabei empfindlich zu treffen. Und als das Jahr 1944 zu Ende geht, ist der Zeitpunkt für den »Großen Schlag« längst verpaßt.
Jetzt erst, mit der Reaktion eines waidwunden, in die Ecke gedrängten Wildes vergleichbar, greift das Oberkommando der Luftwaffe einen Plan auf, der mit einem Schlag die Wende herbeiführen soll. Einen gut durchdachten Plan, der letzten Endes aber die noch verbliebenen Jagdkräfte nun völlig verzehren wird: das Unternehmen »Bodenplatte«. Generalmajor Peltz, als Kommandierender des II. Jagdkorps für die Luftoperationen während der Ardennenoffensive verantwortlich und damit die Funktionen des in die Wüste geschickten Generals der Jagdflieger Galland ausübend, wird auch den kommenden Großeinsatz leiten.
Da man den Beginn des deutschen Gegenstoßes bewußt in eine Schlechtwetterperiode legt, muß das Unternehmen der Luftwaffe notgedrungen zurückgestellt werden, bis sich das Wetter wieder aufbessert. Das ist gegen Ende Dezember der Fall. Noch unterliegt der Plan strengster Geheimhaltung, aber die wenigen Eingeweihten wissen, daß »Bodenplatte« am frühen Morgen des 1. Januar 1945 stattfinden wird.
Auch heute glauben noch viele, daß man das Unternehmen nur des-

halb in die Morgenstunden des Neujahrtages verlegt, weil man die gegnerische Abwehr wegen der allgemeinen Feierlichkeiten weniger aufmerksam vorzufinden hofft. Wenngleich ein solcher Umstand für den geplanten Masseneinsatz ohne Zweifel nur zum Vorteil gereichen würde, ist diese Annahme falsch. Tatsächlich hängt der Termin für »Bodenplatte« ausschließlich von den Wetterverhältnissen ab, und erst am Montag, dem 1. Januar 1945 ergeben sich die Voraussetzungen für den Einsatz.

Schon in der Dezember-Besprechung mit den Kommandeuren aller beteiligten Jagddivisionen tritt die taktische Idee des Unternehmens zu Tage: »Bei Einhaltung absoluter Funkstille bis zum Zeitpunkt des Angriffes werden alle Geschwader in den Morgenstunden gleichzeitig im Tiefflug die alliierte Front überqueren, um die gegnerischen Luftstreitkräfte am Boden zu überraschen!« Ferner sind Anflugwege und auch die Rückflugkurse festgelegt. Die Flugkarten enthalten sämtliche dazu notwendigen Navigationsdaten eingezeichnet – aber nur etwa ab Reichsgrenze. Sollte also eine solche Aufzeichnung aus irgendeinem Grund in die Hand des Gegners gelangen, wird es diesem nicht so ohne weiteres ermöglicht, daraus den Startort der verschiedenen Verbände ersehen zu können.

»Die Geschwader erhalten von den ihnen zugewiesenen Zielen Luftaufnahmen und werden nach diesen den Einsatzverlauf im Planspiel mit allen Flugzeugführern besprechen!« Soweit die Weisungen des Jagdkorps. Aber nicht in allen Fällen gelingt es, den bevorstehenden Einsatz so exakt vorzubereiten. Die meisten Einsatzbesprechungen finden wegen der Gefahr, daß der Gegner vorzeitig von diesem Unternehmen Kenntnis erhält, erst unmittelbar vor dem Start statt, und mancher Verbandsführer ist schon froh, während dieser verhältnismäßig kurzen Zeit den Piloten wenigstens das Notwendigste übermitteln zu können. Als »Bodenplatte« anläuft, wissen viele nicht, um was es geht. Sie glauben an einen umfangreichen Frontüberwachungsflug oder folgen ohne sich viel Gedanken darüber zu machen einfach dem Vordermann.

In mehr oder weniger ausführlich gehaltenen Vorträgen bekommen die Jagdflieger ihre Weisungen, vereinzelt sogar mittels überschwenglicher Ansprachen, in denen noch einmal das Heroische in der Jagdfliegerei in Erinnerung gebracht wird und die den Kampfeswillen festigen sollen. Auch von Volk, Führer und Reich ist die Rede, aber mehr Opferbereitschaft und mehr Mut oder persönlichen Einsatz wie bisher *können* die Jagdflieger nicht aufbieten. Diejenigen Kommandeure, aus deren Munde jetzt so pathetische Worte zu vernehmen sind, haben entweder selbst die Einsätze um die Weihnachtszeit 1944 nie mitgeflogen oder befanden sich in irgendwelchen Gefechtsständen höherer Stäbe. Oder versuchen sie bewußt, den Flugzeugführern am Morgen des 1. Januar ein falsches Bild vorzumalen?

Auffallend gut die Moral der Jagdflieger, obwohl die vorangegangenen schweren und verlustreichen Wochen alles andere hätten vermuten lassen. Ein Großteil der Männer überall bei den Geschwadern zeigt sich zuversichtlich. Hauptsächlich die jüngeren, unerfahrenen unter ihnen sind es, die den Einsatzplan nicht ohne Begeisterung aufnehmen und überzeugt davon sind, den Gegner ebenso überraschend und empfindlich treffen zu können, wie es am 16. Dezember den Bodentruppen gelang. Daß dieser Erfolg vor zwei Wochen nur für kurze Zeit anhalten sollte und daß auch das heutige Unternehmen noch bevor es eigentlich beginnt schon zum Scheitern verurteilt ist, wissen sie nicht. Sie ahnen die wirklichen Zusammenhänge nicht und unterschätzen ihre Gegner noch immer. Zwar stehen noch nie so viel Jagdmaschinen auf den Einsatzhorsten wie am Morgen des 1. Januar 1945 – aber es sind auch die letzten Reserven. Etwa 900 Flugzeuge*, mit denen die deutsche Jagdwaffe ihren Todesflug antreten wird.

Jedem Geschwader sind ein oder zwei Nachtjagdmaschinen zugeteilt, welche die Verbände auf festgelegten Kursen über die Front bringen sollen. Die Lotsenflugzeuge selbst nehmen an den Angriffen nicht teil und kehren sofort um. Und noch einen wichtigen Hinweis erhalten die Piloten: »Achten Sie auf ›Goldregen‹!« Damit sind Leuchtmarkierungen gemeint, die den Jagdfliegern als zusätzliche Orientierungshilfe dienen und gleichzeitig auch die Bodentruppen sowie die im Kampfraum stationierte Flak vor einem Tiefflug eigener Jäger über das Frontgebiet warnen. Doch ›Goldregen‹ ist vorwiegend für die Verbände im Bereich des Jagdabschnittsführers Mittelrhein vorgesehen.

»Und was geschieht, wenn ›Goldregen‹ aus irgend einem Grund versagt? Was ist, wenn unsere Flak von diesem Überflug nichts erfährt?« Kein Mensch kann ahnen, daß gerade diese Frage ein trauriges Kapitel in der Geschichte der deutschen Jagdwaffe einleiten soll. Die Flak

---

* Feuchter gibt die Zahl von 800 an. Nach Schätzungen der Alliierten waren 790–870 Maschinen am Neujahrsunternehmen beteiligt, während im Lagebuch des OKW vom 1. Januar 1945 eine Zahl von 1035 genannt wird.

Gliederung der Verbände am 1. Januar 1945

(Unternehmen »Bodenplatte«)

Luftwaffenkommando West (Schmid)

Limburg

II. Jagdkorps (Peltz)

Flammersfeld

3. *Jagddivision* (Grabmann)
Wiedenbrück   *vorgesehenes Einsatzziel*

JG 1	3 Gruppen	St. Denis-Westrem (Belgien)
JG 3	3 Gruppen	Eindhoven (Holland)
JG 6	3 Gruppen	Volkel (Holland)
JG 26 +III./JG 54	3 Gruppen 1 Gruppe	{ Brüssel-Evère { Brüssel-Grimbergen (Belgien)
JG 27 +IV./JG 54	4 Gruppen 1 Gruppe	Brüssel-Melsbroek (Belgien)
JG 77	3 Gruppen	Antwerpen-Deurne (Belgien)

Jagdabschnittsführer Mittelrhein (Handrick)
Darmstadt

JG 2	3 Gruppen	St. Trond (Belgien)
JG 4	3 Gruppen	Le Culot (Belgien)
JG 11	3 Gruppen	Asch (Belgien)

5. *Jagddivision* (Hentschel)
Karlsruhe

JG 53	3 Gruppen	Metz-Frescaty (Frankreich)

Weiterhin waren Teile nachfolgend aufgeführter Einheiten am Unternehmen beteiligt:

Einsatzstaffel/JG 104   (Einsatz mit JG 26)
SG 4   (Einsatz mit JG 2)
KG(J) 51
Einsatzstaffel KG(J) 76   (III. Gruppe)

Es sind Bestätigungen vorhanden, daß mindestens die nachfolgenden Nachtjagdeinheiten Lotsenmaschinen abgestellt hatten:

5./NJG 1
7./NJG 1
9./NJG 1
4./NJG 3
9./NJG 3
10./NJG 3
II./NJG 101

wird im Unternehmen »Bodenplatte« eine tragische Rolle spielen und – ohne es zu wollen – an den Verlusten, die die Jagdflieger erleiden, erheblichen Anteil haben. Das Luftwaffenkommando West verfügt um die Wende 1944/45 über 267 schwere und 277 mittlere oder leichte Flakbatterien, ohne die Kriegsmarineflak an der holländischen Nordseeküste mit insgesamt 100 Batterien. Der Weg der meisten Angriffsformationen führt über das Abwehrgebiet der 16. Flakdivision hinweg, deren Gefechtsstand sich in Doetinchem, etwa 25 Kilometer östlich von Arnheim befindet. Im Bereich dieser von Generalmajor Deutsch kommandierten Flakeinheit stehen allein über 50 Batterien.

Weiter heißt es in der »Bodenplatte«-Besprechung: »Um einen größeren Überraschungseffekt zu erzielen ist vorgesehen, daß jeder Flugplatz möglichst gleichzeitig angegriffen wird.« Eine Weisung, die sich in der Praxis leider nicht gänzlich durchführen lassen wird und damit ein Desaster heraufbeschwört.

Wohl ist die 16. Flakdivision über den Einsatz informiert, jedoch völlig unzulänglich. Nur einen Bruchteil aller Batterien sind die Zeiten bekannt, in denen die deutschen Jagdverbände die Stellungen und Sperrgebiete überfliegen werden. Als sich bei einigen Geschwader oder Gruppen dann der Start aus verschiedenen Gründen verzögert – plötzlich auftretender Bodennebel über dem Platz, Warten auf die Lotsenmaschinen, Sammeln der Formationen – hält man es nicht für nötig, auch die Flak von dieser Zeitdifferenz zu unterrichten. Als zu nicht vereinbarten Zeiten sich starke Jagdeinheiten nähern, richten die Kanoniere ihre Rohre auf die vermeintlichen Feindmaschinen. Die Folgen sind katastrophal. Was dem Gegner nicht abzuschießen gelingt, holen die eigenen Batterien vom Himmel – schätzungsweise an die 100 Jagdflugzeuge.

Doch noch ist es nicht soweit. Vorerst warten zehn Jagdgeschwader mit insgesamt 33 Jagdgruppen auf den Einsatzbefehl. Unter jeder Maschine hängt ein 300-Liter-Zusatztank. Kurz vor dem Start nehmen die Flugzeugführer die letzten Eintragungen vor: Auftrag Hermann 1. 1. 1945, Zeit: 9.20 Uhr.

Die Bezeichnung ›Hermann‹ steht für ›Angriffstermin‹ und die Eintragung bedeutet also, daß alle Verbände zwanzig Minuten nach neun Uhr den Angriff auf die gegnerischen Flugplätze eröffnen werden.

Das im Kampfraum herrschende Wetter entspricht im wesentlichen den im voraus ermittelten Werten. Im großen und ganzen bleibt der

Im Tiefflug über den gegnerischen Platz. Zwei Bf 109 der II./JG 11 während des Überraschungsangriffes auf den Flugplatz Asch in Belgien. Aber der Einsatz verläuft für das JG 11 sehr verlustreich. Unter den gefallenen oder vermißten Flugzeugführern befindet sich auch der Kommodore dieses Geschwaders, Oberstlt. Günter Specht.

Abschuß! Eine Messerschmitt ist getroffen, so daß ihr Pilot sich zum Absprung entschließen muß (oben). Irgendwo in Holland oder Belgien ist diese Aufnahme entstanden. Sie zeigt die Absturzstelle eines deutschen Jagdflugzeuges am 1. Januar 1945.

Am Boden zerstört: ein brennender Lancaster-Bomber, eine Hawker Typhoon und eine Spitfire. Die alliierten Luftstreitkräfte verlieren am 1. Januar 1945 etwa 400 Flugzeuge, doch der Gegner ist in der Lage, diese Materialeinbußen innerhalb kürzester Zeit wieder auszugleichen. Den größten Erfolg erzielt die Jagdwaffe auf dem Platz Eindhoven, auf dem eine ganze kanadische Typhoon-Jagdgruppe vernichtet werden kann.

Mit Beschußschäden landet der Gefreite Wagner von der 5./JG 4 am 1. Januar 1945 auf dem gegnerischen Flugplatz St. Trond und gerät in amerikanische Gefangenschaft. Seine weiße »11« wird von der 404. US-Fighter Group als »Kuriermaschine«, mit neuem Anstrich natürlich, weiterbenützt.

Einer der zahlreichen Brüche auf Feindgebiet am 1. Januar 1945. In ihren Frontabschnitten zählen die Alliierten insgesamt 137 niedergegangene Jagdmaschinen der Luftwaffe.

Nach Kollision mit einem Rebhuhn muß Lt. Nibel von der 10./JG 54 bei Wemmel, nordwestlich von Brüssel notlanden und wird gefangengenommen. Seine »Dora-9« wird von britischen Soldaten begutachtet, wobei die beiden MG 131 das besondere Interesse hervorzurufen scheinen.

Irgendwo an einem Straßenrand in Belgien, 1. Januar 1945. Das Ende einer FW 190 D-9.

Himmel heiter bis wolkig, im holländisch-belgischen Grenzgebiet teilweise stärker bedeckt, doch ist die Sicht ideal. Auch mit Niederschlägen brauchen die Flugzeugführer nicht zu rechnen. Und doch kommt es zu Verzögerungen im Einsatzverlauf, da in manchen Räumen, hauptsächlich in Nordwestdeutschland unverhofft Bodennebel auftritt, der zu den bereits beschriebenen folgenschweren Startverschiebungen führt.

Wenn auch der Großeinsatz nicht in jedem Fall den gewünschten Überraschungseffekt erzielt, dürften die Alliierten wohl kaum mit einem massierten Gegenangriff der Luftwaffe gerechnet haben, und das erst recht nicht am Neujahrsmorgen 1945. So gelingt es der Luftwaffe, auf einigen Plätzen des Gegners, besonders im Abschnitt der 2. Tactical Air Force, also im britischen Sektor der Front große Verwirrung zu stiften und erheblichen Schaden anzurichten. Engländer und auch Amerikaner sind in den ersten Augenblicken zum Teil kaum zu Abwehrreaktionen fähig, aber dann, als das Überraschungsmoment gewichen ist, läßt ihre starke und sich steigernde Gegenwehr jeden Tiefangriff abschwächen oder nutzlos werden. Von den in der nachfolgenden Aufstellung genannten alliierten Flugplätzen werden, wie zum Teil erst nach Beendigung des Krieges zu erfahren ist, einige überhaupt nicht oder nur von wenigen Maschinen angeflogen, obwohl sie als Hauptziel vorgesehen sind wie beispielsweise Antwerpen, Le Culot oder Volkel. Andere Plätze, darunter Knocke und Ophoven, dienen als Verlegenheitsziele oder werden mit dem zugewiesenen Angriffsziel verwechselt und dadurch vom »Bodenplatte«-Einsatz betroffen. Auch kommt es vor, daß aufgrund ungenügender Luftaufklärung starke Jagdstreitkräfte zum Beispiel einen Flugplatz wie Grimbergen angreifen und dabei feststellen müssen, daß dieses Flugfeld nur mit einzelnen Maschinen belegt ist.

Über die Einbußen, die der Gegner an jenem Neujahrsmorgen erleidet, liegen unterschiedliche Angaben vor. Die Engländer geben 144 alliierte Flugzeuge als zerstört und weitere 84 als beschädigt an, während von amerikanischer Seite 134 alliierte Totalverluste sowie 62 schwer beschädigte, nicht mehr instandzusetzende Maschinen gemeldet werden. Diese Ziffern erscheinen recht niedrig und dürften wohl nicht die »Gesamt«-Verluste sondern jeweils die Ausfälle im Bereich der einzelnen Luftflotten darstellen.

Aus dem Bericht des Oberkommandos der Luftwaffe vom 27. Januar 1945 über den Jagdwaffeneinsatz am 1. Januar geht hervor, daß auf

Name des Flugplatzes		alliierte Tarnbezeichnung	Wirkung des Angriffes*
Antwerpen-Deurne	(Belgien)	B-70	3
Asch	(Belgien)	Y-29	2
Brüssel-Evère	(Belgien)	B-56	1
Brüssel-Grimbergen	(Belgien)	B-60	2
Brüssel-Melsbroek	(Belgien)	B-58	1
Eindhoven	(Holland)	B-78	1
Gent/St. Denis-Westrem	(Belgien)	B-61	1
Gilze-Rijen	(Holland)	B-77	2
Heesch	(Holland)	B-88	4
Knocke	(Belgien)		4
Le Culot	(Belgien)	A-89	3
Maldegem	(Belgien)	B-65	1
Metz-Frescaty	(Frankreich)	Y-34	2
Ophoven	(Belgien)	Y-32	4
St. Trond	(Belgien)	A-92	2
Volkel	(Holland)	B-80	3
Woensdrecht	(Holland)	B-79	4
Ursel	(Belgien)	B-67	2
dazu wahrscheinlich	Beauvechain	(Belgien)	
	Helmond	(Holland)	
	Grave	(Holland)	

* 1 erfolgreich
  2 weniger erfolgreich, mäßig
  3 nicht oder nur sporadisch angegriffen
  4 durch Zufall angegriffen, ohne Wirkung

den von acht Flugplätzen gemachten Luftaufnahmen insgesamt 279 am Boden zerstörte Maschinen zu erkennen sind: 239 einmotorige, 21 zweimotorige und 19 viermotorige. Abgesehen davon, daß die Jagdflieger neben den Bodenzerstörungen auch zwischen 65 und 75 Luftsiege erzielen, werden noch weitere Erfolge aufgeführt. So betragen die gegnerischen Verluste nach Sichtmeldungen auf sieben anderen Flugplätzen nochmals insgesamt 123 Maschinen, davon 113 einmotorige. Hinzu kommen 114 beschädigte Flugzeuge auf allen Plätzen.

Zu beachten bleibt, daß die Alliierten zwar auf einem Schlag ein halbes Tausend Flugzeuge verlieren – übrigens ein Verlust, den der Gegner ohne weiteres innerhalb von nicht ganz zwei Wochen wieder aufzu-

füllen in der Lage ist – aber der Bestand an fliegendem Personal im Gegensatz zur Luftwaffe dabei kaum berührt wird.
Im Anschluß an die Aufzeichnungen des Einsatzes der einzelnen Verbände soll über die eigenen Verluste ausführlich berichtet werden.

Flugzeugverluste der Alliierten durch »Bodenplatte«-Einsatz

	am Boden	im Luftkampf	insgesamt	+ Beschädigungen
OKW-Bericht v. 2. 1. 45	400	79	479	100
Lagebericht v. 2. 1. 45			507	
Bericht des OKL v. 27. 1. 45	402	65 (+ 12)	467 (+ 12)	114
Bartz, Clostermann, Feuchter			800	
Galland			400	
RAF (2. TAF)			144	84
USAAF			196	
			150*	50

* 30 USAAF, 120 RAF

Einsatzhorste der am Unternehmen »Bodenplatte« beteiligten Verbände des II. Jagdkorps

Jagdgeschwader 1 (Oberstlt. Ihlefeld)
    I. Gruppe (Hptm. Hackbarth i. V.)   FW 190 A-8   Twenthe
    II. Gruppe (Hptm. Staiger)   FW 190 A-8   Drope
    III. Gruppe   Bf 109 G-14   Rheine

Jagdgeschwader 2 (Oberstlt. Bühligen)
    I. Gruppe (Hptm. Hrdlicka)   FW 190 A-8/A-9   Merzhausen
    II. Gruppe (Hptm. Schröder)   Bf 109 G-14/K-4   Nidda, Ettingshausen
    III. Gruppe (Hptm. Lemke)   FW 190 D-9   Altenstadt

Jagdgeschwader 3 (Oberstlt. Bär)
    I. Gruppe (Oblt. Seidl i. V.)   Bf 109 G-10/G-14   Paderborn
    III. Gruppe (Hptm. Langer)   Bf 109 G-14/K-4   Lippspringe
    IV. Gruppe   FW 190 A-8   Gütersloh

Jagdgeschwader 4 (Major Michalski)
    I. Gruppe (Hptm. Steinmann)   Bf 190 G-14/K-4   Darmst.-Griesheim
    II. Gruppe (Major Schröder)   FW 190 A-8   Babenhausen
    IV. Gruppe (Hptm. Laube)   Bf 109 G-14/K-4   Rhein-Main

Jagdgeschwader 6 (Oberstlt. Kogler)

I. Gruppe (Hptm. Elstermann)	FW 190 A-8	Delmenhorst
II. Gruppe (Hptm. Naumann)	FW 190 A-8	Quakenbrück, Vechta
III. Gruppe (Major Kühle)	Bf 109 G-10/G-14	Bissel

Jagdgeschwader 11 (Major Specht)

I. Gruppe (Hptm. Kirchmayr)	FW 190 A-8	Darmst.-Griesheim
II. Gruppe (Hptm. Leonhardt)	Bf 109 G-14/K-4	Zellhausen
III. Gruppe (Hptm. v. Fassong)	FW 190 A-8	Großostheim

Jagdgeschwader 26 (Oberstlt. Priller)

I. Gruppe (Major Borris)	FW 190 D-9	Fürstenau
II. Gruppe (Major Hackl)	FW 190 D-9	Nordhorn
III. Gruppe (Hptm. Krupinski)	Bf 109 G-14/K-4	Plantlünne

Jagdgeschwader 27 (Major Franzisket)

I. Gruppe (Hptm. Schade)	Bf 109 G-14/K-4	Rheine
II. Gruppe (Hptm. Hoyer i. V.)	Bf 109 G-14	Rheine
III. Gruppe (Hptm. Clade)	Bf 109 K-4	Hesepe
IV. Gruppe (Hptm. Dudeck)	Bf 109 G-10	Achmer

Jagdgeschwader 53 (Oberstlt. Bennemann)

II. Gruppe (Major Meimberg)	Bf 109 G-14/K-4	Malmsheim
III. Gruppe (Hptm. Götz)	Bf 109 G-14	Kirrlach
IV. Gruppe (Hptm. Müer)	Bf 109 G-14	St.-Echterdingen

Jagdgeschwader 54

III. Gruppe (Oblt. Dortenmann i. V.)	FW 190 D-9	Fürstenau
IV. Gruppe	FW 190 A-8/A-9	Vörden

Jagdgeschwader 77 (Major Leie)

I. Gruppe	Bf 109 G-14	Dortmund
II. Gruppe	Bf 109 K-4	Bönninghardt
III. Gruppe (Hptm. Köhler)	Bf 109 K-4	D.-Lohausen

Schlachtgeschwader 4 (Oberstlt. Druschel)

III. Gruppe	FW 190 F-8	Köln-Wahn

Einsatzstaffel/JG 104   FW 190 D-9   Fürstenau

KG(J) 51 (Hptm. Unrau)   Me 262 A   Rheine

Einsatzstaffel III./KG(J) 76   Ar 234 B   Münster-Handorf
(Hptm. Lukesch)

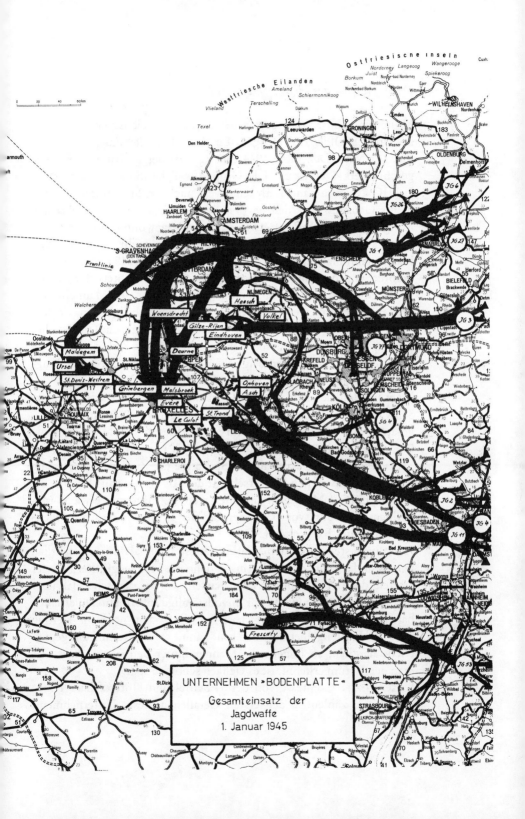

Der Opferflug des Jagdgeschwaders 1

Keine fünfzehn Kilometer von der deutschen Reichsgrenze entfernt, im Dreieck Oldenzaal-Hengelo-Enschede liegt der Flugplatz Twenthe, seit Mitte Dezember 1944 Einsatzhorst der I. Gruppe des Jagdgeschwaders 1 »Oesau«. Die Gruppe, welche diesen Platz mit der I./NJG 2 Hauptmann Rath teilt, weiß auch am Silvesterabend noch nichts Genaues über den bevorstehenden Großeinsatz am nächsten Morgen. Es muß jedoch etwas ganz Außergewöhnliches sein, denn die Männer dürfen ihre Unterkünfte nicht mehr verlassen. Als Hauptmann Hackbarth am Morgen des 1. Januar 1945 in der Einsatzbesprechung die Einzelheiten des »Bodenplatte«-Unternehmens bekannt gibt, löst sich die Spannung, die sich unter den Männern verbreitet hat. Wenigstens der Anflug wird ungefährlich sein, denken viele, da man zum größten Teil über dem von eigenen Truppen besetzten Gebiet fliegen wird. Der Angriff auf das Ziel, den rund 15 Kilometer im Osten der belgischen Stadt Brügge gelegenen Flugplatz Maldegem, erfolgt von der Seeseite her.
Zwei Ju 88 dienen dem JG 1 als Lotsen. Um 7.30 Uhr startet der erste Schwarm vom Platz, der im Osten und Süden von Waldstücken eingesäumt ist. Mit einer Linkskurve überfliegen die Maschinen die Bahnlinie und die schnurgerade Straße von Henglo nach Oldenzaal. Danach nehmen sie Kurs auf die Südspitze der Zuidersee, nur wenig später gefolgt von den Messerschmitt der III. Gruppe aus Rheine, die mit der I./JG 1 Maldegem angreifen werden. Insgesamt etwa 55 Maschinen, angeführt vom Gruppenstab der I. mit Hauptmann Hackbarth in seiner FW 190 A-8.
Allerdings stellt sich der Hinflug längst nicht als so ungefährlich heraus und fordert etliche Verluste, denn die Flugzeugführer der vier Staffeln der I./JG 1 können nicht wissen, daß die deutsche Flak über den Einsatz der Jagdwaffe nur unvollständige Informationen erhalten hat. Bei derart großen Jagdverbänden, die zudem noch im Tiefflug über das Küstengebiet hinwegfegen, kann es sich also nur um gegnerische handeln, so folgern die Männer hinter den Geschützen. Als man den Irrtum erkennt, ist es vielfach schon zu spät.
Unteroffizier Comtesse von der 1. Staffel und Unteroffizier Kilian von der 3. zählen zu den ersten Gefallenen dieses Unternehmens.

Doch die Flak holt südlich von Rotterdam noch eine dritte Maschine herunter, die gelbe »15« der 3. Staffel. Ihr Pilot, Unteroffizier Heinz Böhmer, versucht noch, entlang der Alten Maas nach Osten und damit wieder über eigenes Territorium zu gelangen, doch die Focke-Wulf schlägt bei Strijen, etwa zwölf Kilometer südöstlich von Dordrecht auf. Die Piloten der I. Gruppe können kaum ihre gegen die eigenen Kameraden von der Flak gerichteten Wut verbergen, denn sie erfassen ja die Zusammenhänge nicht. Die Versuchung, die Funkstille zu unterbrechen ist in diesem Augenblick groß. Aber sie wird beibehalten.

Vor den Deutschen jetzt die Nordseeküste nördlich von Den Haag. Das Meer sieht im Morgengrauen bleiern und unfreundlich aus. Nur Minuten darauf befindet sich die Spitzenformation bereits über der Insel Schouwen, und immer noch scheint der Gegner nichts gemerkt zu haben, denn es läßt sich bisher keinerlei Anzeichen von Abwehr erkennen. Trotzdem scheint der gesamte Verband etwas in Unordnung geraten zu sein. Der Verlust von drei Flugzeugführern hat eine gewisse Unruhe verbreitet, doch glücklicherweise verliert keiner der Piloten die Nerven.

Zwischen Blankenberge und Knokke gehen die Focke-Wulf auf Südkurs in Richtung Brügge und von dort aus wieder nach Osten. In der Höhe von Brügge trennen sich fünf Maschinen der 4. Staffel vom Verband und fliegen weiter nach Süden. Oberleutnant Meinhof wird mit dieser winzigen Streitmacht den nur zehn Kilometer von Maldegem entfernten, zwischen den Ortschaften Knesselare und Ursel gelegenen kleinen Flugplatz nach möglicherweise sich lohnenden Zielen absuchen.

Währenddessen setzt der Rest der I. sowie Teile der III. Gruppe zum Angriff auf Maldegem an. Fünf Anflüge sind geplant, aber es fehlt das richtige Konzept. Wie sich später herausstellt, haben im allgemeinen Durcheinander eine ganze Reihe von Maschinen ohne es zu merken sich der inzwischen eingetroffenen II. Gruppe angeschlossen und finden sich plötzlich dann über dem Platz St. Denis-Westrem wieder. Die Messerschmitt der III. Gruppe, welche Maldegem ungehindert erreichen, sehen den Platz in Rauch und Qualm gehüllt. Den Piloten fällt es schwer, Ziele am Boden zu finden, und so bestreichen sie das Flugfeld mit ihren Bordwaffen in der Hoffnung, dabei irgendwas zu treffen. So geschieht es, daß Maldegem nicht die Hauptlast des Angriffs zu spüren bekommt, obwohl es gelingt, elf abgestellte Spitfire der 485. Squadron in Brand zu schießen und zwei weitere schwer zu beschädigen. Damit verbleiben dieser Squadron nur noch fünf einsatzklare Flugzeuge.

Die III./JG 1 wendet sich nach dem Angriff sofort nach Norden, um den Rückflug anzutreten. Zwei Maschinen hat die Gruppe eingebüßt, wobei die Piloten Leutnant Guha und Fahnenjunkerfeldwebel Wichard, in britische Gefangenschaft geraten. Und jetzt sind es nur noch wenige Flugminuten bis die Messerschmitt wieder die eigenen Linien erreichen werden. Aber das Schicksal bestimmt anders. Keiner weiß, ob die Maschine von Feldwebel Wilhelm Kräuter einen Flaktreffer erhalten hat oder ob sie das Opfer eines gegnerischen Jägers wurde. Vielleicht hatte es sie aber auch schon über Maldegem erwischt. Jedenfalls geht die grüne »23« unvermittelt nach unten und zerschellt in der Nähe von Dirksland auf der Insel Overflakkee.

Ob der Abstecher nach Ursel erfolgreich gewesen ist, geht weder aus deutschen noch aus alliierten Quellen hervor. Jedenfalls wird Unteroffizier Fritzsche noch vor dem Ziel von der gegnerischen Flak abgeschossen und gerät so in die Hände der Engländer. Auch Staffelkapitän Oberleutnant Meinhof kehrt nicht nach Twenthe zurück, denn die rote »8«, die er bei diesem Einsatz fliegt, erhält auf dem Rückflug Flaktreffer und stürzt ab. Oberleutnant Meinhof selbst findet man bei Breda tot auf.

Kurz nach 9 Uhr jagen die Focke-Wulf II./JG 1 von Westsüdwesten her auf den Platz St. Denis-Westrem zu. Die 30 Maschinen waren nach dem Start in Drope, nördlich von Rheine, fast genau dem Anflugweg der beiden anderen Gruppen gefolgt. Jetzt setzen sich die einzelnen Staffeln zwischen Leie und Schelde, denn beide Flüsse führen zu dem im Süden der Stadt Gent gelegenen Flugplatz. Es ist lange her, seit die Flamen zum letztenmal deutsche Flugzeuge zu Gesicht bekamen, und sie glauben jetzt zunächst an die Rückkehr mehrerer Spitfire-Squadrons vom Feindflug nach St. Denis-Westrem. Für den Gegner wird der Jägerangriff nicht völlig überraschend kommen, denn die Flugzeugführer des Jagdgeschwaders 1 wissen, daß die weiträumige Kurbelei über dem Raum Maldegem schließlich nicht verborgen geblieben sein konnte.

Auf dem Platz von St. Denis-Westrem liegen drei polnische Einheiten des 131. Wing; alle drei befinden sich am frühen Morgen des 1. Januar 1945 tatsächlich in der Luft. Die 302. Squadron kehrt als erste zurück und landet mit den letzten Benzinreserven – mitten hinein in das

eigene Flakfeuer und den Geschoßhagel aus den deutschen Bordkanonen. Denn im selben Augenblick, als die Spitfire am Boden ausrollen oder sich noch kurz vor dem Aufsetzen befinden, beginnt auch der deutsche Angriff. Eine Spitfire geht durch Flakbeschuß zu Bruch, weitere neun vernichten die angreifenden Maschinen des JG 1. An vielen Stellen auf dem Platz lodern Brände auf.
Zwei deutsche Jäger fallen in unmittelbarer Nähe des Platzes herunter. Die eine ist die Maschine des Kommandeurs der I./JG 1, derjenigen Gruppe, die eigentlich Maldegem zum Ziel hat. Hauptmann Georg Hackbarth, der dreizehnmal im Luftkampf erfolgreich geblieben ist, fällt nun am Neujahrsmorgen 1945 bei Gent. Die zweite Focke-Wulf, die blaue »5« der 2. Staffel, schlägt am Rande der Ortschaft Zwijnaarde auf und schleudert dabei ihren Piloten, den lettischen Kriegsfreiwilligen Harrys Klints heraus. Feldwebel Klints, der mit fünf anderen Offizieren der »Lettischen Armee Jagdflieger« im Oktober 1944 auf verschiedene Jagdeinheiten der Luftwaffe verteilt wurde, und Ende Dezember noch der einzige lettische Freiwillige im Einsatz war, fand erst ein paar Jahre nach diesem Einsatz seine letzte Ruhestätte auf dem Soldatenfriedhof von Lommel.
Gleich zu Beginn der Tiefangriffe auf St. Denis-Westrem hat der Gegner die anderen beiden Staffeln sofort zurückbeordert, so daß nur ein paar Minuten nach den im Bordwaffenfeuer der Deutschen gelandeten Spitfire nun auch die 308. Squadron sich vom Nordosten her wieder dem Platz nähert. Etwa 20 Kilometer sind die polnischen Piloten noch von Gent entfernt, als sie über Kokeren die ersten Focke-Wulf erblicken, von denen vier im Luftkampf bezwungen werden. Unter den abgeschossenen Flugzeugführern befinden sich zwei von der 5. Staffel: Unteroffizier Ardner, den die Engländer nach geglücktem Fallschirmabsprung gefangennehmen, Leutnant v. Johannides, der in diesem Gefecht fällt sowie ein dritter Pilot, der Feldwebel Paul Mayr von der 8. Staffel, der ebenfalls ums Leben kommt.
Als die Spitfire ihren in Rauch gehüllten Einsatzhorst erreichen, fliegt das JG 1 gerade einen neuen Tiefangriff. Sechs auf dem Platz abgestellte Jagdmaschinen der 317. Squadron gehen in Flammen auf. Feldwebel Fritz Hofmann von der 3. Staffel erwischt noch eine am Rand des Feldes stehende viermotorige Maschine – und wird fast im gleichen Augenblick von der leichten Flugplatzflak getroffen. Der Einsatz endet für ihn mit dem Weg in die Gefangenschaft.
Da aber die eigenen Kameraden den Absturz von Feldwebel Hof-

159

mann nicht verfolgen konnten, gilt dieser zunächst als vermißt. Für weitere Angriffe bleibt den deutschen Jägern keine Zeit mehr, denn sie werden jetzt gezwungen sich die vielen Spitfire vom Hals zu halten, die langsam die Oberhand gewonnen haben. Ein fürchterlicher Luftkampf tobt auf einmal über Gent und den weiten Ebenen Ostflanderns.

»Ich muß aussteigen!« ertönt plötzlich eine laute Stimme im FT, so daß die Flugzeugführer in den Focke-Wulf erschrocken zusammenfahren läßt. Wer nicht gerade Luftkampf hat, versucht die vermeintlich abstürzende Maschine entdecken zu können. Keiner weiß so recht, wie er sich verhalten soll. Und besteht eigentlich die Funkstille noch? Die Ereignisse der letzten Viertelstunde dürften eine solche Maßnahme längst überflüssig gemacht haben. Aus wessen Mund aber dieser verzweifelte Notruf kommt, und ob der betreffende Pilot überhaupt noch in der Lage ist seine Maschine zu verlassen, weiß kein Mensch. Nur, daß die Zahl der abstürzenden deutschen Flugzeuge ständig wächst. Allein die 5. Staffel von Leutnant Swoboda ist durch den Verlust von fünf Piloten um die Hälfte reduziert.

Die beiden polnischen Spitfire-Piloten Stanowski und Breyner von der 308. Squadron holen je zwei Focke-Wulf herunter, während Flight-Lt. Chojnacki nach Vernichtung einer weiteren FW-190 selbst tödlich abgeschossen wird. In einem anderen Duell über Gent unterliegt eine Focke-Wulf, deren taktisches Zeichen man im turbulenten Verlauf des Luftkampfes nicht erkennen kann, und stürzt in den Lagerhafen an der Schelde.

Endlich geht auch dieser Einsatz zu Ende. Ein Unternehmen, welches das Jagdgeschwader »Oesau« 24 Flugzeugführer kostet. Sechs davon befinden sich in den Händen der Alliierten, vier weitere Schicksale sind heute noch ungeklärt. Der Gegner registriert im weiten Raum um Gent 19 deutsche Flugzeugwracks. Liegen die gegnerischen Materialverluste auch über denen des JG 1 – insgesamt 32 zerstörte Spitfire, davon 18 auf St. Denis-Westrem – so bleiben seine Personaleinbußen mehr als gering. Nur je ein Pilot der 308. und 317. Squadron fallen im Luftkampf.

Oberst Ihlefeld, der Kommodore des Jagdgeschwaders 1 aber zeigt seine Verbitterung. Auch ihm war es nicht schwergefallen vorauszusehen, wie ein solcher Verzweiflungseinsatz ausgehen muß. Und es läßt sich erkennen, daß mangelhafter Flugzeugführernachwuchs sowie überstürzte Einsatzvorbereitungen Gründe sind, warum auch hier

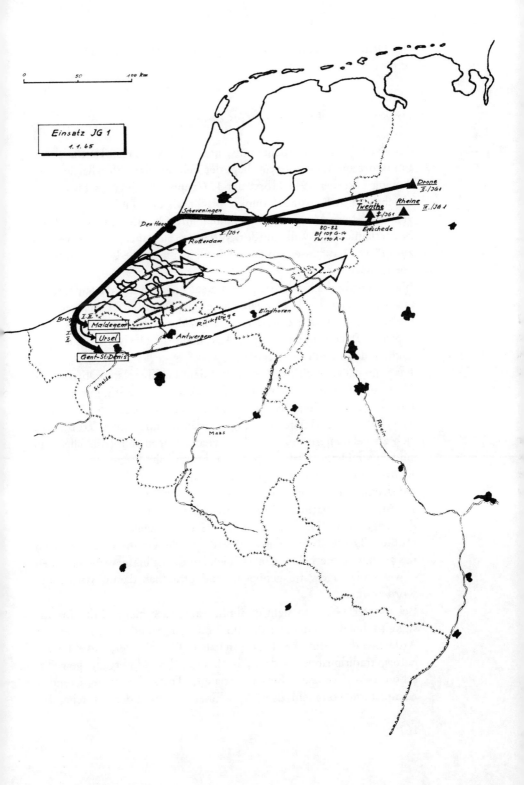

ein Drittel des zum Unternehmen »Bodenplatte« gestarteten Geschwaders verheizt wurde.

Untergang des »Richthofen«-Geschwaders

Am Nordhang des Hochtaunus, keine 30 Kilometer Luftlinie von Frankfurt am Main entfernt, liegt der Feldflugplatz Merzhausen, seit Anfang Oktober 1944 Horst der I. Gruppe des Jagdgeschwaders 2 »Richthofen«. Es ist noch dunkle Nacht, als die Flugzeugführer aller vier Staffel am Morgen des 1. Januar ihre Quartiere in Altweilnau, Niederlauken und Wilhelmsdorf verlassen. Sie haben es nicht weit bis zum Platz Merzhausen, an dessen Südseite die Straße Usingen-Idstein vorbeiführt.
Nur kurz war die Einsatzbesprechung ausgefallen. Da die Staffelkapitäne selbst erst in den Morgenstunden das Angriffsziel erfahren hatten, bleibt nur wenig Zeit, den rund 30 Piloten der Gruppe das Konzept der Operation darzulegen. Also heißt die Devise: »Einfach mir nach, und immer dranbleiben!«
Langsam nähern sich die Wagen jetzt dem Feldflugplatz. Obenauf die Flugzeugführer in den schwarzen Lederkombis. Die Stimmung ist geteilt, die einen schimpfen noch immer auf die wegen des Einsatzes ausgefallene Neujahrsfeier – einige haben dennoch einen Tropfen zu sich zu nehmen gewußt – andere wieder zeigen sich fröhlicher und sind guter Dinge. Daß auch dieser Einsatz ihr ganzes fliegerisches Können abverlangen wird, ahnen sie nur insofern, da sie wissen, daß jeder einzelne der in den vergangenen Wochen durchgestandenen Einsätze zur erbarmungslosen Luftschlacht ausartete, in der sie vor der ungeheuren Überlegenheit des Gegners schließlich resignieren mußten. Doch »Bodenplatte« übertrifft alle Vorahnungen, obwohl das gesamte Unternehmen tatsächlich ein Erfolg hätte werden können – wenn die Jagdwaffe genügend und gründlich darauf vorbereitet worden wäre.
Bei anderen Gruppen sieht es ähnlich aus, auch hier soll die Sorglosigkeit schnell weichen, als das JG 2 nur eine Stunde später über den Ardennen die Front überfliegt. Ein ganzes Geschwader, und ein namhaftes, traditionsreiches dazu, ist bereits dem Untergang geweiht, schon bevor es zum Einsatz gelangt. Trotz der imponierenden Kampfstärke von mehr als 90 Maschinen und trotz der Tatsache, daß

zwei Gruppen, die I. und III./JG 2, mit der Focke-Wulf FW 190 D-9 ausgerüstet sind, darunter zum Teil werkneue Maschinen, die noch nicht einmal ihre taktischen Zeichen tragen.
Hauptmann Hrdlicka öffnet den am Abend des 31. Dezember erhaltenen Umschlag wie befohlen erst vor Einsatzbeginn. Er enthält die bis dahin geheimbleibenden Angriffsdaten für das Jagdgeschwader »Richthofen«:
»Start 8 Uhr. Sammeln über Planquadrat ›Paula-Quelle 4 und 5‹. Anschluß II. und III. Gruppe abwarten. Angriffsziel: Flugplatz St. Trond/Belgien. Angriff erfolgt gemeinsam mit Schlachtgeschwader 4 (Oberst Druschel).«
Leise surren die Schwungkraftanlasser. Die Warte sind zurückgetreten, und dann springen die 1770 PS starken Jumo-Triebwerke an, werden abgebremst und erneut auf Touren gebracht. Wenig später rollen die Maschinen die Ringstraße entlang. Im Morgengrauen startet die I. Gruppe, aufgewirbelte Schneewolken hinter sich lassend vom Platz, der so weiträumig angelegt ist, daß der ihn umgebende Wald den Flugbetrieb nicht beeinträchtigt. Die »Langnasen« starten nach Süden heraus, gehen sofort auf Westkurs und lassen linkerhand den Großen Feldberg hinter sich zurück. Über Camberg nimmt die Gruppe Kurs auf Koblenz, dem vereinbarten Sammelpunkt.
Vom Platz Nidda, der sich von Südwest nach Nordost entlang des Flüßchens gleichen Namens erstreckt, heben zur selben Zeit die Messerschmitt der II./JG 2 unter der Führung von Hauptmann Schröder ab, während das restliche Geschwader in Ettingshausen und Altenstadt startet. Der gesamte zwischen Gießen und Frankfurt am Main stehende Verband wendet sich nach Westen, um der I. Gruppe zu folgen. Damit hat für das Jagdgeschwader 2 das Unternehmen »Bodenplatte« begonnen.
Zehn Minuten später erreichen die aus Richtung Wetzlar und Weilburg anfliegenden Staffeln der III. Gruppe den Westerwald – als plötzlich aus der Motorabdeckung der von Unteroffizier Altpeter geflogenen D-9 dunkler Rauch herausquillt und dem Piloten die Sicht nimmt. Sekunden darauf – die anderen Kameraden haben das Unglück gar nicht so schnell bemerken können – steht das Triebwerk in Flammen. Man will dem Flugzeugführer zurufen und zum Aussteigen auffordern, doch das würde die einzuhaltende Funkstille gefährden. Unteroffizier Fritz Altpeter von der 11./JG 2 springt nicht ab. Er stürzt mit seiner gelben »4« in der Nähe von Dierdorf in die Tiefe und

findet dabei den Tod. Der erste Gefallene des JG 2 am 1. Januar 1945. Nach Sammeln über dem Rhein/Mosel-Dreieck fliegen die Formationen weitgestaffelt mit leichtem Westnordwest-Kurs auf die Schnee-Eifel zu, um von dort aus dann nach Nordwesten auf die Maas-Linie vorzudringen. Zwischen Aachen und Lüttich wird ein weiterer, aus Teilen des Schlachtgeschwaders 4 gebildeter Verband zu ihnen stoßen, den der Schwertertäger Oberst Alfred Druschel von den Flugplätzen um Köln-Bonn heranführt.

Druschel startet mit den Focke-Wulf F-8* der III./SG 4 in Köln-Wahn und nimmt zwischen Düren und Zülpich Kurs auf Aachen, die erste von alliierten Truppen eroberte deutsche Stadt. Noch vor dem Zusammentreffen mit den Maschinen des »Richthofen«-Geschwaders geraten die Schlachtflugzeuge unter Beschuß leichter und schwerer Flak, dem vier Flugzeugführer des SG 4 zum Opfer fallen. Nur einer davon, der Oberfeldwebel Schmieder hat das Glück, mit dem Leben davonzukommen. Schmieder meldet sich später aus amerikanischer Kriegsgefangenschaft. Feldwebel Rudolf Fye fällt, Feldwebel Richard Heinz bleibt verschollen. Die vierte Maschine aber ist die F-8 von Oberst Druschel. Man weiß nur noch, daß der Oberst Treffer erhalten hat und irgendwo im Raum südlich von Aachen zu Boden gegangen sein muß. Das Schicksal des in Wiesbaden geborenen Kommodore des SG 4 bleibt ungewiß. Druschel ist auch heute noch als Suchfall registriert, und es ist deshalb mehr als seltsam, wieso Artikelschreiber der vor etwa drei Jahren in einer deutschen Illustrierten erschienenen Serie ›So war der Zweite Weltkrieg wirklich‹ berichten konnten, daß »der Träger des Eichenlaubes mit Schwertern, Major Druschel, am 2. Januar 1945 etwa 40 Meter neben den Trümmern seiner Maschine tot aufgefunden wurde«.

Heftiges Flakfeuer auch beim Eindringen des Jagdgeschwaders 2 in den Frontraum, so daß hier ebenfalls Verluste auftreten. Dabei wird Unteroffizier Dost tödlich abgeschossen, während Unteroffizier Breitweg in Gefangenschaft gerät. Von der 4. Staffel, die heute die Hälfte ihrer Flugzeugführer einbüßt, fällt Unteroffizier Optenhostert durch Flakbeschuß, aber seine Staffelkameraden Unteroffizier Wilkens sowie der zunächst als vermißt gemeldete Feldwebel Hohenberg geraten in die Hände des Gegners.

Unterdessen erreichen die ersten Schwärme des Geschwaders ihr An-

---

* Die Focke-Wulf FW 190 F-8 war wie alle Muster der F-Serie ein ausgesprochenes Schlachtflugzeug und äußerlich zu erkennen an den unter beiden Flächen angebrachten Bombenträgern

griffsziel. St. Trond ist den Deutschen kein unbekannter Platz, auf ihm haben innerhalb der letzten Jahre abwechselnd die II. und IV. Gruppe des Nachtjagdgeschwaders 1 und die I. Gruppe des Nachtjagdgeschwaders 3 gelegen. Noch Anfang Oktober 1944 war der erfolgreiche Major Schnaufer, von den Engländern das »Nachtgespenst von St. Trond« genannt, von hier aus mit seiner IV./NJG 1 zu Abwehreinsätzen gegen Einflüge des RAF Bomber Commands gestartet. Der Platz, die Hallen, das Camouflage sind geblieben. Gewechselt haben nur die Besitzer und somit auch die Bezeichnungen. Aus der Tarnnummer 309 wird der Code A-92. Und jetzt stehen lange Reihen Thunderbolt zweier amerikanischer Jagdeinheiten auf diesem Platz, Jagdmaschinen der 48. und der 404. Fighter Group der 9. US-Air Force.

Als die deutschen Jäger zum Tiefangriff ansetzen, überschüttet sie die Platzflak mit einem mörderischen Feuer. Der Gegner war bereits durch Piloten, die sich gerade auf Feindflug befanden, per Funk von dem Einflug starker deutscher Jagdkräfte vorgewarnt worden. Damit nimmt das Verhängnis seinen Fortgang. Fast jede Staffel erleidet Ausfälle, und von vielen Flugzeugführern verliert sich die Spur nach dem Angriff auf St. Trond für immer. So fehlt die blaue »1« mit Unteroffizier Adolf Redlich von der 12. Staffel, dann die Messerschmitt mit Unteroffizier Bollwerk von der 5./JG 2. Aus dem Gruppenstab gerät der Leutnant Werner Edelhoff bei St. Trond in Gefangenschaft. Die II. Gruppe kommt mit zwei Gefallenen noch einigermaßen ungeschoren davon, aber sie kehrt ohne ihren Kommandeur zurück. Hauptmann Georg Schröder wird nach Absturz gefangengenommen, was für das Geschwader natürlich einen schwerwiegenden Verlust bedeutet. Gute Verbandsführer sind rar geworden in der Jagdwaffe.

Dennoch bleiben die deutschen Piloten nicht ohne Erfolg, wenngleich die auf dem Platz in Brand geschossenen und vernichteten Jagdflugzeuge der Amerikaner nur einen geringen Prozentsatz des Flugzeugbestandes auf St. Trond ausmachen. Und noch steht der Rückflug bevor, der das JG 2 in großem Bogen nach Norden und schließlich etwa im Raum Venlo wieder auf deutsches Gebiet führen soll.

So kehren die Maschinen nach Osten zurück. Dabei verliert die 10. Staffel ihren sechsten Piloten: Leutnant Christfried Clemens kommt mit seiner Focke-Wulf D-9 bei Mierlo, südlich von Helmond herunter, und damit sind zwei Staffeln des Geschwaders um die Hälfte dezimiert worden, die 4. und die 10./JG 2. Als der 1. Januar 1945 zu Ende geht, hat eines der kampferprobten und erfolgreichsten Geschwader der deutschen Jagdwaffe ihren Todesstoß erhalten. Der Gesamtverlust beträgt rund 40 Prozent der am Einsatz beteiligt gewesenen Streitmacht: 23 gefallene oder vermißte, zehn in Gefangenschaft geratene und vier verwundete Flugzeugführer.

Erst einen halben Monat später wird das Jagdgeschwader »Richthofen« wieder einen größeren Abwehreinsatz durchführen können.

Der erfolgreichste Einsatz / Eindhoven

Auf dem Platz Störmede steht eine startklare FW 190 A-9, die den Kommodore des Jagdgeschwaders 3 »Udet«, Oberstleutnant Bär, zur I. Gruppe nach Paderborn bringen soll. Für den kampferprobten Verbandsführer ist Störmede kein unbekannter Ort, denn bevor er mit dem Stab des JG 3 Ende November 1944 von Erfurt-Bindersleben hierher verlegte, diente ihm dieser Platz schon einmal als Einsatzhorst. Am 22. April 1944 konnte Bär, damals bei der II./JG 1, von hier aus seinen 200. Gegner, eine Liberator besiegen. Inzwischen hat der Kampf in der Luft einen so hohen Blutzoll gefordert, daß als einziger Ausweg jetzt ein Unternehmen durchgeführt werden soll mit dem Ziel, große Teile der gegnerischen Jagdstreitkräfte am Boden zu vernichten, um dadurch die »Gefahr Nr. 1« für alle Jagdflieger der Reichsluftverteidigung zu vermindern. Aus diesem Grund ist Oberstleutnant Bär und gleichzeitig auch die Geschwaderkommodores der anderen Jagdverbände im Begriff, den kommenden Einsatz mit den Gruppenkommandeuren vorzubereiten, damit diese danach die Flugzeugführer ihrer Gruppen instruieren.

Am späten Nachmittag oder in den Abendstunden des 31. Dezember 1944 erfolgt die Einsatzbesprechung, in der die Flugzeugführer des Geschwaders zum erstenmal etwas über das Unternehmen »Bodenplatte« hören, allerdings erfahren sie aus Geheimhaltungsgründen noch keine Einzelheiten. Bei der I. Gruppe in Paderborn erklärt Oberleutnant Seidel, der die Gruppe vertretungsweise führt, seinen rund 30 Piloten den Operationsverlauf. Das geschieht bei der III. Gruppe von Hauptmann Langer sowie bei der IV., der ehemaligen Sturmgruppe, die zu diesem Zeitpunkt der Kapitän der 16. Staffel, Leutnant Müller, in Vertretung übernommen hat.

MORGENPOST

Vereinigt während des Krieges mit Berliner Lokal-Anzeiger

Mittwoch, 3. Januar 1945

Angriff gegen die Flugplätze im belgisch-holländischen Raum

Großer Erfolg unserer Jagdflieger

Heftigkeit der Kämpfe im Raum von Bastogne nahm weiter zu — Geländegewinn an der und in Lothringen — Stärkere sowjetische Angriffe im ungarischen Kampfraum abgewiesen

Schicksalswende

Goldenes Eichenlaub mit Schwertern und Brillanten

Ausschnitt aus einer deutschen Tageszeitung vom 3. Januar 1945. Die Schlagzeilen haben sich auch jetzt noch nicht geändert, und daß dieser Einsatz zu einem Verlust von mehr als 200 Piloten geführt hat, bleibt natürlich verschwiegen.

| Fw. Bachhuber | Oblt. Bartels | Ogfr. Büttner | Lt. Doppler | Ogfr. Dwor. |
| 15/JG 54 | 3./JG 77 | 3./JG 2 | I/JG 11 | 3./JG 2 |

| Uffz. Gattner | Ofw. Giese | Lt. Holick | Fw. Jaschek | Ofw. Jung |
| 10./JG 11 | 10./JG 11 | 5./JG 1 | 15./JG 53 | 5./JG 6 |

| Uffz. Katzer | Fhr. Leese | Lt. Ratzlaff | Fhr. Rosenberger | Uffz. Richte |
| 4./JG 2 | 14./JG 53 | 12./JG 54 | 15./JG 53 | II./JG 4 |

| Oberstlt. Specht | Fw. Tanck | Oblt. Graf. v. Treuberg | Fhr. Wiethoff | Major Vowinc |
| Kdre JG11 | II./JG 77 | 12./JG 3 | 3./JG 11 | III./JG 11 |

Vermißt am 1. Januar 1945. Nur zwanzig der im Unternehmen »Bodenplatte« gefallenen oder verschollenen Flugzeugführer der Jagdwaffe, stellvertretend für die gesamten Opfer dieses Neujahrseinsatzes.

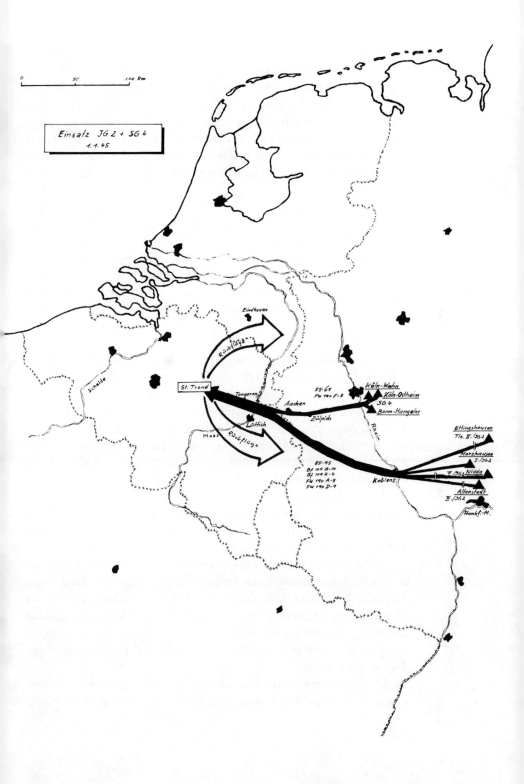

Ausgehsperre und Alkoholverbot schließen sich auch beim Jagdgeschwader 3 der Einsatzbesprechung an, zudem müssen sich die Piloten früh zur Ruhe begeben. Auf den Plätzen aber geht das Treiben weiter. Das Heer der Warte arbeitet ununterbrochen, um die schlanken Messerschmitt oder die wuchtigen Focke-Wulf für den morgigen Großeinsatz vorzubereiten. In diesem Zusammenhang müssen, wie vom Luftflottenstab befohlen, aus Sicherheitsgründen aus sämtlichen Maschinen die Freund-Feind-Kennungsgeräte FuG 25 entfernt werden.

Es ist noch stockdunkel, als das Signal zum Wecken ertönt. Gegen 7 Uhr erfolgt eine weitere Einsatzbesprechung, in der die Flugzeugführer nun die letzten Instruktionen erhalten. Auch das Kartenmaterial mit eingezeichneten Kursänderungen und Wendepunkten bekommen sie erst in diesem Augenblick in die Hand. Und erst jetzt auch erfahren sie das eigentliche Ziel: »... ist der Flugplatz westlich von Eindhoven. Der Platz wimmelt von Spitfire. Deshalb Vorsicht vor Spitfire, die sich eventuell schon in der Luft und über dem Angriffsraum befinden!«

Eine Stunde später ist es soweit. Um 8.30 Uhr startet Oberstleutnant Bär mit dem Geschwaderstab und der I./JG 3 vom Platz Paderborn. Um die gleiche Zeit heben 15 Messerschmitt der 10., 11. und 12. Staffel in Lippspringe ab, und in Gütersloh jagt Leutnant Müller mit dem Führungsschwarm über die Startpiste, gefolgt von sechs weiteren Schwärmen der IV. Gruppe. »Sammeln über Planquadrat Konrad-Richard Zwo, Drei, fünef und sechs!« lautete der Befehl noch vor dem Start, denn sobald die Männer die Flugzeuge bestiegen haben, ist absolute Funkstille vorgeschrieben.

Über Lippstadt formiert sich das Geschwader und wendet sich im Tiefstflug nach Westen. Die Maschinen fliegen dabei in Höhen zwischen 20 und 50 Metern. Der Kurs ist festgelegt, eine als Lotse dienende Ju 88 wird das JG 3 über den Rhein nach Holland einschleußen. Eine ungewohnte Ruhe umgibt die Jagdflieger in ihren engen Kabinen. Kein Laut, kein Befehl. Noch ist der Nebenmann nur als Silhouette zu erkennen, aber ihn neben sich zu sehen, tut gut, denn der jetzige Einsatzflug ist kein gewöhnlicher, das spüren sie alle. Und auch die alten Hasen unter den Jagdfliegern sind von einer gewissen Nervosität befallen.

In langgestreckter Formation überfliegen die Maschinen – immer etwa 200 Meter Abstand zwischen den einzelnen Staffeln – am Nord-

rand des Ruhrgebietes entlang, passieren Dorsten als ersten Markierungspunkt und dringen etwa 25 Kilometer nördlich von Venlo in holländisches Gebiet ein. Flugzeit bis zum Ziel noch rund 20 Minuten. Unter den deutschen Maschinen jetzt die flache Ebene Brabants mit der Stadt Helmond im Süden. Über der Sonse-Heide schwenkt der Verband nach Süden, umfliegt in einem weiten Bogen Eindhoven, um den zwischen der Straße Eindhoven-Tilburg und der Ortschaft Zeelst gelegenen Flugplatz von Südwesten her angreifen zu können. Nach einigen von den Engländern erbeuteten Flugkarten muß sich ein kleiner Teil des Geschwaders vor dem Angriff auf Eindhoven vom Hauptverband gelöst haben, und in westlicher Richtung weitergeflogen sein, um den Flugplatz Gilze-Rijen zu überraschen. Leider ist nicht bekannt, um welche Einheit des JG 3 es sich dabei handelt. Da auch das JG 27 mit wenigen Maschinen denselben Platz anfliegt, ist es unmöglich, die von den Briten gemeldeten Abschüsse über Gilze-Rijen zuzuordnen. Allein die Platzflak schießt dort fünf Flugzeuge ab, darunter eine Me 262, die möglicherweise dem KG(J) 51 angehört haben mag, obwohl am 1. Januar 1945 kein Verlust vermerkt ist.
Endlich wird der Gegner den ungewöhnlich starken Jägereinflug gewahr. In den Flakstellungen hasten die Kanoniere an die Geschütze, um zu versuchen die deutschen Formationen durch intensives Abwehrfeuer auseinanderzusprengen. Das JG 3 verliert auf diese Weise schon im Anflug auf das Ziel eine Reihe von Maschinen, deren Piloten zum Teil in Gefangenschaft geraten. Als einer der ersten fällt Oberfähnrich Uwe Naumann mit seiner gelben »1« der 11. Staffel.
Inzwischen ist auch der Platz Eindhoven gewarnt, doch schon zu spät, um geeignetere Gegenmaßnahmen ergreifen zu können. Auf dem Platz befinden sich am 1. Januar 1945 folgende Jägereinheiten:

        137. Typhoon-Squadron
        168. Typhoon-Squadron
        181. Typhoon-Squadron
        182. Typhoon-Squadron
        247. Typhoon-Squadron
        400. Spitfire-Squadron
        414. Spitfire-Squadron
        430. Spitfire-Squadron
        438. Typhoon-Squadron
        439. Typhoon-Squadron
        440. Typhoon-Squadron

Zwei Typhoon-Einheiten sind schon am frühen Morgen gestartet, die eine zur Wettererkundung und die andere zu einem bewaffneten Aufklärungsflug. Eine weitere Formation ist gerade im Begriff zu starten und die Typhoon mit Flight-Lt. Gibbons hebt soeben von der Piste ab, als das Unheil über Eindhoven hereinbricht. Gibbons wird, nachdem es ihm noch gelingt, eine Focke-Wulf zum Absturz zu bringen, anschließend über dem Platz von drei Bf 109 abgeschossen. Der Pilot der vernichteten deutschen Maschine muß Feldwebel Leipholz von der 14. Staffel gewesen sein.

9.10 Uhr. Weitere Jagdflugzeuge des Gegners versuchen herauszustarten, doch jetzt befinden sich etwa 50 deutsche Jäger über ihnen, so daß die erste Typhoon-Rotte praktisch noch am Boden vernichtet wird. Es sind die Maschinen von Flight-Lt. Wilson und Flight-Sgt. Burrows. Die Überraschung muß groß sein, aber schon nach den ersten Tiefflügen schlägt den Angreifern ein gezieltes Abwehrfeuer der Platzflak entgegen, so daß an einen Formationsangriff nicht mehr zu denken ist. Dennoch können die deutschen Piloten das Überraschungsmoment ausnutzen und ihre Chance wahrnehmen: Die in Reihen abgestellten Typhoon und Spitfire bieten ein so prächtiges Ziel, daß kaum einer der Bordwaffenangriffe mißlingt. Unter den erneut einkurvenden Maschinen auch die A-9 des Kommodore Bär, der jetzt zwei Typhoon in Brand schießt und damit seinen 204. Abschuß tätigt. Überall auf dem Platz lodern Brände auf. Beim zweiten Angriff auf einige am Rande des Feldes stehenden Mitchell-Bomber trifft einer der Piloten von der I. Gruppe einen Tankwagen, der daraufhin mit orangefarbigem Explosionspilz in die Luft fliegt.

Auch die Spitfire-Einheiten haben Verluste. Von der 400. Squadron gehen fünf Maschinen in Flammen auf, davon eine durch den Absturz eines deutschen Jägers, und vier weitere sind schwer beschädigt. Am schwersten trifft es jedoch die Typhoon-Verbände. Nur zwei Maschinen der 438. Squadron weisen keine Treffer auf, während die 440. Squadron nach dem Angriff überhaupt nur noch über zwei Flugzeuge verfügt – beide schwer beschädigt. Und von den vier Squadrons des 124. Wing bleiben noch 24 Maschinen übrig. Die 2. Tactical Air Force der Alliierten büßt neben einer großen Anzahl von Spitfire somit eine vollständige Typhoon-Gruppe ein.

Währenddessen sind die zum Morgeneinsatz gestarteten gegnerischen Jäger wieder zurück und greifen sofort in den Kampf ein. Squadron-Leader Wonnacott sieht, wie gerade etwa 20 deutsche Jagdmaschinen

über Eindhoven hinwegziehen und schießt zwei Messerschmitt ab. Die 10./JG 3 hat bereits bei Helmond ihren Führer, Leutnant Hans-Ulrich Jung durch Flackabschuß verloren, und nun geht auch die gelbe »6« des Kapitäns der 12., Oberleutnant Graf von Treuberg irgendwo brennend in die Tiefe, doch der Pilot ist immer noch überfällig. Nachdem Oberfeldwebel Hameister eine Spitfire buchstäblich hinter dem Leitwerk einer anderen, vom Gegner zu Boden geschickten Messerschmitt wegschießen kann, hängt ein zweiter Gegner hinter ihm und nimmt ihn unter Beschuß. Die grüne »7« des Oberfeldwebels, der heute zu seinem ersten Einsatz mit dem JG 3 gestartet ist, fängt Feuer, so daß Hameister eine Notlandung vornehmen muß. Erst am nächsten Morgen wird er von englischen Soldaten gefangengenommen.
Nach über zwanzig Minuten Angriffsdauer fliegen die letzten deutschen Maschinen in Richtung Osten davon. Auf Eindhoven bleibt ein Trümmerhaufen zurück. Brennende Flugzeugwracks, ausgeglühte Fahrzeuge aller Art, Blech, Schrott!
Doch für die Flugzeugführer des JG 3 beginnt ein langer, gefährlicher Rückflug. Westlich von Helmond treffen die von der Wettererkundung zurückkehrenden vier Typhoon der 439. Squadron sowie zwei Spitfire auf die abfliegende 15. Staffel, und aus dieser Begegnung entwickelt sich ein etwa fünf Minuten andauernder Luftkampf, dem einige Focke-Wulf zum Opfer fallen. Unteroffizier Gerhard Schmidt, der die gelbe »12« fliegt, und auf dem Platz Eindhoven schon zwei Spitfire vernichtet hat, schießt jetzt die Typhoon mit Flight-Lt. Angelin ab, erhält aber kurz darauf selbst so schwere Treffer, die ihn zur Notlandung zwingen. Wenig später gerät der Unteroffizier in Gefangenschaft.
Nicht alle Maschinen kehren auf ihren eigenen Einsatzhorst zurück, sondern müssen wegen Trefferschäden oder aus Spritmangel auf anderen Plätzen landen. Flak und Luftkämpfe haben die Formationen auseinandergerissen; einzeln, rottenweise oder in kleinen Verbänden versuchen die Jagdflieger, sich auf dem kürzesten Weg nach Osten durchzuschlagen, und obwohl Funkstille eigentlich bis zur Landung aufrechterhalten bleiben soll, hört man hier und dort Notrufe oder kurze Meldungen durch den Äther dringen. Auch Unteroffizier Grell ist mit seiner gelben »12« nach dem Angriff ganz erheblich nach Süden, bis in den Raum Köln abgekommen und sieht sich plötzlich mehreren Feindjägern gegenüber, die die einzelne Focke-Wulf der 15./JG 3 bei Siegburg brennend zu Boden schicken. Grell fällt dabei.

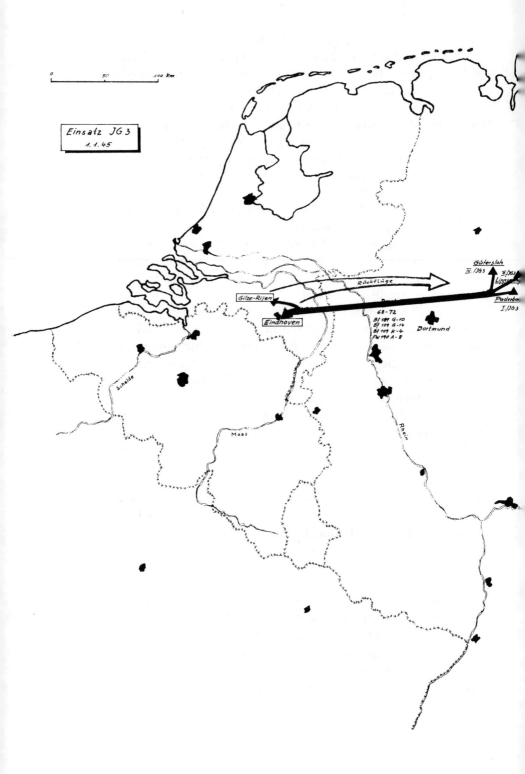

Im gesamten gesehen zählt der Angriff auf den Platz Eindhoven zu dem erfolgreichsten des ganzen Unternehmens »Bodenplatte«, wenngleich die Verluste des Jagdgeschwaders Udet mit zehn gefallenen oder vermißten sowie sechs gefangenen Flugzeugführern immerhin rund 22 Prozent der zum Einsatz gelangten Kräfte des JG 3 betragen. Auf Eindhoven büßt die 2. Tactical Air Force der Alliierten eine komplette kanadische Typhoon-Gruppe sowie eine erhebliche Anzahl von Spitfire ein. 25 Piloten fallen in diesem Einsatz. Von den deutschen Flugzeugführern bleiben außer Graf von Treuberg noch die Unteroffiziere Horst Schöne von der 3. und Alois Schmidt von der 16. Staffel vermißt.

Ein kompletter Fehlschlag

In Babenhausen, Einsatzhafen der II./JG 4, erfolgt die Lagebesprechung für das »Bodenplatte«-Unternehmen im Gegensatz zu vielen anderen Einheiten verhältnismäßig früh. Noch vor 18 Uhr am 31. Dezember läßt Major Schröder die Männer seiner Gruppe versammeln, um ihnen die Marschrichtung für den morgigen Einsatz zu erläutern. Zu diesem Zweck hat man auch Oberleutnant Siller und die Handvoll Piloten seiner 6. Staffel mit einem LKW von Darmstadt-Griesheim herübergeholt, wo sie nach dem vorangegangenen Einsatzflug zusammen mit der I. Gruppe gelandet waren. Jetzt auch hat endlich das Rätselraten wegen der in Babenhausen gelandeten Ju 88 ein Ende. Der zweimotorige Nachtjäger – Kommentar eines Jagdfliegers: »Was will denn der hier?« – steht seit ein paar Stunden auf dem Platz und läßt die gepanzerten Focke-Wulf an sich vorbeistarten oder – landen. Seine Besatzung staunt über die ihr unbekannte Markierung an diesen Maschinen, denn die FW 190 A-8 der ehemaligen Sturmgruppe des JG 4 tragen alle das schwarz-weiß-schwarze Rumpfband der Reichsverteidigung.
Stab und IV./JG 4 liegen mit etwa 40 Messerschmitt auf dem ehemaligen Luftschiffhafen Rhein-Main, dessen riesige Hallen schon zu Beginn des Frankreichfeldzuges gesprengt worden sind, um das Gelände für Einheiten der Luftwaffe zu erweitern. Am Morgen des 1. Januar ist nur die Hälfte der Maschinen einsatzbereit, obwohl die Warte die ganze Nacht hindurch an den Bf 109 gearbeitet haben. Aus den Quartieren in Sprendlingen treffen jetzt nach und nach die Flugzeug-

führer auf dem Platz ein und erhalten durch den Kommodore des JG 4, Major Michalski, die letzten Instruktionen. Auf den in der Einsatzbesprechung ausgewerteten Luftbildern erkennen die Männer einen relativ großen Flugplatz, der mit schätzungsweise etwa einhundert amerikanischen Thunderbolt belegt ist, dazu einzelne viermotorige sowie mehrere zweimotorige Maschinen. »Unser Auftrag lautet: Tiefangriff auf feindlichen Flugplatz Le Culot. Das Geschwader sammelt über Bingen!«

Etwa die gleiche Situation in Darmstadt-Griesheim bei der I. Gruppe von Major Steinmann, die mit etwa zehn Maschinen an »Bodenplatte« teilnehmen wird. Damit steht das Jagdgeschwader 4 bereit, um den Auftrag »Hermann«, das heißt den Angriff auf Le Culot durchzuführen. Aus auch heute noch nicht erkennbaren Gründen schlägt diese Operation jedoch völlig fehl, und es kann sich, ähnlich wie beim Jagdgeschwader 6, eigentlich nur um einen Navigationsfehler handeln, daß Le Culot selbst vom Angriff verschont bleibt und die Maschinen des JG 4 über ganz anderen Räumen auftauchen. Doch noch ist es nicht so weit.

Im ersten Morgengrauen senken sich die Startflaggen. Die Lotsenmaschinen, schon in der Luft, haben Positionslampen gesetzt, damit die startenden Verbände sich zurechtfinden. Gegen 8 Uhr sammelt die II. Gruppe über Babenhausen und wartet auf die Focke-Wulf der 6. Staffel, doch diese sind bereits mit der I./JG 4 unterwegs und werden erst bei Bingen, dem Versammlungsraum des Geschwaders zur II. Gruppe stoßen. Bei der Staffel von Oberleutnant Niese, der 7./JG 4, hat es bereits einen Ausfall gegeben, als die gelbe »14« kurz nach dem Start abstürzt. Unteroffizier Walter Hübner wird verletzt und stirbt zwölf Tage später an den Folgen dieses Unglücks.

Von Bingen aus fliegt das Jagdgeschwader 4 unter der Führung seines Kommodore über die Höhen des Hunsrück hinweg und erreicht nach knapp zehn Minuten den ersten in den Karten der Piloten eingezeichneten Wendepunkt bei Bullay an der Mosel. Weiter geht es in Richtung des Eifelortes Prüm, den die Maschinen als zweiten Orientierungspunkt überfliegen. Zur gleichen Zeit, es ist jetzt etwa zwanzig Minuten vor neun Uhr, nehmen die ersten Sonnenstrahlen von den deutschen Jagdflugzeugen Besitz.

In weniger als einer halben Stunde später soll das Einsatzziel Le Culot erreicht sein, doch der im Norden von Wavre und 15 Kilometer nordwestlich von Brüssel entfernt gelegene gegnerische Flugplatz A-89 wird am 1. Januar 1945 nicht angegriffen. Was ist geschehen? Wir können den damaligen Kommodore Michalski nicht mehr darüber befragen, denn er fiel gleich nach dem Krieg einem Autounfall zum Opfer. Weder die Verbandsführung noch die Piloten der drei beteiligten Gruppen haben eine Erklärung für das verlorengehende Angriffskonzept. Sie sind jedoch davon überzeugt, in jedem Fall Le Culot unter sich zu haben. Flugplätze, und erst recht die des Gegners sehen in schneebedeckter Landschaft wahrscheinlich alle gleich aus. Das JG 4 sucht einen mit Thunderbolt vollgestopften Horst, wie auf den Luftbildern zu erkennen gewesen, doch Le Culot ist nicht der einzige Platz, auf dem sich die Jagdmaschinen dieses Typs niedergelassen haben. Auch auf St. Trond und Ophoven, einem Platz links der Maas in der Nordostecke Belgiens, hat die 9. US-Luftflotte P-47-Einheiten stationiert.

Einige Schwärme finden überhaupt kein feindliches Flugfeld und schließen sich anderen Jagdeinheiten an, im Glauben, einen Verband des eigenen Geschwaders vor sich zu haben. Die Luftwaffe ist ja in diesen Morgenstunden überall. So geschieht es, daß ohne weiteres Ausweichziele bekämpft werden, egal wie der Platz heißt. Teile des JG 4, die absolut keinen Kontakt mehr finden, gehen zu Tiefangriffen gegen Truppenansammlungen auf den Straßen um Bastogne über, und das alleine schon verdeutlicht, wie weit sich der Einsatz bereits verzettelt hat.

Immer wieder ist es die Flak, die den Deutschen zu schaffen macht. Und der Gegner zielt gut. Bei jeder Gruppe, jeder Staffel sind bereits Verluste eingetreten. Von der 4./JG 4 stürzt Feldwebel Franz Schneider nach Beschuß ab und wird nie wieder gesehen. Bei der 5. bleibt Unteroffizier Erich Keller aus, nachdem sein Staffelkamerad Unteroffizier Dierks gefallen ist und der Oberfähnrich Peschel abgeschossen wird.

Die II. Gruppe, zumindest ein großer Teil davon, greift einen Fliegerhorst an, der mit Le Culot identisch sein könnte. Auf ihm die gleiche Ansammlung von Thunderbolt wie auch die Aufklärerfotos zeigen. Aber dieser Flugplatz hier ist das dem Jagdgeschwader »Richthofen« zugewiesene Angriffsziel St. Trond. Zu großen Überlegungen hat jetzt ohnehin keiner der Flugzeugführer mehr Zeit, denn schon beginnt auch hier der Flakrummel: Sekunden darauf ist das Schicksal einer Focke-Wulf der 5. Staffel besiegelt. Die weiße »11« mit dem Gefreiten Walter Wagner am Knüppel erhält einen Treffer, der dem

Piloten keine andere Wahl läßt, als eine Notlandung zu versuchen. Die Beschädigungen erweisen sich als noch gering, so daß Wagner seine Maschine auch ohne Schwierigkeiten hinunterbringt. Um kein zusätzliches Risiko einzugehen, landet der Gefreite mitten auf dem gegnerischen Flugplatz. Als die Amerikaner ihn gefangennehmen, erfährt jetzt der Focke-Wulf-Pilot, daß dies hier nicht Le Culot ist. Die 404. Fighter Group aber gelangt auf diese Weise in den Besitz einer nahezu intakten FW 190 A-8.

Andere Teile der IV. Gruppe dringen noch weiter nach Westen vor und greifen einen Platz an, der ebenfalls mit Thunderbolt und sogar einigen Viermotorigen belegt ist. Die 15. Staffel verliert vier Messerschmitt durch Flak. Feldwebel Berg bleibt vermißt, Oberfähnrich Horst Grüner fällt. Unteroffizier Schmidt und der Oberfähnrich Russow geraten in Gefangenschaft, wobei es sich herausstellt, daß der beschossene Platz Melsbroek heißt. Eine weitere von der Flak getroffene Bf 109 macht in der Nähe von Lüttich eine Bauchlandung.

Das Geschwader, nun gänzlich auseinandergerissen, tritt den Rückflug an, nachdem der Einsatz völlig danebengegangen ist. Ob das JG 4 im allgemeinen Durcheinander auch den Flugplatz Ophoven angreift, findet sich nicht bestätigt und bleibt nur eine Vermutung. Fest steht nur, daß Teile des JG 4 bei der Rückkehr auch über Südholland hinwegfliegen und dabei durch Flak und Jagdabwehr noch mindestens fünf weitere Flugzeugführer einbüßen. Die 5. Staffel verliert mit Oberfähnrich Franz Schaar, der bei Helden fällt, ihren sechsten Piloten. Nur ein paar Kilometer weiter, und Schaar hätte die Maas hinter sich gelassen um auf eigenes Gebiet zurückzukehren. Ebenfalls auf diesem Rückflug wird die weiße »2« von Unteroffizier Anetzhuber vermißt. Es ist der zweite Flugzeugführer aus der Staffel von Jupp Kunz, nachdem die 13. schon den Unteroffizier Holtkötter verloren hat. Später weiß man, daß Anetzhuber südöstlich von Helmond gefallen ist.

Als eines der letzten Opfer dieses Unternehmens zählt Unteroffizier Güldenpfennig von der 7. Staffel, der bei Venray sein Leben lassen muß. Leutnant Morio, ebenfalls von der 7., bringt seine durch Flakbeschuß lädierte FW 190 noch über die eigene Front und macht bei Wesel schließlich eine Bauchlandung, wobei der Pilot sich verletzt. Ende April 1945 wird für diesen Leutnant eine Vermißtenmeldung ausgeschrieben, nachdem er von einem Einsatz über Mitteldeutschland nicht mehr landet. Morio aber hat überlebt.

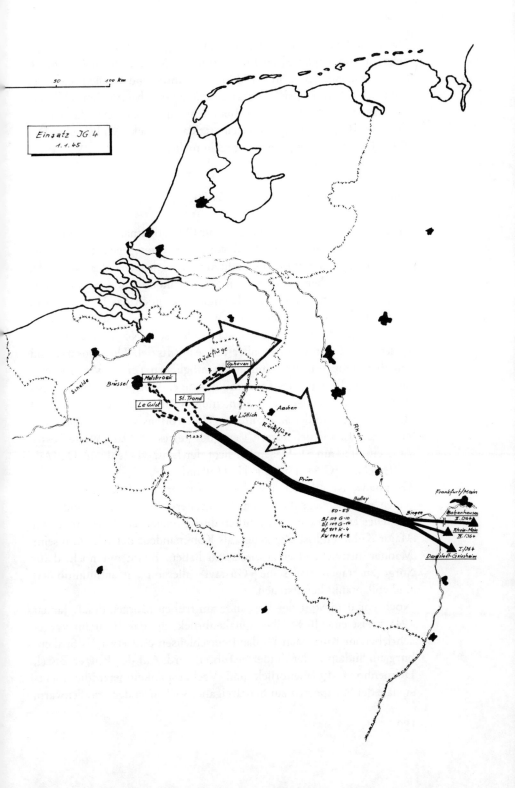

Nach rund vier Stunden ist für das Jagdgeschwader 4 das Unternehmen »Bodenplatte« zu Ende. Von den 55 gestarteten Maschinen bleiben nur noch 30 übrig. 17 Flugzeugführer sind gefallen oder vermißt, sechs befinden sich in gegnerischem Gewahrsam. Am schlimmsten hat es die II. Gruppe getroffen, denn am Abend des 1. Januar besitzt die II./JG 4 keine zehn einsatzklaren Focke-Wulf mehr. Die ehemalige Sturmgruppe existiert nicht mehr.

Mißglücktes Unternehmen gegen Volkel

Mitte Dezember 1944 weiß bisher nur Oberstleutnant Johann Kogler im gesamten Jagdgeschwader 6 vom Plan eines gegen die alliierten Jägerflugplätze im Westen gerichteten Großeinsatzes der Luftwaffe, den er zu gegebener Zeit seinen Gruppenkommandeuren bekanntzugeben hat, aber weder der Kommodore, noch das II. Jagdkorps, noch das Luftwaffenkommando West wissen zu diesem Zeitpunkt genau, wann das Unternehmen stattfinden soll. Noch fehlen Einzelheiten und Informationen über das Angriffsziel. Der Einsatz, und nur dies steht fest, wird zum nächstmöglichen Termin verwirklicht: am frühen Morgen eines Tages mit günstigen Wetterverhältnissen. Bis diese Voraussetzungen eintreten, muß währenddessen ein Großteil der Jagdflieger in der angelaufenen Winteroffensive an der Westfront verbluten. Erst in den letzten Tagen des Jahres 1944 tritt Wetterbesserung ein, und am 31. Dezember liegt der Einsatzbefehl vor. Das Angriffsziel des JG 6 heißt Volkel in Holland.
Gruppenweise erhalten die Flugzeugführer ihre Instruktionen und haben sogar Gelegenheit, sich den gegnerischen Platz anhand eines Modelles einzuprägen. »Eigentlich dürfte nichts schief gehen«, denkt Major Kühle und ist überzeugt, als Kommandeur der III./JG 6 seine Männer ausreichend eingewiesen zu haben. Bleibt nur noch, dafür Sorge zu tragen, daß seine »Gustavs« allesamt gut aufmunitioniert und vollgetankt bereitstehen.
Noch vor dem Start der Verbände am frühen Morgen des 1. Januar 1945 kreist eine Ju 88 über Quakenbrück, die das JG 6 auf vorgeschriebenem Kurs nach Holland einschleusen und etwa bis Spakenburg am Südzipfel der Zuidersee führen wird. Auf den Plätzen Bissel, Delmenhorst, Quakenbrück und Vechta blinken jetzt die Lichtsignale der Startposten zur Startfreigabe. Soeben ist der erste Schwarm

der 3. Staffel im Anrollen begriffen. Leutnant Bauer, der Führer dieser Staffel, befindet sich schon in der Luft und wartet im Steigen auf das Aufschließen der ihm folgenden Schwärme. Da verliert plötzlich die gelbe »1« mit Oberleutnant Pfleiderer Fahrt, schert über die Fläche weg und stürzt aus nur wenigen Metern Höhe in die den Delmenhorster Platz säumenden Bäume. Der Pilot kommt dabei ums Leben. Der Start der anderen Maschinen wird jedoch dadurch nicht unterbrochen, doch der Tod des Oberleutnants noch vor Beginn des eigentlichen Unternehmens ist ein böses Omen. Das Jagdgeschwader 6 wird heute zehn seiner Offiziere verlieren, davon allein sechs Verbandsführer! Ein unvorstellbar hoher Ausfall an Führungskräften innerhalb eines einzigen Verbandes.
Wie geplant, sammeln die Verbände über Quakenbrück, um von da aus den Weg nach Westen einzuschlagen. Die II./JG 6 mit Hauptmann Naumann an der Spitze, dann die Messerschmitt der III. Gruppe unter Major Kühle und als Abschluß die Delmenhorster I./JG 6 des Hauptmann Elstermann. Insgesamt rund 70 Maschinen. Die Flughöhe beträgt unter 150 Meter. Noch einmal gehen die Männer den gesamten Einsatzplan in Gedanken durch, vergleichen Gitternetze und Wendemarkierungen, prägen sich die Kompaßeintragungen ein. Sie wissen, daß dies hier ein besonderes Unternehmen sein muß, denn einen solchen Aufwand bei einem Feindeinsatz hat es lange schon nicht mehr gegeben. Alle flugfähigen Maschinen sind gestartet, nicht jeder Flugzeugführer verfügt aber auch über notwendige Kampferfahrungen. Und gerade diese könnten sie heute gebrauchen.
Es ist festgelegt, daß Major Kühle mit der III. Gruppe über Volkel die Höhendeckung übernimmt, während die I./JG 6 den Angriff einleitet. Anschließend soll Hauptmann Naumann mit seiner II. aus südlicher Richtung kommend den zweiten Angriff fliegen und, nachdem die Focke-Wulf verschwunden sind, den Weg freimachen für die III. Gruppe, welche jetzt den dritten Anflug auf Volkel unternehmen wird. So weit der Plan. Doch noch jagt das Geschwader mit Westkurs auf die Zuidersee zu.
Im JG 6, ab Sommer bzw. Herbst 1944 aus dem Zerstörergeschwader ZG 26 hervorgegangen, fliegt auch jetzt noch ein Großteil der alten, erfahrenen Zerstörerpiloten. Unter ihnen Feldwebel Karl Schubert von der I. Gruppe, der sich an den ersten Verlust, den das JG 6 am 1. Januar erleidet, wie folgt erinnert: »Ich flog als Schwarmführer, aber in welcher Staffel weiß ich nicht mehr. Nach dem Start in Del-

menhorst ging es in Richtung Zuidersee. Über der äußersten Südspitze der See mußte Ofw. Walter Jung von der 2. Staffel nach unten. Wir vermuteten eine Kollision mit einer anderen Maschine. Von Ofw. Jung haben wir nie wieder etwas gehört. Wahrscheinlich Aufschlagbrand auf einer Wiese nahe des Ufers. Nach dem Einsatz landete ich in Twenthe bei der I./JG 1 und konnte wegen der starken feindlichen Lufttätigkeit erst gegen Abend nach Delmenhorst zurückfliegen.«

Der dem JG 6 zugeteilte Lotsen-Nachtjäger hat jetzt Spakenburg erreicht. Laut Einsatzplan geht es von hier aus nach Süden, im Raum Veghel dann wieder in Richtung Osten – und dann Volkel. Aber die Ju 88 fliegt infolge Fehlnavigation über den Wendepunkt hinaus, so daß sich das Geschwader schließlich viel zu weit westlich vom vorgesehenen Flugweg befindet. Es ist heute nicht mehr exakt zu rekonstruieren, wer den Fehler zuerst bemerkt hat. Den Flugplatz Volkel jedenfalls erreichen nur ein paar Maschinen des JG 6, einige wenige andere tauchen über Eindhoven auf und kommen gerade in den Feuerzauber hinein, den das Jagdgeschwader Udet dort veranstaltet, indes die Masse des Jagdgeschwaders 6 einen ganz anderen Flugplatz angreift, der nicht mehr als 15 Kilometer nordwestlich von Volkel an der Straße s'Hertogenbosch–Nijmegen liegt. Dieser Platz ist Heesch.

Auf B-88 (alliierte Tarnbezeichnung für Heesch), Einsatzhorst aller fünf Spitfire-Squadrons des 126. Wing der 2. Tactical Air Force, stehen gerade die Maschinen der 401. Squadron auf der Startbahn, als um 9.14 Uhr die ersten Messerschmitt und Focke-Wulf im Tiefstflug über den Platz hinwegfegen. Auch hier hält die Überraschung nicht lange an, und schon eröffnet die Flak aus allen Rohren das Feuer auf die umherschwirrenden Maschinen. Noch nie haben die Kanoniere so viele deutsche Flugzeuge auf einmal in der Luft gesehen.

Wenige Augenblicke sind erst verstrichen und die 401. Squadron startet jetzt mitten in diesen Angriff hinein. Sie schießt fünf deutsche Maschinen, vier Bf 109 und eine FW 190 ab, wobei Flight-Lt. Cameron allein drei Luftsiege für sich in Anspruch nimmt.

Belfernde leichte Flak, das Hämmern der Bordwaffen, das sich ständig verändernde dunkle Geräusch überanspruchter Triebwerke sowie Explosionen auf dem Platz bilden die Begleitmusik zu dem deutschen Tiefangriff – und auch das Zerbersten abstürzender Flugzeuge gehört dazu, denn die Angreifer haben Verluste.

Zum Zeitpunkt des deutschen Angriffes auf Heesch sind zwei Spitfire-Squadrons bereits zum Feindflug unterwegs, davon eine in den Raum

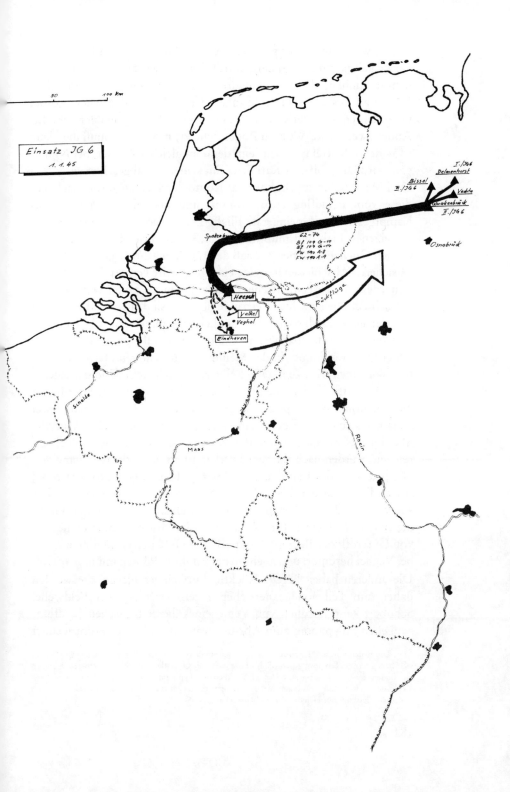

Venlo, wo sie mit einer größeren Anzahl Focke-Wulf in Luftkämpfe verwickelt ist und die andere in das Gebiet Twenthe. Die zuletzt genannte Einheit, die 411. Squadron, befindet sich gerade zwischen Maas und Waal, als Heesch angegriffen wird, und versucht sofort umzukehren. Hierbei kommt es zur Feindberührung, in der Flight-Lt. Audet zwei Focke-Wulf zu Boden schickt. Eine davon muß die blaue »13« der 4. Staffel gewesen sein, denn im gleichen Gebiet, bei Nijmegen, wird Unteroffizier Karl Fries mit seiner A-8 abgeschossen.

Drei Messerschmitt gehen auf das Konto der 442. Squadron, nachdem diese vom Feindflug zurückkommt und über ihrem Platz in das Kampfgeschehen hineingerät. Flight-Lt. Gordon erhält Treffer von der eigenen Flak und muß mit seiner Spitfire bruchlanden. Aus britischen Quellen geht hervor, daß der 126. Wing am 1. Januar 1945 bei 24 sicheren Abschüssen nur eine einzige Spitfire verliert.

Unterdessen ist der deutsche Einsatz schon als völlig verfahren zu betrachten. Die einzelnen Verbände des JG 6 sind auseinandergerissen und versuchen, sich so gut wie möglich zu sammeln. Sie fliegen kreuz und quer über das flache Land und stoßen auf verschiedene Flugfelder hinunter, immer in der Meinung, den richtigen Platz anzugreifen. Von einem Konzept kann keine Rede mehr sein. Und das eigentliche Angriffsziel, der Flugplatz Volkel bleibt verschont. Hier liegen die gefährlichen Tempest-Jagdmaschinen, von denen gerade zwei Squadrons zu einem Überwachungsflug gestartet sind*. Drei deutsche Maschinen, wahrscheinlich die einzigen auch, welche Volkel erreichen, werden nach kurzem Luftkampf als abgeschossen gemeldet. Die rote »12« des Kapitäns der 5. Staffel, Hauptmann Norbert Katz, stürzt direkt auf den Platz. Der Pilot fällt. Wenige Kilometer weiter südwestlich davon zerschellt sein Staffelkamerad Leutnant Grabmaier bei der kleinen Ortschaft Erp. Eine dritte Jagdmaschine, die von Unteroffizier Betz gesteuerte Bf 109 G-10 der 12. Staffel, kommt bei Veghel herunter, und auch sie nimmt ihren Piloten mit in den Tod. Die anderen haben bereits Rückflugkurs eingeschlagen. Sie werden dabei zum Teil von gegnerischen Jägern verfolgt, aber Feldwebel Schubert kann nördlich von Venlo eines dieser britischen Jagdflugzeuge, eine Typhoon, zum Absturz bringen. In breiter Front wendet

---

* Unter den von der Jagdwaffe am 1. Januar 1945 vernichteten alliierten Flugzeugen befand sich keine einzige Tempest. Auch die im Flugbuch von Oberstleutnant Bär eingetragenen beiden am Boden zerstörten Tempest waren in Wirklichkeit Typhoon gewesen. Die Tempest und die Typhoon, beides Entwicklungen der britischen Flugzeugfirma Hawker, unterscheiden sich äußerlich allerdings nur in der Form des Leitwerkes.

Focke-Wulf
FW 190 A-8 und ihre
Gegner am Himmel
über dem Reich.
Thunderbolt der
9. US-Luftflotte
auf einem Einsatzflug
und Mustang der
8. US-Luftflotte beim
Hochziehen nach
einem Tiefangriff.

General-Lt. Josef Schmid (links) führte als Kommandierender General des I. Jagdkorps die Verbände der Reichsluftverteidigung. Ab Dezember 1944 befehligte er das Luftwaffenkommando West bis zum Kriegsschluß.

Oberst Hajo Herrmann (rechts), als Verfechter vieler, zum Teil umstrittenen Ideen, war Kommandeur der von ihm aufgestellten einmotorigen Nachtjagd (30. Jagddivision) und der 1. Jagddivision im Großraum Berlin. Zu Ende des Krieges entsteht aufgrund seiner Initiative das »Sonderkommando Elbe«, das am 7. April 1945 zu seinem ersten und letzten Einsatz startet.

Oberst Walter Dahl ist der letzte Inspekteur der Tagjagd, nachdem Oberst Gollob zum General der Jagdflieger ernannt worden ist. Mit der III./JG 3, dem Jagdgeschwader z. b. V. und dem JG 300 hat Dahl in der Reichsluftverteidigung große Erfolge aufweisen können. Er selbst ist wahrscheinlich der Jagdflieger mit den meisten Mustang-Abschüssen.

sich das zersprengte Geschwader nach Osten. Der Kommodore, der Kommandeur der III. Gruppe und der Kapitän der 2. Staffel fehlen. Erst viel später wird man erfahren, daß Oberstleutnant Kogler und Hauptmann Trost sich in alliierter Gefangenschaft befinden. Major Helmut Kühle aber ist gefallen.

In Anbetracht der Tatsache, daß in Volkel selbst keinerlei Schäden entstehen und auch in Heesch das Ausmaß an Zerstörungen gering bleibt, bedeutet der Verlust eines Drittels der vom JG 6 eingesetzten Streitmacht einen sehr hohen Preis. 23 Flugzeugführer kehren nicht zurück, sechs davon sind für immer vermißt. Die Frage, ob der Angriff anders verlaufen wäre, wenn das Geschwader den richtigen, vorgeschriebenen Kurs beibehalten hätte, muß spekulativen Charakter haben. Vielleicht wäre Volkel das eigentliche Ziel gewesen und vielleicht wäre der Platz zerstört worden – vielleicht aber hätten die Tempest einen noch höheren Blutzoll gefordert. In jedem Fall bleibt der Wert des gesamten Neujahrseinsatz auch heute noch umstritten, was aber niemals den deutschen Jagdfliegern zur Last gelegt werden kann.

Die Tragödie über Asch

Etwa zur gleichen Zeit als in Großostheim der Gefreite Böhm mit den anderen Kameraden der 9. Staffel sich zur Einsatzbesprechung begeben, hat auf dem belgischen Flugplatz Asch der Col. John C. Meyer gerade versucht, einen in der Nacht erhaltenen Auftrag rückgängig zu machen. Die 352. US-Fighter Group, seit Ende Dezember von England nach Y-29 (Asch) verlegt, ist nämlich am 1. Januar für einen ausgedehnten Begleitschutzeinsatz vorgesehen, wobei die Gruppe starke Bomberverbände der 8. Luftflotte bis in die Räume Kassel–Koblenz und Trier bringen soll. Meyer hat jedoch, da Asch sich im frontnahen Bereich befindet, Bedenken und schlägt vor, statt dessen Patrouille zu fliegen. Er erhält schließlich die Genehmigung, mit einigen Mustang diese Aufgabe zu erfüllen.

Daß der etwa 15 Kilometer nördlich des Albert-Kanals gelegene Platz Asch den deutschen Jägern heute als Angriffsziel dienen wird, weiß Col. Meyer und seine Piloten nicht. Und auch der Gefreite Böhm ahnt nicht, daß es nur eine gute Stunde später zu einem Luftkampf zwischen ihm und diesem amerikanischen Offizier kommen wird. Ja, er hat noch nicht einmal etwas von einem Flugplatz Asch gehört.

Kurz vor der Ardennenoffensive erfährt der Adjutant der III./JG 11, Oberleutnant Fiedler, zum ersten Mal von dem Großeinsatz der Luftwaffe, als Hauptmann von Fassong in einer vertraulichen Lagebesprechung seinen Verbandsführern den vom Generalkommando des II. Jagdkorps entworfenen Plan unterbreitet. Der gebürtige Kasselaner und Ritterkreuzträger von Fassong ist seit März 1944 Kommandeur der III. Gruppe. Für ihn, der mehr als hundert Gegner im Luftkampf bezwungen hat, wird es heute keine Rückkehr geben. Überhaupt soll die III. Gruppe einen fürchterlichen Aderlaß erleiden, denn knapp die Hälfte der in den Einsatz geflogenen Piloten kommt nicht wieder.

Doch inzwischen machen sich die Männer des Geschwaderstabes und alle drei Gruppen des Jagdgeschwaders 11 zum Start fertig. In Großostheim wartet bereits eine Ju 188, um den Verband später etwa in Höhe von Limbourg über die Front zu leiten. Auf der Gegenseite bereitet sich Col. Meyer mit zwölf Mustang der 487. Squadron ebenfalls auf seinen Einsatzflug vor. Meyer, der zu den führenden amerikanischen Jägerassen zählt, hat sich entschlossen, wieder das alte Kampfgebiet, den Raum St. Vith nach Feindjägern durchzukämmen. Es kommt jedoch alles ganz anders.

Oberleutnant Fiedler, der am 23. Dezember wegen Motorstörung eine Notlandung vornehmen mußte und sich dabei Verletzungen zugezogen hatte, ist erst am letzten Tag des Jahres wieder bei seiner Gruppe eingetroffen und wird gleich diesen Neujahrseinsatz mitfliegen. Eine neue Maschine, die gelbe »9«, steht schon auf dem Platz bereit.

8.30 Uhr! Die gesamte III. Gruppe startet und sammelt danach im Raum südlich von Aschaffenburg, ehe Hauptmann von Fassong der Lotsenmaschine folgt und Westkurs einschlägt. Auch hier natürlich absolutes Funksprechverbot. In geringer Höhe nähern sich die Focke-Wulf jetzt Frankfurt am Main, als rechterhand die schlanken Silhouetten von 25 bis 30 Messerschmitt zu erkennen sind. Die II./JG 11 aus Zellhausen. Und irgendwo voraus muß der Geschwaderstab mit Teilen der I. Gruppe fliegen. An der Spitze des gesamten Verbandes jetzt zwei Ju 188 und dahinter Oberstleutnant Günther Specht in einer FW 190 A-9. Der aus Schlesien stammende Kommodore flog zu Kriegsbeginn bei der Zerstörerwaffe, kam 1943 zum JG 11 und führt das Geschwader seit April 1944. Specht gilt als einer der hervorragendsten Verbandsführer in der Reichsluftverteidigung.

Mehr als zwei Drittel des Flugweges liegen hinter den Piloten, als den deutschen Maschinen Flakfeuer entgegenschlägt. Das JG 11 steht jetzt etwa in Höhe von Aachen, schon über der Feindseite. Plötzlich erhält die Focke-Wulf von Oberleutnant Fiedler Treffer, und einige Splitter verletzen den Adjutanten am Kopf. Der Pilot fühlt, wie seine Sinne zu schwinden drohen und geht tiefer, immer tiefer. Er weiß nicht mehr, wie er die Notlandung fertiggebracht hat und merkt auch nicht, wie ihn fremde Soldaten aus dem Bruch herausholen und ihn ärztlich versorgen lassen. Als Oberleutnant Fiedler zu sich kommt, ist er Gefangener der Engländer. Das zweite Opfer ist Unteroffizier Noreisch, der die schwarze »10« fliegt. Ob die gegnerische Flak an seinem Absturz bei Margraten beteiligt ist oder ob der Unteroffizier im Luftkampf fällt, läßt sich nicht erklären, da zur selben Zeit auch einige Thunderbolt die deutschen Formationen anzugreifen versuchen.

Die deutschen Jagdflugzeuge folgen dem Verlauf der Maas in nördlicher Richtung. Unter ihnen Eben Emael, dann Kanne, Vroenhoven, Veldvezelt, die bekannten Ortsnamen vom Mai 1940. Hier hat die Luftwaffe im Westen zum ersten Angriff ausgeholt, hier wird sie, in den gleichen Einsatzräumen, heute auch den letzten Schlag ausführen. Nur wenige Minuten trennt das Jagdgeschwader 11 jetzt noch von seinem Ziel. Über der verschneiten Heidelandschaft um Asch liegen ausgedehnte Nebelfelder, die die Sicht ein wenig behindern, andererseits aber den tief über Felder und Waldstücke hängenden deutschen Maschinen ein bis zuletzt unbemerkt bleibendes Herankommen ermöglichen. Der Gegner auf Y-29 ist ahnungslos.

Asch beherbergt in diesen Stunden vier Spitfire-Einheiten der 2. Tactical Air Force, die 41., 130., 350. und 610. Squadron sowie die schon erwähnte 352. US-Fighter Group der 8. Luftflotte und die 366. Fighter Group der 9. Luftflotte. Letztere Einheit ist mit Thunderbolt ausgerüstet. Ein Verband, die 41. Squadron, befindet sich zum Zeitpunkt des Angriffes auf einem bewaffneten Aufklärungsflug über der Eifel.

Auf dem belgischen Platz rollen die zwölf Mustang zum Start, allen voran Col. Meyer mit seiner »Petie II«. Es ist etwa zwanzig Minuten vor zehn Uhr, als die P-51 die Startpiste entlangrasen. Kurz vor dem Abheben sieht Meyer plötzlich Sprengwolken der Flak – und dann entdeckt er auch die auf ihn einkurvende Maschine, eine tieffliegende Focke-Wulf. Ehe die Amerikaner richtig begreifen, was das alles bedeutet, sind weitere Jäger mit Balkenkreuzen über dem Feld. Meyer kann den Start nicht mehr abbrechen und eröffnet instinktiv das Feuer auf den ihn entgegenkommenden Deutschen. Es ist die weiße »3« des Gefreiten Gerhard Böhm, der jedoch die Feindjäger gar nicht zu beachten scheint und auf die auf dem Platz abgestellten zweimotorigen Transportflugzeuge vom Typ C-47 »Skytrain«* zuhält. Doch die Garben aus den Browning-MGs haben ihr Ziel gefunden. Nach unglaublich kurzer Zeit schlägt die Focke-Wulf dicht neben einem dieser Transporter auf und zerschellt mit ihrem tapferen Piloten. Abschuß während des Starts!

Obwohl der Platz nun laufend angegriffen wird, gelingt es den restlichen Mustang und einigen Thunderbolt sowie ein paar Spitfire der 610. Squadron in die Luft zu kommen und in den Kampf einzugreifen. Noch immer hat sich der Nebel nicht völlig gelichtet, so daß manche Piloten Schwierigkeiten haben, Freund und Feind auseinanderzuhalten. Nachdem Flight-Lt. Gaze mit seiner Spitfire über dem Kampfraum gerade eine Focke-Wulf abgeschossen hat, muß er erleben, wie plötzlich mehrere Mustang seine Einheit angreifen, wohl in der Annahme, Messerschmitt-Jäger vor sich zu haben. Zu Ausfällen kommt es diesmal nicht.

Jetzt sind die Messerschmitt der II. Gruppe im Anflug, dann wieder die Focke-Wulf der beiden anderen Formationen. »Achtung, Ziele erkannt. Angriff schwarmweise!« Immer wieder versuchen die Maschinen des JG 11, zu weiteren Angriffen auf den Flugplatz Asch anzusetzen. Abgestellte Jagdflugzeuge, Gebäude, Lastwagen werden getroffen, doch das Geschwader erkauft sich seine, wie sich später herausstellt, geringen Erfolge sehr teuer. Schon hat der Einsatz bisher acht Ausfälle an Flugzeugführern gefordert. Der in der 1. Staffel fliegende 21jährige Obergefreite Sistenich aus Koblenz, die beiden Feldwebel Schwarz und Kraschinski** von der 7., der Gefreite Böhm von der 9. Staffel sind gefallen, und soeben verliert die 8. den Oberleutnant August Engel im Luftkampf über Asch. Der Rest ist irgendwo abgeblieben, abgeschossen, vermißt. Aber dieser Einsatz ist noch nicht zu Ende.

Staffelkapitän Leutnant Georg Füreder, dessen 5./JG 11 bei

* Englische Bezeichnung: »Dakota«.

** Zu diesem Zeitpunkt ist über den Verbleib von Fw. Herbert Kraschinski noch nichts bekannt. Er wird nach diesem Einsatz zunächst als vermißt gemeldet. Erst später erfahren die deutschen Dienststellen, daß Fw. Kraschinski nordwestlich von Eupen von Truppen der 9. US-Armee schwerverletzt geborgen wurde und am 5. Januar 1945 seinen Verletzungen erlag.

diesem Einsatz als einzige Formation der II. Gruppe keine Verluste erleidet, berichtet über den Angriff am 1. Januar:
»Nach der Einsatzbesprechung spät am Abend des vorausgegangenen Tages durfte kein Flugzeugführer bzw. Teilnehmer an der Einsatzbesprechung den Platz wieder verlassen. Meine Staffel selbst war in Klein-Krotzenburg untergebracht. Der Start erfolgte aufgrund der Wetterlage (Nebelfelder) später als ursprünglich geplant war. Ich glaube dieser Umstand hat den Erfolg des Unternehmens wesentlich beeinträchtigt. Die Gruppe sammelte mit dem Geschwader und nahm unter Führung von zwei Ju 188 Kurs auf das Einsatzziel. Wir flogen im Tiefflug, die beiden Ju 188 entbanden uns bis zum Ablaufpunkt von jeglicher Franzerei. Ablaufpunkt war die Maas. Eine der beiden Ju 188 gebärdete sich als richtiger Leithammel und griff an seinem Wendepunkt noch eine feindliche Flakstellung an einer Brücke mit Maschinenwaffen an. Er traf gut.
Ich habe nicht gesehen, daß auf dem Anflug ein Flugzeug aus unserem Verband von eigener oder feindlicher Flak getroffen wurde. Ich glaube mich aber zu erinnern, eine Treffermeldung über FT kurz vor erreichen des Zieles gehört zu haben. Kurz vor dem Ziel wurde links und rechts hochgezogen, um dann nach entsprechender Zielerfassung mit Bordwaffen anzugreifen.
Ich zog ziemlich gerade nach oben und griff fast aus der Flugrichtung heraus an. Für die in der Mehrzahl in der Osthälfte abgestellten Thunderbolt wurde mein Angriffswinkel zu steil. Ich nahm deshalb im nordwestlichen Viertel abgestellte vier oder fünf zweimotorige Flugzeuge aufs Korn, flog dann eine hochgezogene Kehrtkurve und schoß auf die bereits vorher erwähnten in der östlichen Hälfte abgestellten Thunderbolt. Ich ging flach ab, weil mir eine Menge Leuchtspur um die Ohren flog. Ich dachte erst an hinterherschießende Flak, mußte aber zu meiner Überraschung feststellen, daß zwei Thunderbolt hinter mir saßen. Der eine feuerte was das Zeug hergab, sein Vorhalt war aber ausnahmsweise mal zu groß. Als ich scharf nach oben wegzog und dabei nach links kurvte feuerte er hinter mir vorbei. Mein Verfolger gab zusammen mit seinem Rottenflieger auf und ging mit Vollgas wieder an den Boden und flog nach Westen ab. Ich kurvte ebenfalls nach Westen und wollte erst hinterher, wobei ich meine Höhe beibehielt. Ich gab aber auf und flog einen letzten Angriff auf den Platz in ungefähr südlicher Richtung. Zu diesem Zeitpunkt sah ich kein anderes Flugzeug mehr in unmittelbarer Nähe

des Platzes. Vom Platz selbst war die südliche Hälfte durch schwarzen Rauch verdeckt, der aus brennenden Flugzeugen hochstieg. Ich habe nicht versucht festzustellen wieviele Flugzeuge am Boden Trefferwirkung zeigten. Beim Abgang vom letzten Angriff, der wegen Rauchbehinderung etwas höher erfolgte, mußte ich durch den ganzen Qualm in der Südhälfte des Platzes.
Beim 1. und 2. Angriff waren eine ganze Menge Flugzeuge über dem Platz. Festzustellen wo in dem Tohuwabohu z. B. der Kommodore flog, war nach dem ersten Angriff auch dem geübtesten Piloten nicht mehr möglich.«
Die Flugzeugführer der III./JG 11 warten auf ein Zeichen zum Abbrechen der Angriffe. Sie blicken sich, sofern nicht gerade der Gegner sie bedrängt, suchend nach der Kommandeursmaschine um – und sehen sie zuletzt südlich von Asch im Luftgefecht mit zwei Thunderbolt. Seitdem fehlt jede Spur von Hauptmann von Fassong. Das Geschwader weiß in diesen Augenblicken noch nicht, daß es inzwischen auch keinen Kommodore mehr hat. Das Schicksal von Oberstleutnant Specht bleibt ebenso ungewiß wie das von neun anderen Flugzeugführern. Allein die III./JG 11 verzeichnet sechs Piloten als vermißt, darunter Major Vowinkel vom Gruppenstab.
Eine knappe Dreiviertelstunde nach Angriffsbeginn ebbt der Motorenlärm und der Bordwaffenbeschuß über dem Raum um Asch wieder ab. Die Jagdformationen, oder vielmehr das, was davon noch übriggeblieben ist, schlagen Rückflugkurse ein. Zuerst nach Norden und dann über belgischem Gebiet nach Osten. Aber der Gegner bleibt ihnen auch jetzt noch auf den Fersen, wobei Col. Meyer noch eine weitere Focke-Wulf zu Boden schickt und damit seinen 24. Luftsieg erringt.
Noch zwei Piloten fallen, ehe sie die eigenen Linien wieder erreichen können. Es sind Feldwebel Reschke und Unteroffizier Barion, die beide bei Venray abgeschossen werden. Und wo Oberfeldwebel Franz Meindl mit der blauen »11« abgeblieben ist, kann keiner seiner Kameraden von der 8. Staffel sagen. Das gleiche gilt für Unteroffizier Kurt Nüssle von der 9./JG 11, den Staffelkapitän Hauptmann Funck später als vermißt melden lassen muß. Funck selbst fällt nur vier Tage darauf im Abwehreinsatz gegen Viermot.-Einflüge am 5. Januar nach Luftkampf über Kirchheimbolanden.
Das Jagdgeschwader 11 kann auf dem Flugplatz von Y-29 neben einer Reihe von Gebäuden sieben britische Jagdmaschinen der 350. Squad-

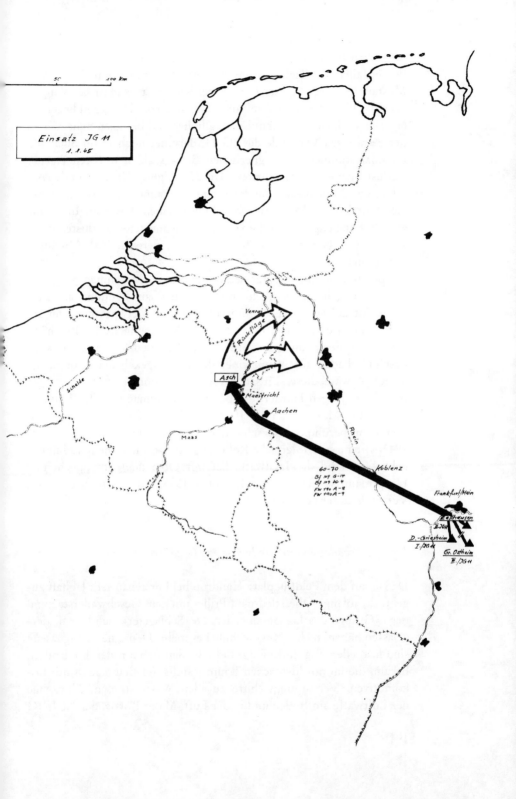

ron vernichten und drei weitere der 130. Squadron beschädigen. Ferner fallen den Tiefangriffen mehrere »Skytrain« zum Opfer. Vier Mustang der 352. Fighter Group werden im Luftkampf bezwungen, aber alle Piloten kommen mit dem Leben davon. Hingegen liegen die eigenen Verluste unverhältnismäßig höher und betragen nahezu 40% der gestarteten Verbände des JG 11, darunter noch zwölf Suchfälle. Diesmal stimmen die gegnerischen Erfolgszahlen mit den eigenen Verlustangaben beinahe überein. Die 352. Fighter Group gibt den Abschuß von 23 deutschen Jagdmaschinen bekannt, die P-47 verbuchen vier Luftsiege und die britischen Piloten einen Abschuß. Insgesamt also 28 Flugzeuge gegen die vom JG 11 gemeldeten Verluste, wobei allerdings zu bemerken ist, daß auch die gegnerische Flak Abschüsse beansprucht.

Knapp drei Stunden später setzen die ersten Maschinen auf ihren Plätzen östlich und südlich von Frankfurt zur Landung an. Eine ganze Anzahl von Flugzeugführern trifft erst viel später wieder auf den Horsten ein, andere müssen wegen Spritmangel oder Beschädigungen Außenlandungen vornehmen. Fast jedes Flugzeug weist Beschußschäden auf, kaum einer der zurückgekehrten Piloten, der nicht froh wäre, diesen Einsatz vergessen zu können.

Als Major Jürgen Harder, der bewährte Kommandeur der I./JG 53 Anfang des Monats nun das JG 11 als Kommodore übernimmt, ist von dem berühmten Geschwader, das in der Reichsverteidigung 1943/44 eine so erfolgreiche Rolle gespielt hat, nicht mehr viel übriggeblieben. Und die Jagdwaffe hat mit Oberstleutnant Specht und Hauptmann v. Fassong am 1. Januar 1945 zwei weitere, befähigte Verbandsführer verloren.

Jagdgeschwader 26 und die Brüsseler Flugplätze

Daß es auf dem Feldflugplatz Handrup bei Fürstenau sehr lebhaft zugeht, ist, solange Oberstleutnant Priller mit dem Geschwaderstab und der I. Gruppe des Jagdgeschwaders 26 »Schlageter« sich hier niedergelassen haben, nichts Ungewöhnliches mehr. Denn die »Langnasen« sind fast jeden Tag im Einsatz und schießen sich mit den Engländern herum, die im norddeutschen Raum ständig auf Beute aus sind: Lokomotiven, Versorgungsschiffe auf den Wasserstraßen, Flugzeuge der Luftwaffe am Boden und in der Luft. Major Borris, der die I./JG

26 führt, hat seit dem 24. November, seit der Landung in Fürstenau, 16 Flugzeugführer verloren.
Es fällt kaum auf, daß am Nachmittag des 31. Dezember drei aus Achmer kommende Focke-Wulf in Fürstenau landen. Es ist Feldwebel Dietrich mit zwei Flugausbildern der Einsatzstaffel/JG 104, die normalerweise in Fürth bei Nürnberg stationiert sind. Außer diesen drei Maschinen fallen gerade noch vor Anbruch der Dunkelheit weitere zwanzig »Dora-9« auf dem Platz ein – die III./JG 54 aus Varrelbusch. Sie alle, die Einsatzstaffel/JG 104 und die III./JG 54 werden das Unternehmen »Bodenplatte« gemeinsam mit der I. Gruppe des JG 26 fliegen. Und kaum in Fürstenau gelandet, beginnen auch schon die Einsatzbesprechungen.
Die sechzig Flugzeugführer erfahren durch Major Borris das anzugreifende Ziel, den im Norden Brüssels und westlich von Vilvoorde gelegenen Flugplatz Grimbergen. »Flugkarten werden erst am Morgen ausgehändigt. Start etwa gegen 8.15 Uhr, nachdem die beiden Lotsen-Ju in der Luft sind. Sammeln über dem Platz!«
Während der Nacht hat das Bodenpersonal sämtliche einsatzklaren FW 190 bereits an die Startplätze geschoben, damit die Flugzeugführer ohne das zeitraubende Vorrollen hintereinander herausstarten können. Bereits gegen 6 Uhr finden sich die Piloten am Flugfeld ein und nehmen das Kartenmaterial in Empfang. Den Eintragungen nach verläuft der erste Teil des Fluges in gerader Linie bis Spakenburg am Südzipfel der Zuidersee. Der zweite Wendepunkt liegt bei Rotterdam, von wo aus der Verband dann nach Süden einschwenken und Kurs auf die Scheldemündung nehmen wird.
8.14 Uhr. Noch herrscht Halbdunkel über dem Platz, als die Lichtsignale den Start freigeben. Der gesamte Gefechtsverband startet mit Kommodore Priller an der Spitze. Bei einigen Maschinen springen die Triebwerke nicht an, so daß der Start in Fürstenau sich fast zwanzig Minuten lang hinzieht, aber schließlich sind 67 Focke-Wulf in der Luft: 47 Maschinen des Geschwaderstabes und der I./JG 26, 17 Maschinen der III./JG 54 sowie die drei FW 190 D-9 der Einsatzstaffel. Da die Flughöhe nur zwischen 50 und 150 Meter beträgt, muß auf genügenden Abstand der einzelnen Maschinen untereinander geachtet werden, so daß sich also jetzt ein langgestreckter Jagdverband in Richtung Zuidersee bewegt.
Feldwebel Karlheinz Hartmann von der 4. Staffel kann seine Aufregung kaum verbergen. Erst seit knapp zwei Wochen beim JG 26, ist

dies sein erster Einsatz mit der Gruppe. Unglücklicherweise hat Hartmann die Einsatzbesprechung verpaßt und folgt nach kurzer Einweisung einfach seinem Schwarmführer, ohne recht die eigentliche Bedeutung des heutigen Einsatzes zu kennen. Er weiß auch noch nicht, daß er sich nur eine Stunde später in alliierter Gefangenschaft wiederfinden soll, nachdem die Flak ihn über Grimbergen abschießt und er mit dem Fallschirm abspringen muß.

Zwischen Utrecht und Rotterdam setzt plötzlich heftiges Flakfeuer ein, welches dem Staffelführer der 2./JG 26, Oberleutnant Franz Kunz, zum Verhängnis wird. Seine schwarze »1« kommt bei Polsbroek, etwa 15 Kilometer südöstlich von Gouda, herunter. Für Kunz, der bei diesem Abschuß schwere Verwundungen davonträgt, ist damit der Einsatz »Bodenplatte« zu Ende, während unterdessen die Formationen westlich von Rotterdam auf Südkurs gehen. Aber auch hier geraten sie in das Abwehrfeuer der Flak, wobei diesmal eine Maschine der III./JG 54 so beschädigt wird, daß ihr Pilot, der Unteroffizier Gerhard Kroll, eine Notlandung vornehmen muß und, wie Oberleutnant Kunz, schwer verwundet geborgen wird. Nur wenig früher mußte Obergefreiter Nießen von der 3. Staffel notlanden, da auch ihn die Flak angeschossen hatte. Nießen bleibt unverletzt. Eine andere Focke-Wulf, die Maschine eines der drei Instrukteure des JG 104, erhält Treffer in den Zusatzbehälter, den der Pilot glücklicherweise noch rechtzeitig abwerfen kann.

Natürlich tragen die Ausfälle dazu bei, den Verband der deutschen Jäger zu lockern. Die Flugzeugführer sind verärgert, zumal die Flak dort unten keine Anstalten macht, das Feuer einzustellen. Und da währenddessen der Frontüberflug erfolgt, ist nicht sicher, ob auch die schwarze »3« des Obergefreiten Vogel nicht von den eigenen Geschützen heruntergeholt wurde. Vogels Focke-Wulf schert weit nach Westen aus und geht auf der Insel Walcheren nieder. Der Pilot fällt.

Jetzt erreichen die Maschinen die Scheldemündung, wo sie erneut starker Flakbeschuß erwartet. Oberfeldwebel Eckert von der 11./JG 54 wird dabei tödlich abgeschossen, und Feldwebel Steinkamp erhält Treffer in Tragflächenwurzeln und Motor. Beim Versuch, auf eigenes Gebiet zurückzukehren, gerät die Maschine außer Kontrolle, so daß Steinkamp aussteigt. Nach geglücktem Fallschirmabsprung muß der Feldwebel den Weg in die Gefangenschaft antreten.

Ebenfalls in britische Kriegsgefangenschaft gerät der Obergefreite Dieter Krägeloh von der 3./JG 26. Hier seine Schilderung:

»Unsere Silvesterfeier wurde frühzeitig durch eine Lagebesprechung unterbrochen. Am 1. Januar 1945 ging es früh zum Flugplatz. Ich hatte damals Pech. Meine Maschine sprang nicht gleich an*. So war meine Staffel schon gestartet. Endlich kam ich auch vom Platz und schloß mich der Nachbarstaffel an. Nachtjäger führten uns im Tiefflug auf den Kurs bis Holland. Über der Scheldemündung mußten wir eine englische Schiffseinheit überfliegen und erlitten die ersten Verluste. Zwei Maschinen brannten neben mir und stürzten ins Wasser. Meine FW 190 bekam einige Treffer. Da der Vogel weiter reagierte und kein Brennstoffverlust eintrat, flog ich weiter mit. Dann waren plötzlich eine Menge Spitfire hinter uns. Mir wurde die Luftschraube (Holz) zerschossen. Die Unwucht riß mir fast den Motor vom Rumpf. So stellte ich ihn ab und versuchte eine Notlandung. Bei der niedrigen Höhe war ein Aussteigen unmöglich. Mit viel Glück erwischte ich eine Schneise in einem Obstbaumfeld. Die Tragflächen brachen ab, und der Motor wühlte einen schönen Berg Erdreich vor sich auf. Letzteres erfuhr ich später von meinen Rettern (Klosterbrüder), die mich aus der Maschine geschnitten hatten. Als ich transportfähig war, kam ich nach England.«

Gegen 9.20 Uhr nähern sich die deutschen Maschinen dem von der Morgensonne angestrahlten Platz Grimbergen. Der Angriff, so ist geplant, soll in drei Wellen erfolgen, aber als die vier Dutzend »Langnasen« in etwa 200 Meter Höhe das Ziel ansteuern, entdecken die Flugzeugführer, daß der Platz leer ist. Nur vier Fortress, ein zweimotoriges Flugzeug sowie eine einzelne Mustang stehen am Boden zwischen den Hallen. Die Überraschung, welche dem Gegner zugedacht war, bleibt auf Seiten der Deutschen. Hat die Luftaufklärung versagt? Geschwaderkommodore Prillers Wut ist verständlich, nachdem er feststellen muß, daß eine so starke Jagdgruppe einen nichtbelegten Flugplatz angreift.

Und so fliegen die Piloten ihre Tiefangriffe gegen die Hallen oder Unterkünfte, schießen die Handvoll Feindflugzeuge in Brand und vernichten zahlreiche LKW und Tankwagen. Plötzlich liegt mitten auf dem Platz eine FW 190 auf dem Bauch. Es ist die schon über Rotterdam angeschossene D-9 des JG 104, deren Pilot in Gefangenschaft gerät. Leider ist der Name dieses Flugzeugführers nicht zu ermitteln gewesen. Die Flak von Grimbergen, noch nicht endgültig zum

---

* Ogfr. Krägeloh flog am 1. Januar 1945 eine FW 190 D-9 mit dem taktischen Zeichen gelbe »13«

Schweigen gebracht, holt noch einen zweiten Angreifer vom Himmel. Soeben hat Feldwebel Hartmann von der 4. Staffel, der Neuling beim JG 26, seinen ersten Anflug beendet und dabei einen viermotorigen Bomber beschossen. Jetzt setzt er zum nächsten Angriff an und erhält einen Flaktreffer. Dem Flugzeugführer bleibt gerade noch so viel Zeit, seine D-9 hochzuziehen, um ohne Gefahr mit dem Fallschirm abspringen zu können. Als er unten ankommt, nehmen ihn die Engländer in Empfang.

Leutnant Nibel von der 10./JG 54 nimmt sich die abgestellte zweimotorige Maschine vor, muß aber dem Abwehrfeuer der leichten Platzflak ausweichen und zieht hoch. In diesem Augenblick setzt das Triebwerk aus. Der Leutnant versucht, im Tiefflug vom Platz wegzukommen, und macht nordöstlich von Brüssel bei Wemmel eine Notlandung. Anschließend nehmen ihn belgische Polizisten gefangen. Vielleicht wußte Nibel nicht einmal, daß ein Rebhuhn, welches gegen den Kühler seiner Maschine geflogen war, den Absturz verursacht hatte.

Mußte die III. Gruppe JG 54 schon am Vortage einen harten Verlust erleiden, so erhält sie im Unternehmen »Bodenplatte« einen neuerlichen Todesstoß. Von den 17 gestarteten Maschinen kehren nur sieben wieder zurück. Fünf Piloten fallen oder bleiben vermißt, darunter Hauptmann Bottländer, Kapitän der 11. Staffel. Vier Flugzeugführer geraten in Gefangenschaft, einer wird schwer verwundet. Die Gruppe von Major Borris zählt sechs Gefallene oder Vermißte. Einen davon, den Unteroffiziert Wodarczyk, hat es noch auf dem Rückflug erwischt, als seine FW 190 D-9 bei Zwolle abgeschossen wird. Mit dem auch heute noch vermißten Unteroffizier Heinz Schulz erleidet allein die 2. Staffel fünf Ausfälle.

Mühsam bringt Unteroffizier Erich Zeidler seine blaue »2« der 4. Staffel nach Osten zurück, nachdem ein Flaktreffer die »Dora-9« lahmgelegt hat. Noch hält das überlastete Jumo-Triebwerk durch, aber das Flugzeug verliert stetig an Höhe. Da vorn, zwischen Fürstenau und Handrup, sind endlich die Fenster-Berge zu erkennen. Doch weiter schafft es die brave Focke-Wulf nicht. Bei Lengerich, praktisch schon in Sichtweite des Einsatzhorstes, muß Zeidler hinunter und zieht sich bei der Bauchlandung Verletzungen zu.

Als eine halbe Stunde vor Mittag die letzte Maschine landet, steht es fest, daß der Einsatz gegen Grimbergen ein (verlustreicher) Schlag ins Wasser gewesen ist.

Um so erfolgreicher verläuft das Unternehmen für den Rest des »Schlageter«-Geschwaders, der II. und III./JG 26. Beide Gruppen starten etwa um die gleiche Zeit wie die I. Gruppe, jeweils geführt von ihren Kommandeuren, Major Hackl und Hauptmann Krupinski. Zusammen etwa 100 bis 110 Maschinen. Noch im Dunkeln waren die Piloten von Nordhorn zum zehn Kilometer entfernt liegenden Feldflugplatz hinausgefahren. Auf dem Platz zwischen der Straße nach Lingen und dem Ems-Vechte-Kanal im Nordhorner Moor stehen die Focke-Wulf der II. Gruppe zum Einsatz bereit; sie werden mit den ersten Sonnenstrahlen das schneebedeckte Feld verlassen, um sich mit den von Plantlünne gestarteten Messerschmitt der III./JG 26 zu vereinigen. Den Formationen fliegen zwei Ju 88 voran. Der Hinflug gleicht dem der I. Gruppe und wird durch dieselben Wendepunkte gekennzeichnet.
Beim Erreichen der Zuidersee stehen plötzlich kleine schwarzbraune Wölkchen am Himmel. Deutsche Flak! Kurz darauf krepiert eine Granate in der weißen »11« des Obergefreiten Hubert Lott von der 5. Staffel. Seine Kameraden sehen entsetzt mit an, wie Lott aus der Maschine abspringt, aber aus den Gurten rutscht, als sich der Fallschirm öffnet. Über Nijkerk erhält dann eine Messerschmitt der 11. Staffel einen Flaktreffer, stürzt ab und nimmt ihren Piloten, Oberleutnant Harald Lenz, mit in die Tiefe. Die Maschine zerschellt unweit von Harderwijk auf dem Eis der Zuidersee. Im selben Gebiet fällt auch Unteroffizier Speer von der 7. Staffel im Flakfeuer.
Ganz tief überfliegen die deutschen Jäger nach Kurswechsel westlich von Rotterdam die Inseln und Landbrücken vor den Mündungen der Maas und der Schelde. Hier fordert die feindliche Schiffsflak ein weiteres Opfer, diesmal von der 12. Staffel. Der Gefreite Sengpiel hat nicht genügend Höhe, um aus seiner Messerschmitt abzuspringen, und irgendwo verliert man die Maschine aus den Augen. Sengpiel bleibt verschollen.
Jetzt geht es in Richtung St. Nicolas westlich an der belgischen Hafenstadt Antwerpen vorbei, und dann sind die beiden Gruppen auch schon über dem nördlichen Stadtrand von Brüssel. Einen Augenblick später liegt der Platz Evère vor ihnen. Die Flugzeugführer erkennen dichte Reihen von Jagdmaschinen und eine große Anzahl viermotoriger Kampfflugzeuge. Ein lohnendes Ziel. Um mehr Bewegungsfreiheit zu erlangen, werfen die Piloten jetzt ihre Zusatztanks ab.
Fast exakt zur vorgesehenen Zeit fegen die ersten Schwärme etwa um

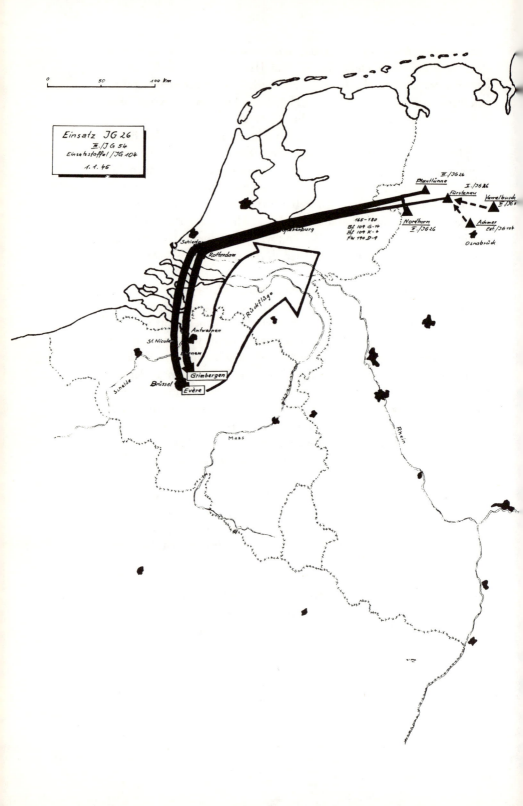

9.20 Uhr über den Platz hinweg. Die Überraschung auf Evère ist perfekt. Soeben heben drei Spitfire der 403. Squadron von der Piste ab, drei weitere sind im Anrollen, andere warten am Start. Während ein Teil des JG 26 in den ersten Tiefangriffen die gegnerische Bodenabwehr auszuschalten versucht, nimmt sich der Rest die abgestellten Maschinen vor. Gleichzeitig schießen Unteroffizier Burkhardt, Oberleutnant Glunz, Major Hackl und Leutnant Sy je eine der gestarteten Spitfire ab.

In kurzer Zeit entstehen auf dem Platz Brände, welche dicke, schwarze Rauchsäulen in den klaren Himmel aufsteigen lassen. Und immer wieder fliegen die deutschen Jäger ihre Angriffe. Tankwagen explodieren, Hallen brennen lichterloh, Flugzeuge schmelzen zu glühenden Wracks zusammen. Da die Maschinen zu dicht nebeneinander stehen, greift das vernichtende Feuer schnell um sich. Der 416. Squadron beispielsweise bleiben nur noch vier einsatzfähige Flugzeuge.

Doch der Gegner wehrt sich. Unteroffizier Wilhelm Schmitz von der 6. und Leutnant Meier von der 9. Staffel fallen während der Tiefangriffe über Evère und Brüssel. Dem Unteroffizier Risky von der 6./JG 26 wird beim zweiten Angriff der Motor angeschossen, doch der Pilot kann sich in Richtung Nordhorn durchschlagen. Bis zum Einsatzhorst schafft er es dann doch nicht mehr, da das Triebwerk plötzlich zu brennen anfängt, so daß Risky im Raum vor Zwolle eine Bauchlandung vornimmt und glücklicherweise unverletzt bleibt.

Zwischen zehn und fünfzehn Tiefangriffe fliegt das JG 26 gegen Brüssel-Evère, ehe es knapp 45 Minuten nach Angriffsbeginn auf Heimkurs geht. Der Rückflug erfolgt über die gleiche Strecke wie beim Anflug, aber ein paar Flugzeugführer finden sich später ganz woanders wieder. So der Leutnant Leinberger, der nach Flakabschuß in Richtung Osten abfliegt und bei Kirchhellen, also im Norden des Ruhrgebiets, mit seiner schwarzen »18« notlandet.

Auf dem Flugplatz Brüssel-Evère bleibt eine weithin sichtbare Rauchwand zurück, die von dem großen Erfolg des Jagdgeschwaders 26 zeugt. Nach den Geschwaderunterlagen sind rund 120 feindliche Flugzeuge zerstört worden, davon 60 bis 65 Jäger aller Typen und 32 viermotorige Bomber. Bezogen auf die Einsatzstärke beträgt der eigene Verlust rund 19 Prozent. Aber auch der Erfolg des JG 26 und die verhältnismäßig »geringen« Verluste täuschen nicht über die Tatsache hinweg, daß das Unternehmen »Bodenplatte« einen Fehlschlag bedeutet.

Nochmals gegen Brüssel

Gegen Abend des 31. Dezember fallen zwölf Bf 109 G-14 auf dem Platz Rheine ein, und diese zwölf Maschinen bilden die gesamte II. Gruppe des Jagdgeschwaders 27; alles was an einsatzbereiten Flugzeugen nach den erbitterten Kämpfen der vorangegangenen Woche übriggeblieben ist. Das bedeutet, daß von jeder Staffel kaum mehr als drei Messerschmitt für den »Bodenplatte«-Einsatz zur Verfügung stehen. Bei der I./JG 27 sieht es nicht viel besser aus, denn hier nehmen nur 16 Maschinen am Einsatz teil, und deshalb ist jetzt die Nachbargruppe von dem keine 20 Kilometer entfernten Hopsten herübergekommen. I. und II./JG 27 werden gemeinsam starten.
Über das Unternehmen selbst herrscht noch Stillschweigen, keiner der Piloten hat eine Vorstellung darüber, wie sich der Einsatz gestalten soll. Gegen 7 Uhr am 1. Januar 1945 finden sich die Flugzeugführer zur Einsatzbesprechung ein. Für diese Besprechung stehen Luftaufnahmen vom Angriffsziel, dem Brüsseler Flugplatz Melsbroek, zur Verfügung, anhand derer sich die Piloten die genaue Lage des Platzes einprägen müssen. Anschließend erfolgt die Ausgabe der Flugkarten mit den eingetragenen Kursen.
»Eine Ju 88 wird den Verband etwa bis Utrecht anführen«, heißt es weiter. »Sammeln der Gruppen über Rheine, dann Tiefflug bis zum Ziel!« Als die Morgensonne die schneebedeckten Ebenen erhellt, startet der in Rheine bereitstehende Verband. Es ist 8.30 Uhr. Die III./JG 27 aus Hesepe sowie die dem Geschwader unterstellte IV./JG 54 aus Vörden schließen sich den Formationen an, während die von Hauptmann Dudeck geführte IV. Gruppe aus Achmer den Abschluß bildet. Mit Westkurs brausen die Maschinen über das Münsterland hinweg und überqueren im Raum Enschede die holländische Grenze. Mit einer Geschwindigkeit von etwa 350 Stundenkilometern fliegt das JG 27 dem Wendepunkt Utrecht zu. Und als die Flugzeugführer rechterhand die glitzernde Eisfläche der Zuidersee hinter sich lassen, starten in Brüssel-Melsbroek zwei Squadrons zweimotoriger Mitchell-Bomber zu einem Feindflug und entgehen, ohne es zu wissen, somit den bald erfolgenden deutschen Tiefangriffen.
Doch bevor es zu diesem Überfall kommt, muß auch das JG 27 böse Erfahrungen mit der eigenen Flak machen. Kurz vor Utrecht erwischt

Die North American P-51 D Mustang, einer der gefährlichsten, wendigsten und hartnäckigsten Gegner der deutschen Jagdflieger. Die große zahlenmäßige Überlegenheit alliierter Jagdstreitkräfte vermag immer wieder, die Jäger der Reichsluftverteidigung von den Bomberformationen abzuschirmen und ihnen obendrein große Verluste zuzufügen. Doch auch die Mustang ist nicht unverwundbar, wie die untere Aufnahme beweist.

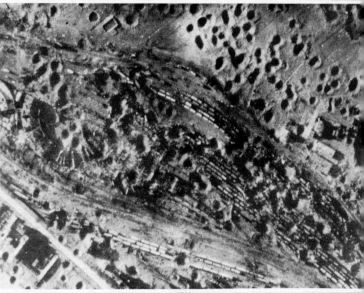

Drei Faktoren sind es, die sich letzthin als kriegsentscheidend auswirken: Der Angriff auf die Treibstoffindustrie (Angriff auf das Hydrierwerk Hannover-Misburg), die Zerschlagung des deutschen Verkehrsnetzes (Verschiebebahnhof Gießen, 24. Dezember 1944) sowie die Vernichtung der deutschen Flugzeuge auf ihren Horsten überall im Westen und im Reichsgebiet.

es den Unteroffizier Braun von der 2. Staffel, dessen Bf 109 K-4 brennend abgeschossen wird. Das nächste Opfer ist Feldwebel Mannchen in einer Maschine der IV. Gruppe. Auch sie stürzt ab und der Pilot fällt. Unruhe breitet sich im Verband aus, denn jetzt rast eine dritte Maschine, diesmal von der III./JG 27 in den Boden. Ob der Pilot, Unteroffizier Frickmann, einen Flaktreffer erhalten hat oder ob er nur ein Ausweichmanöver durchführen wollte – wegen der geringen Höhe ohnehin ein riskantes Unterfangen – bleibt unbeantwortet. Mit voller Geschwindigkeit scheint die gelbe »4« einen Straßenbaum berührt zu haben und montiert ab. Frickmann kommt bei diesem Absturz ums Leben.

Nach Überqueren des Amsterdam-Rhein-Kanals auf der Westseite von Utrecht, vollführt das Geschwader eine Schwenkung um 30 Grad und nimmt Kurs auf Breda. Nicht weit entfernt fliegen weitere deutsche Jagdformationen, die wahrscheinlich zum JG 1 oder zum JG 26 gehören. Ein imposantes Bild, denn auch den deutschen Flugzeugführern ist der Anblick eigener Jagdflugzeuge in so beeindruckender Stärke schon fremd geworden. Beim Frontüberflug erfolgt erneut Flakbeschuß. Durch einen tödlichen Treffer verliert hierbei die 2. Staffel ihren Kapitän, Leutnant Heinrich Wiese, dessen K-4 an den Ufern des Waals in der Nähe von Werkendam zerschellt.

Kurz danach zeichnet sich östlich von Breda ein Flugfeld ab, welches anschließend von einigen Maschinen angegriffen wird, wohl im Glauben, schon Melsbroek unter sich zu haben. Dieser Platz aber heißt Gilze-Rijen, der von drei mit Spitfire und Mustang ausgerüsteten Aufklärereinheiten belegt ist und den auch schon ein paar Schwärme des Jagdgeschwaders 3 bekämpft haben.

Inzwischen aber befindet sich das JG 27 längst über belgischem Gebiet, fliegt über die ausgedehnten Waldflächen der Provinz Antwerpen hinweg und nähert sich der Hauptstadt Brüssel. Hinter Mechelen fallen die Zusatzbehälter herunter, wenig später ist das Flugfeld von Melsbroek zu erkennen. Noch ein letztesmal gehen die Piloten in den deutschen Maschinen in Gedanken das Angriffskonzept durch. ›Jeder fliegt vier Angriffe mit dem Ziel, dabei jeweils ein Feindflugzeug am Boden zu zerstören.‹

Auf Melsbroek stehen in Lammfelljacken verpackte Soldaten mit flachen Helmen und richten ihre Blicke gespannt nach Norden. Kehren die Mitchell denn schon zurück? Aber es sind keine britischen Flugzeuge, die sich jetzt dort im Tiefflug nähern. Im selben Augenblick,

da die Beobachter auf dem Platz ihren Irrtum bemerken, und noch ehe sie die Zusammenhänge begreifen können, sind die Deutschen schon über ihnen. Der Angriff des JG 27 auf Melsbroek beginnt. Der Platz im Nordosten von Brüssel beherbergt zur Zeit des Angriffs drei Aufklärerverbände, die 16. Spitfire-, die 69. Wellington- und die 140. Mosquito-Squadron sowie drei mittlere Kampfflugzeugformationen, die 98., 180. und 320. Squadron, alle drei mit der North American B-25 »Mitchell« ausgestattet.
Während der ersten Tiefangriffe setzt das Abwehrfeuer der gegnerischen Platzflak nur zögernd ein und soll sich auch späterhin nicht wesentlich steigern. Zuerst sind die Messerschmitt der I. und II./JG 27 über der langen Nord-Süd-Bahn, später gefolgt von den Focke-Wulf des »Grünherz«-Geschwaders, der IV./JG 54. An vielen Stellen steigen schwarze Brandwolken in die Höhe; sie markieren die auf dem Platz von den Deutschen vernichteten Flugzeuge. Von der Wellington-Squadron werden elf Maschinen total zerstört und zwei weitere beschädigt.
Nach seinem zweiten Tiefangriff fliegt Unteroffizier Härtlein von der 7. Staffel wahrscheinlich zu weit nach Süden hinaus und befindet sich plötzlich über dem nur einen Katzensprung von Melsbroek entfernten Platz Evère, wo gerade die »Langnasen« des JG 26 ihre Angriffe durchführen. Als Härtlein schließlich abdreht und den Rückflug antritt, gerät er unterwegs in den Bereich leichter Flak und muß aufgrund eines Treffers aussteigen. Nach geglücktem Fallschirmabsprung geht er den Weg in die Gefangenschaft.
Als letzte Einheit greift die IV./JG 27 den Platz Melsbroek an. Hauptmann Dudeck kommt mit seiner Maschine aus der Sonne und kann bereits aus größerer Entfernung eine Anzahl von Bränden feststellen. Nach etwa fünf Angriffsflügen fliegt die Gruppe nach Osten ab. Kaum mehr als 40 Minuten hat der Angriff auf den Brüsseler Platz angedauert. Acht Mitchell, drei Spitfire und zwei Wellington bleiben schwer beschädigt auf dem Feld zurück. Die Engländer beziffern ihren Totalverlust außer den schon erwähnten elf Wellington mit nur drei Spitfire; es werden demnach bei diesem Angriff keine Mitchell und keine Mosquito zerstört.
Auf dem Rückflug der Verbände treten erneut Verluste ein. Im Raum Eindhoven wird Unteroffizier Maus von der 12./JG 27 an beiden Beinen verwundet, während eine Spitfire weiter südlich davon, bei Helden, den Unteroffizier Fink von der 1. Staffel tödlich abschießt.

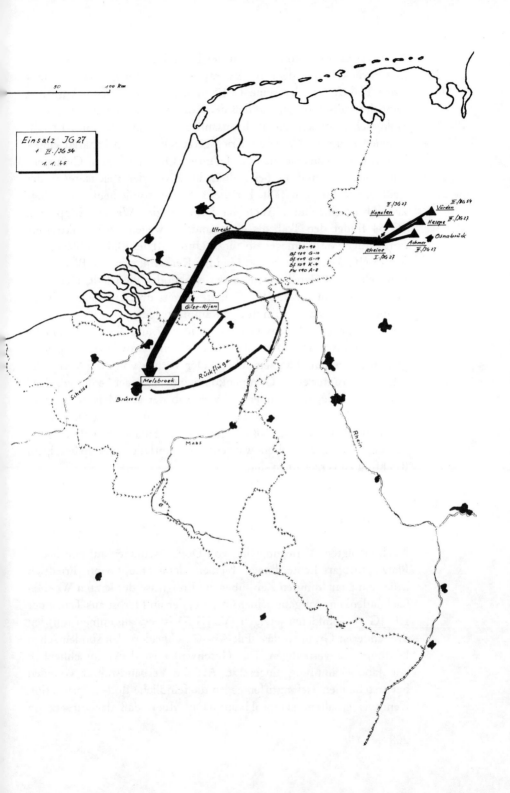

Auch der Gruppenkommandeur der IV./JG 27 wird nicht nach Achmer zurückkehren, denn bei Venray bekommt Hauptmann Dudeck einen Flaktreffer, der seine G-10 in Brand setzt. Beim Absprung reißt der Fallschirm ein, so daß der Kommandeur durch die erhöhte Sinkgeschwindigkeit ziemlich unsanft am Boden ankommt. Er fällt in einen Baum und wird als Kriegsgefangener in ein Lazarett eingeliefert. Inzwischen ist auch der Fähnrich Otto Theisen in Gefangenschaft geraten, und als bei Aalten, kurz vor der Reichsgrenze der Leutnant v. Stechow fällt, hat die 2. Staffel somit heute vier Flugzeugführer eingebüßt. Auch der Unteroffizier Werner Köpp vom JG 54 findet den Tod, als er vermutlich wegen eines Flaktreffers nordöstlich von Nijmegen abstürzt. Unteroffizier Ohlenschläger von der 15./JG 54 bleibt vermißt. Und bei Kerkwijk wird die Bf 109 K-4 von Feldwebel Gäbel abgeschossen, wobei der Pilot fällt. Der junge Gert Gäbel von der 13./JG 27 hatte bereits drei Luftsiege erringen können, davon zwei viermotorige Kampfflugzeuge.

Bei Einsatzende zählt das Jagdgeschwader 27 und die ihr unterstellte IV./JG 54 insgesamt 13 gefallene oder vermißte sowie vier in Gefangenschaft geratene Flugzeugführer. Der Verlust von zwei Verbandsführern, darunter einen Gruppenkommandeur, wiegt zu diesem Zeitpunkt des Krieges besonders schwer. Ob der auf Melsbroek angerichtete Schaden diese Einbußen aufwiegt, bleibt schwer zu beurteilen. Bemerkenswert ist, daß die meisten Ausfälle – unter Beteiligung der eigenen Flak – schon während des Anfluges und später beim Rückflug zu verzeichnen sind.

»Pik As« über Metz

Nach erfolgtem Verlegungsflug von Donaueschingen auf den neuen Platz Stuttgart-Echterdingen bleiben dem Hauptmann Friedrich Müer ein paar Minuten Zeit, über die Ereignisse der letzten Wochen nachzudenken. Aufgabe seiner Gruppe, der im Herbst aus Teilen der III./JG 76 gebildeten jetzigen IV./JG 53 ist es, zusammen mit den drei anderen Gruppen des »Pik As«-Geschwaders den süddeutschen Luftraum zu verteidigen. Das Geschwader ist dabei ausschließlich zur Jabobekämpfung eingesetzt. Als die Verbandsführer von den bevorstehenden Tiefangriffen gegen die feindliche Bodenorganisation Kenntnis erhalten, glaubt Hauptmann Müer, daß der Einsatz im

Bereich der 5. Jagddivision auch aus noch anderen Gründen stattfinden könnte. Nachdem Hitler nämlich erkennen muß, daß die Ardennenoffensive nicht den erwarteten Erfolg bringen wird, erteilt er schon gegen Ende des Monats Dezember den Befehl zur Vorbereitung einer zweiten Offensive aus dem nördlichen Elsaß heraus: dem Unternehmen »Nordwind«.

Da dem Gegner laut Gefangenenaussagen aber dieser Plan bereits bekannt ist und er eine solche Offensive schon für den 29. Dezember erwartet – tatsächlich beginnt sie am 1. Januar 1945 – rechnet sich Hauptmann Müer unschwer aus, daß auch die amerikanischen Luftstreitkräfte, die Jabos inzwischen ihre Vorbereitungen getroffen haben mußten. Nicht umsonst sind am 27. Dezember die Thunderbolt der 365. Fighter Group, 9. US-Luftflotte, vom belgischen Platz Chièvres nach Metz-Frescaty verlegt worden, also in unmittelbare Frontnähe. Die deutschen Truppen an der Vogesenfront stehen zu diesem Zeitpunkt etwa auf der Linie Hagenau-Bitsch.

Am Morgen des Neujahrstages werden die Flugzeugführer der II., III. und IV./JG 53 in Schwärme eingeteilt, denn, so heißt es ganz unverhofft, das Geschwader wird geschlossen einen Angriff gegen den französischen Flugplatz im Südwesten von Metz fliegen. Die Anflugroute verläuft über Weißenburg, Pirmasens und den Raum St. Avold, nachdem die Gruppen in »05 Süd Ulrich-Richard« sowie »04 Nord Anton-Richard« sich formiert haben. Ob die III. Gruppe sich ebenfalls über dem vorgesehenen Sammelpunkt Karlsruhe einfindet oder vom Feldflugplatz Kirrlach aus direkt nach Westen vordringt, um hinter Pirmasens zu den Maschinen der beiden anderen Gruppen zu stoßen, ist nicht genau bekannt.

Nach dem Start überdenkt Feldwebel Friedrich Scheer von der 11. Staffel noch einmal seinen Flugauftrag: sein Schwarm soll die gegnerische Platzflak auszuschalten versuchen. Doch soweit kommt es gar nicht, die III./JG 53 wird Metz nicht erreichen. Als die Gruppe Landau hinter sich gelassen hat und nun den Pfälzerwald überfliegt, wird sie von einem sehr starken Thunderbolt-Verband angegriffen. Wegen der Funkstille kommt der amerikanische Angriff natürlich überraschend. Den deutschen Flugzeugführern bleibt nichts anderes übrig, als den Kampf anzunehmen. Also Zusatztanks abgeworfen und hochgezogen, denn die Messerschmitt können so tief am Boden keine Abwehrmaßnahmen ergreifen. Aber die Thunderbolt sind in der Überzahl. Sie schießen mindestens neun Maschinen der Gruppe zwischen Kaiserslautern und Pirmasens ab. Alle Piloten, darunter auch Feldwebel Scheer, können sich mit dem Fallschirm retten, nur zwei werden verwundet: Feldwebel Plettner von der 11. und Unteroffizier Göller von der 12. Staffel. Plettner hat vor seinem Absprung noch eines der gegnerischen Jagdflugzeuge gerammt.

Hauptmann Luckenbach, Staffelkapitän der 12., fliegt heute eine fabrikneue Bf 109 G-14 – und muß während des Gefechts prompt aussteigen, da »der Motor das Tempo des Luftkampfes nicht vertrug und mir um die Ohren flog«, wie Luckenbach selbst schildert. Eigentlich sollte auch Feldwebel Polak von der 11. Staffel diesen Einsatz mitfliegen, aber irgendwie klappte es nicht mit der rechtzeitigen Benachrichtigung. Polak tritt also ohne von dem kommenden Einsatz zu wissen ordnungsgemäß seinen Sonntagsabend-Ausgang an. Als er wieder zum Horst zurückkehrt, ist die Gruppe bereits unterwegs. Wahrscheinlich war nicht sehr vielen Jagdfliegern das Glück beschieden, den Neujahrseinsatz auf diese Weise zu verpassen und dadurch möglicherweise dem Schicksal noch einmal entgangen zu sein. Auch Polak's Staffelkapitän, Leutnant Landt, überlebt vielleicht nur deshalb den Krieg, weil er sich am 1. Januar gerade im Luftwaffenerholungsheim in Bad Wiessee aufhält.

Inzwischen sind alle im Westen stationierten Gruppen des Jagdgeschwaders 53* nach Metz unterwegs. Dieser Platz liegt, wenn man Metz in südlicher Richtung verläßt, nur etwa zwei bis drei Kilometer rechts der Nationalstraße 57 nach Pont-à-Mousson und diente einmal verschiedenen Nachtjagdeinheiten, so dem Stab/NJG 4 als Einsatzhorst.

Über den Angriff selbst ist nicht viel zu berichten, da sowohl die eigenen als auch die amerikanischen Angaben darüber recht mager ausfallen. So steht auch nicht fest, wieviele Flugzeuge der Gegner auf Metz-Frescaty verliert. Als die Messerschmitt angreifen, stehen etwa 40 P-47 mit gelben Motorabdeckungen auf dem Feld, möglicherweise die gesamte 365. Fighter Group. Nachdem die ersten Feindmaschinen in Flammen aufgehen, setzt starkes Flakfeuer ein, und es gelingt den Amerikanern, ihrerseits eine ganze Reihe Messerschmitt zum Absturz zu bringen. Der Gefreite Alfred Michel von der 16. Staffel wird gleich beim ersten Angriff mit seiner blauen »2« abgeschossen, aber er meldet sich später aus amerikanischer Gefangenschaft, während Un-

---

* Die I./JG 53 (Major Harder) kämpft zu diesem Zeitpunkt im ungarischen Einsatzraum der Ostfront.

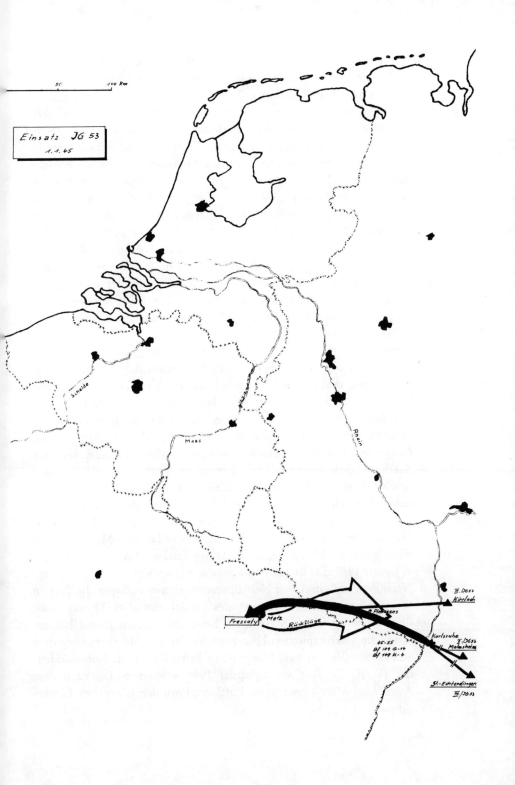

teroffizier Pechardscheck von der gleichen Staffel ebenfalls einen Flaktreffer erhält, seine G-14 jedoch wieder zurückbringt und diesen Einsatz nach Bauchlandung in Echterdingen verwundet übersteht.
Drei Flugzeugführer der I. Gruppe sind gefallen, vier weitere bleiben zunächst noch vermißt, aber mindestens zwei von ihnen sind Gefangene der amerikanischen Truppen. Unter den Gefallenen befindet sich der mit dem Deutschen Kreuz in Gold ausgezeichneten Feldwebel Johannes Müller, der vor nicht langer Zeit von der Nahaufklärungsgruppe 13 zur Jagdfliegerei gestoßen ist. Wahrscheinlich wurde er das Opfer gegnerischer Flak; die Amerikaner melden später, daß Feldwebel Müller von der 7./JG 53 am 2. Januar 1945 infolge Verbrennungen 3. Grades verstorben ist. Auf dem Soldatenfriedhof Sandweiler bei Luxemburg findet dieser deutsche Jagdflieger seine letzte Ruhestätte. Ferner sind Feldwebel Nachotzky von der 6. Staffel und der zunächst bei Metz vermißte Feldwebel Ernst Off von der 8. Staffel gefallen. Auch Off ruht in fremder Erde: sein Grab befindet sich in Niederbronn in Lothringen.
Insgesamt acht Ausfälle verzeichnet die IV. Gruppe von Hauptmann Müer nach dem Unternehmen »Bodenplatte«, darunter fünf Flugzeugführer, deren Schicksal auch heute noch unbekannt ist: Oberleutnant Benz und Unteroffizier Maxis von der 13., Fähnrich Leese von der 14. sowie Feldwebel Jascheck und Fähnrich Rosenberger von Hauptmann Mayers 15. Staffel. Als Truppen des US Army Signal Corps am 1. Februar, einen Monat nach »Bodenplatte«, bis nach Saarlouis vordringen, finden sie den Rumpf einer bereits teilweise ausgeschlachteten Bf 109. Die Maschine trägt, noch deutlich erkennbar, neben dem schwarzen Rumpfband des JG 53 und den Zeichen der IV. Gruppe die taktische Zahl, eine weiße »13«. Ob es sich hier um die Messerschmitt des vermißten Unteroffiziers Herbert Maxis handelt, wird noch zu klären versucht. Unteroffizier Maxis aber flog am 1. Januar 1945 eine Bf 109 G-14 mit der weißen »13«.
Nach dem verlustreichen Neujahrsunternehmen verfügen die drei im Westen stationierten Gruppen des Jagdgeschwaders 53 nur noch über 30 einsatzfähige Maschinen. Keine 24 Stunden darauf beherrschen die amerikanischen Flugzeuge wieder den Luftraum über dem Südwesten des Reiches. Hauptmann Friedrich Müer, Kommandeur der IV./JG 53, fällt am 2. Januar 1945, nur einen Tag nach dem Angriff auf Metz-Frescaty, im Luftkampf mit den Jabos über Echterdingen.

Letzter Großeinsatz des JG 77 im Westen

Seit Kriegsbeginn auf allen Kampfschauplätzen zum Einsatz gelangt, ist das »Rotherz«-Geschwader schon immer an den markanten Brennpunkten der Feldzüge anzutreffen gewesen. Es beginnt mit der Operation »Weserübung«, der Besetzung Dänemarks und Norwegens im April 1940, bei der die II./JG 77 als einziger Jagdverband teilnimmt. Danach folgen Frankreich und der Balkan, anschließend der Südabschnitt der Ostfront und darauf der Kampfraum Nordafrika und Italien. Nach dem Tode Münchebergs, der seit Oktober 1942 das Geschwader geführt hatte, übernimmt Major Steinhoff Ende März 1943 das JG 77 im Mittelmeerraum. Unter seiner Führung muß das Geschwader dann die erbitterten Abwehrkämpfe in Tunesien durchstehen, um später dann in den opfervollen Luftschlachten über Sizilien und der italienischen Halbinsel zusammen mit Teilen des Jagdgeschwaders 53 dezimiert zu werden.
In der Reichsverteidigung zeigt sich zum erstenmal der Mangel an fliegerischem Nachwuchs, denn die Verluste steigen ständig. Im Herbst bekämpft das JG 77 den alliierten Luftlandeversuch im Raum Arnheim und muß die errungenen Erfolge mit hohen Ausfällen bezahlen. Vom 21. bis zum 28. September 1944 verzeichnet das Geschwader 17 gefallene oder vermißte Flugzeugführer, darunter auch den Sohn von Generaloberst Student, Leutnant Hans-Dieter Student. Eine ganze Reihe ausgezeichneter Jagdflieger und Verbandsführer haben dieses Jagdgeschwader geprägt. Es sind Männer wie Bär, Deicke, Freytag, Gollob, Huy, Köhler, Leie, Mader, Müncheberg, Reinert, Setz, Steinhoff, Ubben, Wiese, um nur ein paar von ihnen zu nennen.
Als Mitte Dezember 1944 mit der Ardennenoffensive das große Sterben der Jagdflieger beginnt, wird auch das JG 77 nicht verschont. Es erleidet hauptsächlich in den Tagen um die Weihnachtszeit schwere Verluste. Vom alten Stamm aus der Mittelmeerzeit ist nicht mehr viel übriggeblieben. Nachdem am 24. Dezember Major Wiese so schwer verwundet wird, übernimmt Erich Leie am 29. Dezember das Geschwader als Kommodore. Hauptmann Armin Köhler, damals noch Kapitän der 2. Staffel, führt jetzt die III. Gruppe. Und nun steht ein neues Unternehmen bevor. Für das JG 77 ein verfahrener Einsatz,

wie sich anschließend herausstellen soll. Das liegt nicht so sehr an den Verlusten – sie betragen zehn Prozent der beteiligten Kräfte – sondern vielmehr an der Durchführung des Angriffes selbst, der aus irgend einem Grund völlig daneben geht.
Noch vor dem deutschen Gegenstoß im Westen wird das JG 77 dem II. Jagdkorps unterstellt und bezieht seine neuen Einsatzplätze mitten im Ruhrgebiet. Die I. Gruppe verlegt von Schönwalde nach Dortmund, die II. in Bönninghardt ein, während die aus Seyring kommende III./JG 77 sich in Düsseldorf-Lohausen einfindet. Am 1. Januar 1945 beträgt die Einsatzstärke immerhin rund 100 Flugzeuge. Das Bodenpersonal hat es fertiggebracht, jede nur denkbare Möglichkeit auszuschöpfen, um diesen Bestand flugklar melden zu können. Ein starkes Geschwader also, wenn man bedenkt, daß manche Jagdgruppen praktisch nur noch in Staffelstärke existieren. Aber diese bei einem Geschwader der Reichsluftverteidigung schon selten gewordene Kampfstärke soll heute nichts nützen. Der Schlag, den die Jagdflieger des JG 77 durchführen, wird verpuffen.
Auch in Bönninghardt, Dortmund und Düsseldorf vollziehen sich die Vorbereitungen zum Unternehmen »Bodenplatte« im großen und ganzen nach dem gleichen Schema wie auf den anderen Feldflugplätzen auch. Dem JG 77 ist der belgische Flugplatz Antwerpen-Deurne als Angriffsziel zugewiesen worden, und um dorthin zu gelangen, müssen die Piloten eine Flugstrecke von mehr als 350 Kilometer zurücklegen. Bei direktem Kurs nach Westen wäre der Flugweg um die Hälfte kürzer, aber um den Überraschungseffekt zu gewährleisten, wird das Geschwader unter Berücksichtigung des Frontverlaufes einen großen, nach Norden führenden Bogen beschreiben und über Rotterdam kommend sein Ziel angreifen.
»Sammeln in ›Julius-Otto‹. In diesem Planquadrat, etwa bei Borken, befindet sich die erste Wendemarkierung!«
Staffel auf Staffel startet in den klaren Morgen hinein. Sofort wenden sich die Maschinen nach Norden, überqueren die Lippe und sind in fünfzehn Minuten über Borken. Die Sicht ist ausgezeichnet, alles verläuft planmäßig. Nach einer weiteren Viertelstunde schlagen die Messerschmitt Südwestkurs ein und fliegen an Utrecht vorbei dem dritten Wendepunkt südlich von Rotterdam entgegen. Beim Frontüberflug schießt die Marineflak aus allen Rohren.
Als eine der ersten Maschinen des Geschwaders geht die K-4 von Leutnant Abendroth in die Tiefe. Der Leutnant gerät, wie später erst

bekannt wird, bei Rosendaal in die Hände des Gegners. Die beiden Gefreiten Kofler und Mannweiler bleiben zunächst ebenfalls vermißt, bis sich herausstellt, daß Kofler gefallen ist und Mannweiler sich in Gefangenschaft befindet.

Nicht nur die deutsche Flak nimmt die Jagdverbände unter Beschuß. Ein paar Kilometer vom Ostufer der Ooster Schelde entfernt liegt nämlich der Flugplatz Woendsrecht, auch unter dem Namen Bergen op Zoom bekannt. Als einige Schwärme des JG 77 fälschlicherweise diesen noch auf holländischem Territorium liegenden Platz angreifen, ist kaum eine Feindmaschine darauf zu erkennen. Die deutschen Jagdflieger können nicht wissen, daß alle fünf Spitfire-Squadrons unterwegs sind.

Unterdessen zeichnet sich im Süden die in Sonnenlicht getauchte Hafenstadt Antwerpen ab. Nicht zu übersehen das weitausgedehnte Hafengebiet mit den größten Dockanlagen Europas sowie die mächtige Kathedrale. Jedoch bleibt für derartige Betrachtungen keine Zeit, denn als die Piloten die Schelde überfliegen, setzt abermals Flakbeschuß ein. Und plötzlich fehlt die gelbe »1« des Ritterkreuzträgers Leutnant Hackler. Der in Siegen geborene Staffelkapitän der 11./JG 77 muß irgendwo vor Antwerpen abgeschossen worden sein; man hat nie wieder etwas von ihm gehört.

Auf B-70 (Deurne) sind britische Jagdflugzeuge vom Typ Hawker Typhoon stationiert. Nur eine einzige davon, eine Maschine der 266. Squadron, geht während des Angriffs verloren, ein gutes Dutzend andere werden nur beschädigt. Dagegen geraten noch zwei Jagdflieger nach Abschuß im Raum Antwerpen in Gefangenschaft: Unteroffizier Twietmeyer und der Fähnrich Braband, beide von der III. Gruppe.

Gemäß Einsatzauftrag sollten die Piloten viermal den Platz anfliegen und dabei einzeln oder rottenweise angreifen. Aber es klappt nicht so recht, und das könnte zweierlei Gründe haben. Sowohl der unprogrammgemäße Abstecher und die dort erlittene Enttäuschung als auch die starke gegnerische Bodenabwehr lassen möglicherweise das ganze Angriffskonzept durcheinandergeraten. Nach britischen Angaben führen nur etwa 30 Maschinen den Angriff auf Antwerpen-Deurne aus. Die II./JG 77 scheint das Einsatzziel überhaupt nicht zu finden. Mehrmals kreisen die Messerschmitt über dem Nordosten der Stadt, ohne den Platz Deurne anzugreifen.

Nach dem erfolglosen Angriff über Antwerpen tritt das Geschwader

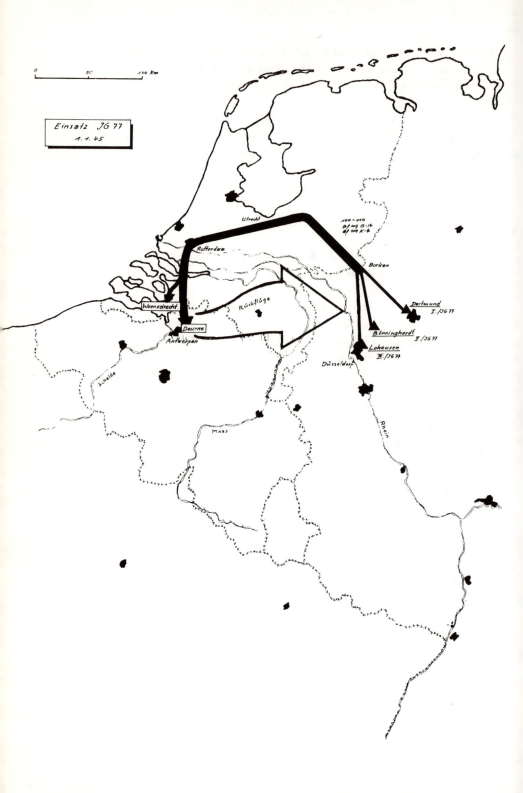

den Rückflug in nordöstlicher Richtung an. Noch zwei Flugzeugführer fallen auf dem Weg zurück, als in der Nähe von Tilburg die weiße »17« abgeschossen wird, während die Engländer kurz vor dem Überfliegen der Reichsgrenze die rote »7« vom Himmel holen. Beide Piloten, Unteroffizier Munninger und Leutnant Schumacher, gehören zur 10. Staffel.

Im Gesamten gesehen bleibt bei einer Einsatzstärke von etwa je 35 Maschinen pro Gruppe der Verlust von zehn Flugzeugführern noch recht gering, niedriger jedenfalls als bei allen anderen Geschwadern. Es sieht so aus, als ob eine der Gruppen, wahrscheinlich die I./JG 77, sich über Woensdrecht verzettelt hat und nur die III. Gruppe über dem Angriffsziel gewesen ist, da die II./JG 77 angeblich Antwerpen-Deurne nicht hat lokalisieren können. So mag es auch zutreffen, daß nur etwa 30 deutsche Jagdflugzeuge über Deurne erschienen sind.

Nach den eigenen Verlustangaben sind vier Flugzeugführer gefallen, zwei werden auch heute noch vermißt, und vier Piloten geraten in Gefangenschaft. Allerdings nennen die Alliierten eine Zahl von fünf Gefangenen des JG 77, darunter einen Piloten der 6. Staffel. Es ist durchaus möglich – und das betrifft auch die anderen Jagdverbände – daß die deutschen Verlustmeldungen einige kleine Lücken aufweisen und die vorliegenden Verlustaufstellungen somit also eher zu niedrig als zu hoch anzusehen sind. Von der II./JG 77 ist uns nur ein einziger Verlust bekannt: Feldwebel Paul Tank aus der 8. Staffel. Der gebürtige Hamburger gilt als Suchfall.

Schon sehr bald nach dem unglücklichen Unternehmen »Bodenplatte« erreicht das Geschwader ein neuer Befehl: Verlegung an die Ostfront. Und damit bahnt sich ein weiteres Kapitel vom Untergang der deutschen Jagdwaffe an.

Die Verluste

»Neujahr 45: Todesbefehl aus dem Bunker« – »304 Maschinen kehrten vom Feindflug nicht zurück« – »59 Geschwaderkommodore fielen der mörderischen Abwehr der Alliierten zum Opfer.«
Was ist Wahres an diesen Schlagzeilen aus Presse und Veröffentlichungen der Nachkriegszeit? Seit jenem Neujahrseinsatz sind fast genau 28 Jahre vergangen. Viele der damals als »vermißt« gemeldeten Flieger haben den Krieg tatsächlich überlebt, ebenso viele aber kön-

nen mit Sicherheit zu den gefallenen Piloten hinzugezählt werden. Rund vier Dutzend Suchfälle warten auch heute noch auf Klärung, und von etlichen Vermißten liegt überhaupt kein Hinweis über ihr Schicksal vor; es ist also nicht bekannt, ob sie gefallen oder heimgekehrt sind. Nach mehr als vier Jahren intensiver Nachforschungen stehen die am 1. Januar 1945 von der Jagdwaffe erlittenen Personaleinbußen so gut wie sicher fest. Das ermittelte Zahlenmaterial wird hier zum erstenmal veröffentlicht.
Allein die deutsche Tagjagd verliert im »Bodenplatte«-Unternehmen 215 Flugzeugführer, davon 150 gefallene oder vermißte. 65 Piloten geraten in alliierte Gefangenschaft, von 48 Fliegern besteht heute noch ein Suchantrag. Zu diesen kommen 19 verwundete Flugzeugführer, die aber nur bedingt als Verlust anzusehen sind; sie wurden nur für einen mehr oder weniger langen Zeitraum aus dem Einsatz gezogen.
Herrscht über die Flugzeugführereinbußen bis auf unwesentliche Verschiebungen Klarheit, so stößt man bei der Erfassung der Materialverluste auf Schwierigkeiten, weil eine Aufstellung reiner Flugzeugvernichtungen nicht zu beschaffen ist und wohl auch nicht existiert. In jedem Geschwader aber sind sowohl durch Feindeinwirkungen als auch durch eigene Flak oder durch technische Fehler Maschinen abgestürzt, deren Piloten unverletzt blieben, so daß auf diese Weise ohne weiteres 60 bis 70 Flugzeuge zu den 255 Personalverlusten hinzugezählt werden können. Und damit dürfte die deutsche Jagdwaffe am 1. Januar 1945 um die 300 Jagdmaschinen eingebüßt haben. Auf die Anzahl der am Einsatz beteiligten Flugzeuge bezogen ergibt das einen Gesamtverlust von 30 Prozent!
Der Gegner meldet insgesamt 137 aufgefundene Wracks – 98 im britischen Frontabschnitt und 39 im amerikanischen, wobei 57 Maschinen von Jägern und 80 von der gegnerischen Flak vernichtet worden sein sollen. Addiert man nun die 48 noch gesuchten Maschinen sowie 19 Flugzeuge der verwundeten Piloten, so sind das rund 200 Maschinen. Die restlichen müßten dann auf das Konto der eigenen Flak gehen. Aber diese Angaben können nicht zuverlässig sein, denn etliche der von der deutschen Bodenabwehr abgeschossenen Maschinen gehen auch auf feindlichem Territorium nieder und sind somit bereits in der Zahl von 137 mit enthalten. Dennoch dürfte die Endsumme nicht allzu weit von dem tatsächlichen Resultat entfernt liegen.
Völlig absurd jedoch ist die immer wieder genannte Zahl von 59 Ver-

bandsführern, die das Unternehmen »Bodenplatte« gekostet haben soll. Auf welche Weise diese Angaben einmal zustande gekommen sind, bleibt unbekannt. Wie hoch der Anteil der Verluste an Verbandsführern wirklich ist, geht aus folgender Übersicht hervor:

    3 Geschwaderkommodore (mit Oberst Druschel vom SG 4)
    5 Gruppenkommandeure
  <u>11 Staffelkapitäne</u>   (davon einer verwundet)
  19 Verbandsführer
<u>+ 236 Mannschaften</u>   (davon 19 Verwundete)
  255 Flugzeugführer

Und da wir schon ein wenig Statistik betreiben, soll auch nicht unerwähnt bleiben, daß die beiden Verbände JG 4 und JG 53 keinen Verbandsführer verloren haben. Das JG 6 hat dagegen die meisten Verbandsführer eingebüßt, nämlich insgesamt sechs. Die wenigsten Flugzeugführer verliert das JG 77, die meisten das JG 4. Als einzelne Einheit muß die dem JG 26 unterstellte III. Gruppe des JG 54 den höchsten Verlust hinnehmen: von siebzehn gestarteten Maschinen kehren nur noch sieben wieder zurück, das ist ein Ausfall von fast 60 Prozent!
Unternehmen »Bodenplatte« bedeutet die absolute Niederlage. Die mit den Standardjagdflugzeugmustern ausgerüsteten Verbände der Reichsluftverteidigung werden sich von diesem Schlag nie mehr erholen. Ihr weiterer Einsatz bleibt auf die Gesamtlage gesehen bedeutungslos und bildet für die in überwältigender Stärke einfliegenden gegnerischen Verbände keine Gefahr mehr.
Das ganze Unternehmen bleibt nach wie vor umstritten – den Verlust von 167 gefallenen und vermißten Jagdfliegern innerhalb von vier Stunden bei in Frage gestelltem Erfolg kann man nur als Wahnsinn bezeichnen. Es wird schwer sein, der nachfolgenden Generation, die mit Sicherheit ihre Fragen stellt, all diese Geschehnisse begreiflich zu machen.

Die deutschen Verluste im Unternehmen »Bodenplatte«
(Stand: Oktober 1988)

Jagdgeschwader 1

Uffz.	Ardner, Edgar	5. Staffel	Gefangenschaft
Gefr.	Bauch, Karl-Heinz	2. Staffel	vermißt
Uffz.	Behrens, Gerhard	8. Staffel	gefallen
Uffz.	Böhmer, Heinz	3. Staffel	gefallen
Uffz.	Comptesse, Egon	1. Staffel	gefallen
Uffz.	Fritzsche, Alfred	4. Staffel	Gefangenschaft
Lt.	Guha, Anton	10. Staffel	Gefangenschaft
Hptm.	Hackbarth, Georg (Gruppenkommandeur)	Stab I. Gruppe	gefallen
Fw.	Hahn, Karl	5. Staffel	vermißt
Fw.	Hofmann, Fritz	3. Staffel	Gefangenschaft
Lt.	Holick, Walter	5. Staffel	noch Suchfall
Lt.	v. Johannides, Ernst	5. Staffel	gefallen
Fw.	Kilian, Heinz Jürgen	3. Staffel	gefallen
Fw.	Klints, Harrys	2. Staffel	gefallen
Fw.	Kräuter, Wilhelm	10. Staffel	gefallen
Ofhr.	Kreb, Hilmar	7. Staffel	noch Suchfall
Uffz.	Kuntzsch, Otto	5. Staffel	gefallen
Fw.	Mayr, Paul	8. Staffel	gefallen
Oblt.	Meinhof, Hans Gottfried (Staffelkapitän)	4. Staffel	gefallen
Ofw.	Niedereichholz, Kurt	7. Staffel	noch Suchfall
Uffz.	Schober, Reinhold	8. Staffel	noch Suchfall
Uffz.	Vetter, Oskar	7. Staffel	verwundet
Uffz.	Wenniges, Erich	5. Staffel	gefallen
FjFw.	Wichardt, Willi	9. Staffel	Gefangenschaft
Uffz.	Wunderlich, Paul	2. Staffel	Gefangenschaft

Jagdgeschwader 2

Ofhr.	Aickelin, Rudolf	7. Staffel	gefallen
Uffz.	Altpeter, Fritz	11. Staffel	gefallen
Uffz.	Binger, Siegfried	10. Staffel	Gefangenschaft
Uffz.	Bollwerk, Helmut	5. Staffel	noch Suchfall
Uffz.	Breitweg, Helmut	1. Staffel	Gefangenschaft
Gefr.	Büscher, Fritz	3. Staffel	gefallen
Ogfr.	Büttner, Albert	3. Staffel	noch Suchfall
Lt.	Clemens, Christfried	10. Staffel	gefallen
Uffz.	Dost, Otto	1. Staffel	gefallen
Ogfr.	Dworak, Franz	3. Staffel	noch Suchfall
Lt.	Edelhoff, Werner	Stab	Gefangenschaft
Uffz.	Eggert, Wilhelm	4. Staffel	noch Suchfall
Lt.	Enge, Martin	10. Staffel	gefallen

Die 390. Bombardement Group während ihrer Angriffes auf das Treibstofflager der Wehrmacht in Derben-Ferchland an der Elbe am 14. Januar 1945. An diesem Tag können die Jäger der beiden Jagdgeschwader JG 300 und JG 301 noch einmal Abschußerfolge verbuchen. Sie verlieren aber gleichzeitig 55 Flugzeugführer im Luftkampf.

Nach dem Start fegt eine Bf 109 G-10/R6 nur wenige Meter hoch über den Platz hinweg.

Einer der wenigen Überlebenden des »Sonderkommandos Elbe«, Lt. Broeckelschen. Alle noch verfügbaren Maschinen werden für diesen Verband bereitgestellt. Diese G-14 trägt noch die dreistellige taktische Zahl einer Jagdfliegerschule und ist, wie das »Pik As« vermuten läßt, auch schon einmal beim JG 53 zu Gast gewesen.

Die Absturzstelle einer deutschen Maschine. Mitunter zeugten solche Wracks noch lange nach dem Krieg vom großen Sterben der deutschen Jagdflieger.

Uffz.	Hilbert, Werner	9. Staffel	verwundet
Fw.	Hohenberg, Werner	4. Staffel	Gefangenschaft
Uffz.	Jäger, Johann	12. Staffel	gefallen
Uffz.	Katzer, Erwin	4. Staffel	noch Suchfall
Fw.	Keppler, Fritz	8. Staffel	gefallen
Uffz.	Klein, Ernst	10. Staffel	gefallen
Uffz.	Körber, Herbert	3. Staffel	verwundet
Uffz.	Optenhostert, Friedrich	4. Staffel	gefallen
Fw.	Peschak, Josef	10. Staffel	Gefangenschaft
Gefr.	Piesker, Werner	4. Staffel	noch Suchfall
Uffz.	Redlich, Adolf	12. Staffel	noch Suchfall
Uffz.	Ruppel, Richard	11. Staffel	gefallen
Uffz.	Scherwadt, Wilhelm	11. Staffel	Gefangenschaft
Hptm.	Schröder, Georg (Gruppenkommandeur)	Stab II. Gruppe	Gefangenschaft
Ofw.	Schuler, Fritz	12. Staffel	gefallen
Ogfr.	Schyma, Hubert	2. Staffel	Gefangenschaft
Uffz.	Spiess, Michael	12. Staffel	vermißt
Fhr.	Storkan, Richard	1. Staffel	vermißt
Lt.	Swoboda, Fritz	11. Staffel	gefallen
Fw.	Tschelesnig, Karl	2. Staffel	Gefangenschaft
Lt.	Wagner, Helmut	5. Staffel	verwundet
Uffz.	Wilkens, Georg	4. Staffel	Gefangenschaft
Ofw.	Wylezick, Otto	10. Staffel	verwundet
Uffz.	Wyssola, Hans	2. Staffel	Gefangenschaft

Jagdgeschwader 3

Uffz.	Busch, Erich	14. Staffel	gefallen
Uffz.	Dors, Alfred	10. Staffel	verwundet
Fw.	Fischer, Paul	2. Staffel	Gefangenschaft
Uffz.	Grell, Hansjoachim	15. Staffel	gefallen
Ofw.	Hameister, Friedrich	4. Staffel	Gefangenschaft
Lt.	Jung, Hans (Staffelkapitän)	10. Staffel	gefallen
Fw.	Leipholz, Gerhard	14. Staffel	gefallen
Ofhr.	Naumann, Uwe	11. Staffel	gefallen
Uffz.	Reinecke, Helmut	1. Staffel	Gefangenschaft
Ofw.	Reiser, Robert	10. Staffel	verwundet
Fw.	Rutkowski, Walter	4. Staffel	Gefangenschaft
Uffz.	Schmidt, Alois	16. Staffel	noch Suchfall
Uffz.	Schmidt, Gerhard	15. Staffel	Gefangenschaft
Fw.	Schmitt, Theodor	3. Staffel	gefallen
Uffz.	Schöne, Horst	3. Staffel	noch Suchfall
Fhr.	Tazreiter, Friedrich	1. Staffel	Gefangenschaft
Oblt.	v. Treuberg, Eberhard, Graf (Staffelkapitän)	12. Staffel	noch Suchfall
Gefr.	Wieschhoff, Rudolf	4. Staffel	gefallen

Jagdgeschwader 4

Uffz	Anetzhuber, Walter	13. Staffel	gefallen
Uffz	Bartels, Georg	9. Staffel	gefallen
Fw.	Berg, Karl	15. Staffel	noch Suchfall
Uffz.	Breves, Willi	7. Staffel	noch Suchfall
Uffz.	Dierks, Hans Gustav	5. Staffel	gefallen
Lt.	Ecker, Elmar	16. Staffel	gefallen
Ofhr.	Grüner, Horst	15. Staffel	gefallen
Uffz.	Güldenpfennig, Erich	7. Staffel	gefallen
Uffz.	Holtkötter, Hermann	13. Staffel	gefallen
Uffz.	Hübner, Walter	7. Staffel	tödl. Absturz
Uffz.	Keller, Erich	5. Staffel	noch Suchfall
Gefr.	Lack, Kurt	3. Staffel	gefallen
Lt.	Morio, Gottfried	7. Staffel	verwundet
Gefr.	Noppener, Karl	13. Staffel	gefallen
Ogfr.	Peschel, Hans	5. Staffel	vermißt
Uffz.	Richter, Heinz	II. Gruppe	noch Suchfall
Ofhr.	Russow, Arnulf	15. Staffel	Gefangenschaft
Ofhr.	Schaar, Franz	5. Staffel	gefallen
Uffz.	Schmidt, Lothar	15. Staffel	Gefangenschaft
Fw.	Schneider, Franz	4. Staffel	noch Suchfall
Uffz.	Schwarzenau, Günther	8. Staffel	Gefangenschaft
Uffz.	Tharann, Horst	8. Staffel	Gefangenschaft
Gefr.	Wagner, Walter	5. Staffel	Gefangenschaft
Uffz.	Zetzschke, Werner	4. Staffel	gefallen

Jagdgeschwader 6

Uffz.	Betz, Karl	10. Staffel	gefallen
Uffz.	Fries, Karl	4. Staffel	gefallen
Oblt.	Gerlach, Lothar (Staffelkapitän)	9. Staffel	noch Suchfall
Lt.	Grabmair, Karl	5. Staffel	gefallen
Fw.	Grislawski, Helmut	5. Staffel	Gefangenschaft
Ofw.	Jung, Walter	2. Staffel	noch Suchfall
Hptm.	Katz, Norbert (Staffelkapitän)	5. Staffel	gefallen
Hptm.	Kindler, Wilhelm (Staffelkapitän)	11. Staffel	Gefangenschaft
Oberstlt.	Kogler, Johann (Kommodore)	Stab	Gefangenschaft
Ofhr.	Krumm, Johann	12. Staffel	gefallen
Major	Kühle, Helmut (Gruppenkommandeur)	Stab III. Gruppe	gefallen
Oblt.	Pfleiderer, Eberhard	3. Staffel	tödl. Absturz
Uffz.	Riedel, Karlheinz	7. Staffel	noch Suchfall
Uffz.	Rose, Hans Joachim	9. Staffel	Gefangenschaft
Uffz.	Schaupp, Hans	10. Staffel	gefallen
Uffz.	Schlossborn, Rudolf	9. Staffel	Gefangenschaft
Uffz.	Schneider, Paul	7. Staffel	noch Suchfall
Uffz.	Schröttle, Franz	8. Staffel	gefallen
Ofw.	Schwerdtfeger, Paul	11. Staffel	gefallen

Hptm.	Trost, Ewald (Staffelkapitän)	2. Staffel	Gefangenschaft
Uffz.	Voss, Willi	1. Staffel	gefallen
Lt.	Wulff, Hans	8. Staffel	Gefangenschaft
Uffz.	Zangerle, Josef	1. Staffel	noch Suchfall

Jagdgeschwader 11

Uffz.	Barion, Hermann		12. Staffel	gefallen
Gefr.	Böhm, Gerhard		9. Staffel	gefallen
Lt.	Doppler, Alwin		2. Staffel	noch Suchfall
Oblt.	Engel, August		8. Staffel	gefallen
Hptm.	v. Fassong, Horst Günther (Gruppenkommandeur)	Stab	III. Gruppe	noch Suchfall
Oblt.	Fiedler, Hans	Stab	III. Gruppe	Gefangenschaft
Uffz.	Gattner, Walter		10. Staffel	noch Suchfall
Ofw.	Giese, Xaver		10. Staffel	noch Suchfall
Ofw.	Hiller, Karl		12. Staffel	Gefangenschaft
Fhr.	Hoffmann, Günter	Stab	II. Gruppe	vermißt
Fhr.	Huss, Herbert		6. Staffel	Gefangenschaft
Fw.	Kraschinski, Herbert		7. Staffel	gefallen
Ofw.	Meindl, Franz		8. Staffel	noch Suchfall
Uffz.	Milkreiter, Max		12. Staffel	noch Suchfall
Lt.	Neumann, Gerhard		2. Staffel	noch Suchfall
Uffz.	Noreisch, Ernst		10. Staffel	gefallen
Uffz.	Nüssle, Kurt		9. Staffel	noch Suchfall
Fw.	Reschke, Peter		6. Staffel	gefallen
Uffz.	Schmidt, Sophus		Stab	noch Suchfall
Fw.	Schwartz, Harald		7. Staffel	gefallen
Ogfr.	Sistenich, Karlheinz		1. Staffel	gefallen
Major	Specht, Günther (Kommodore)		Stab	noch Suchfall
Fw.	Tempel, Alfred		8. Staffel	Gefangenschaft
Major	Vowinkel, Günter	Stab	III. Gruppe	noch Suchfall
Ofhr.	Wiethoff, Heinrich		3. Staffel	noch Suchfall

Jagdgeschwader 26

Frh.	Ahrens, Erich	7. Staffel	Gefangenschaft
Uffz.	Berndt, Karlheinz	12. Staffel	Gefangenschaft
Ogfr.	Braunert, Karlheinz	4. Staffel	gefallen
Gefr.	Götz, Hans Karl	7. Staffel	Gefangenschaft
Fw.	Hartmann, Karlheinz	4. Staffel	Gefangenschaft
Ogfr.	Heuser, Helmut	6. Staffel	Gefangenschaft
Fw.	Hött, Karl	6. Staffel	verwundet
Ogfr.	Krägeloh, Dieter	3. Staffel	Gefangenschaft
Oblt.	Kunz, Franz (Staffelkapitän)	2. Staffel	verwundet
Gefr.	Kunz, Willy	7. Staffel	gefallen
Uffz.	Lampferhoff, Ernst	5. Staffel	Gefangenschaft

Lt.	Leinberger, Rudolf	11. Staffel	verwundet
Oblt.	Lenz, Harald	11. Staffel	gefallen
Ogfr.	Lott, Hubert	5. Staffel	gefallen
Lt.	Meier, Gottfried	9. Staffel	gefallen
Uffz.	Schmitz, Wilhelm	6. Staffel	gefallen
Uffz.	Schulz, Heinz	2. Staffel	noch Suchfall
Gefr.	Sengpiel, Horst	12. Staffel	noch Suchfall
Uffz.	Speer, Leo	7. Staffel	gefallen
Uffz.	Sydow, Willy	2. Staffel	gefallen
Ogfr.	Vogel, Bodo	2. Staffel	gefallen
Fhr.	Werner, Hans-Joachim	3. Staffel	Gefangenschaft
Uffz.	Wodarcyk, Heinz	2. Staffel	gefallen
Uffz.	Zeidler, Karl Erich	4. Staffel	verwundet

Jagdgeschwader 27

Uffz.	Braun, Heinrich	2. Staffel	gefallen
Gefr.	Diesing, Arno	4. Staffel	gefallen
Hptm.	Dudeck, Hanns-Heinz (Gruppenkommandeur)	Stab IV. Gruppe	Gefangenschaft
Uffz.	Fink, Ferdinand	1. Staffel	gefallen
Uffz.	Frickmann, Heinrich	11. Staffel	gefallen
Fw.	Gäbel, Gert	3. Staffel	gefallen
Uffz.	Gisevius, Petermichel	7. Staffel	gefallen
Uffz.	Härtlein, Johannes	7. Staffel	Gefangenschaft
Ogfr.	Heymann, Erich	10. Staffel	vermißt
Fw.	Mannchen, Alfred	16. Staffel	gefallen
Uffz.	Maus, Heinrich	12. Staffel	verwundet
Uffz.	Rehak, Karl	13. Staffel	gefallen
Lt.	von Stechow, Joachim	2. Staffel	gefallen
Fhr.	Theisen, Otto	2. Staffel	Gefangenschaft
Lt.	Wiese, Heinrich (Staffelkapitän)	2. Staffel	gefallen

Jagdgeschwader 53

Oblt.	Benz, Otto	13. Staffel	noch Suchfall
Fw.	Bermpohl, August	8. Staffel	verwundet
Uffz.	Göller, Karl	12. Staffel	verwundet
FjFw.	Jascheck, Werner	15. Staffel	noch Suchfall
Uffz.	Juszczak, Florian	7. Staffel	vermißt
Uffz.	Koenitzer, Rudolf	5. Staffel	Gefangenschaft?
Ofw.	Kohl, Stefan	13. Staffel	Gefangenschaft?
Fhr.	Leese, Siegfried	14. Staffel	noch Suchfall
Uffz.	Maxis, Herbert	13. Staffel	noch Suchfall
Gefr.	Michel, Alfred	16. Staffel	Gefangenschaft
Fw.	Müller, Johannes	7. Staffel	gefallen
Fw.	Nachotzky, Ernst	6. Staffel	gefallen
Fw.	Off, Ernst	8. Staffel	gefallen

Ofw.	Opitz, Kurt	5. Staffel	Gefangenschaft?
Uffz.	Pechardscheck, Horst	16. Staffel	verwundet
Fw.	Plettner, Heinz	11. Staffel	verwundet
Gefr.	Reichert, Wolfgang	7. Staffel	vermißt
Fhr.	Rosenberger, Wolfgang	15. Staffel	noch Suchfall

Jagdgeschwader 54

Fw.	Bachhuber, Fridolin	15. Staffel	noch Suchfall
Hptm.	Bottländer, Willi (Staffelkapitän)	11. Staffel	noch Suchfall
Fw.	Drutschmann, Paul	9. Staffel	Gefangenschaft
Ofw.	Eckert, Walter	11. Staffel	gefallen
Fw.	Egli, Günther	11. Staffel	Gefangenschaft
Uffz.	van Hooven, Aloysius	12. Staffel	gefallen
Uffz.	Köpp, Werner	13. Staffel	gefallen
Uffz.	Kroll, Gerhard	9. Staffel	verwundet
Lt.	Nibel, Theo	10. Staffel	Gefangenschaft
Uffz.	Ohlenschläger, Gerhard	15. Staffel	Gefangenschaft
Lt.	Ratzlaff, Jürgen	12. Staffel	noch Suchfall
Fw.	Steinkamp, Hans-Joachim	12. Staffel	Gefangenschaft
Uffz.	Thoss, Gerhard	11. Staffel	vermißt

Jagdgeschwader 77

Lt.	Abendroth, Herbert	9. Staffel	Gefangenschaft
Oblt.	Bartels, Karlheinz	3. Staffel	noch Suchfall
Fhr.	Braband, Rolf	11. Staffel	Gefangenschaft
Lt.	Hackler, Heinrich (Staffelkapitän)	11. Staffel	gefallen
Gefr.	Hoffschmidt, Alfred	6. Staffel	Gefangenschaft
Gefr.	Kofler, Helmut	3. Staffel	gefallen
Gefr.	Mannweiler, Edwin	4. Staffel	Gefangenschaft
Uffz.	Munninger, Heinrich	10. Staffel	gefallen
Lt.	Schumacher, Hans-Jürgen	10. Staffel	gefallen
Fw.	Tanck, Paul	8. Staffel	noch Suchfall
Uffz.	Twietmeyer, Johann	10. Staffel	Gefangenschaft

Jagdgeschwader 104 (Einsatzstaffel)

Ofhr.	Schmoll, Heinz	1. Staffel	Gefangenschaft

Schlachtgeschwader 4

Oberst	Druschel, Alfred (Kommodore)	Stab	noch Suchfall
Fw.	Fye, Rudolf	9. Staffel	gefallen
Fw.	Heinz, Richard	7. Staffel	noch Suchfall
Ofw.	Schmieder, Hans	7. Staffel	Gefangenschaft

Flugzeugüberführungsgeschwader 1

Uffz.	Altendorf, Rudolf	4. Staffel	noch Suchfall

Nachtjagdgeschwader 1

Uffz.	Böhle, Heinz	5. Staffel	gefallen
Ogfr.	Dagn, Simon	5. Staffel	gefallen
Uffz.	Ehret, Wilhelm	9. Staffel	gefallen
Uffz.	Fischer, Wilhelm	5. Staffel	gefallen
Lt.	Hettlich, Josef	9. Staffel	gefallen
Fw.	Gutzeit, Arthur	7. Staffel	gefallen
Uffz.	Mayr, Ingomar	9. Staffel	gefallen
Uffz.	Meinert, Karl	9. Staffel	Gefangenschaft?
Gefr.	Steinhauer, Georg	9. Staffel	Gefangenschaft?
Ogfr.	Stocklöw, Alois	5. Staffel	gefallen
Uffz.	Woll, Hartmut	9. Staffel	gefallen

Nachtjagdgeschwader 3

Uffz.	Hoppe, Gerhard	10. Staffel	gefallen
Uffz.	Maus, Gerhard	4. Staffel	gefallen
Uffz.	Ofenschießl, Franz	10. Staffel	gefallen
Fw.	Werthner, Johann	10. Staffel	Gefangenschaft?

Nachtjagdgeschwader 101

Ogfr.	Zechner, Karl	6. Staffel	noch Suchfall

Kampfgeschwader (J) 51

Lt.	Hettlich, Josef		gefallen
Ofw.	Kaiser, Erich	2. Staffel	gefallen

Die vorgenannten Verluste der NJG können z. T. auch während des Nachtschlachteinsatzes 31. 12. 44/1. 1. 45 aufgetreten sein.

Einheit	gefallen oder vermißt	Gefangenschaft	verwundet	davon Verbandsführer	Personalverluste insgesamt	durchschnittl. Anzahl der eingesetzten Maschinen	Personalverluste in %
I./JG 1	7	3		2	10		
II./JG 1	10	1	1		12		
III./JG 1	1	2			3		
	18	6	1	2	25	80	31
Stab/JG 2		1			1		
I./JG 2	9	6	1		16		
II./JG 2	3	1	1	1	5		
III./JG 2	10	3	2		15		
	22	11	4	1	37	90	31
I./JG 3	3	5			8		
III./JG 3	3		2	2	5		
IV./JG 3	4	1			5		
	10	6	2	2	18	70	26
I./JG 4	3				3		
II./JG 4	8	3	1		12		
III./JG 4	1				1		
IV./JG 4	6	2			8		
	18	5	1		24	55	42
Stab/JG 6		1		1	1		
I./JG 6	4	1	1	1	6		
II./JG 6	5	2		1	7		
III./JG 6	6	3		3	9		
	15	7	1	6	23	70	33
Stab/JG 11	2			1	2		
I./JG 11	4				4		
II./JG 11	6	2			8		
III./JG 11	9	2		1	11		
	21	4		2	25	65	38
I./JG 26	5	3	2	1	10		
II./JG 26	4	4	1		9		
III./JG 26	3	1	1		5		
	12	8	4	1	24	160	15
I./JG 27	6	1		1	7		
II./JG 27	1	1			2		
III./JG 27	2		1		3		
IV./JG 27	2	1		1	3		
	11	3	1	2	15	85	18

Einheit	gefallen oder vermißt	Gefangenschaft	verwundet	davon Verbandsführer	Personalverluste insgesamt	durchschnittl. Anzahl der eingesetzten Maschinen	Personalverluste in %
II./JG 53	5	2	1		8		
III./JG 53		2			2		
IV./JG 53	5	2	1		8		
	10	4	4		18	50	36
III./JG 54	5	4	1	1	10	17	60
IV./JG 54	2	1			3	25	12
	7	5	1	1	13		
I./JG 77	2	1			3		
II./JG 77	1	1			2		
III./JG 77	3	3		1	6		
	6	5		1	11	105	10
Est./JG 104		1			1	3	
	150	65	19	18	234	875	
Stab/SG 4	1		1		1		
III./SG 4	2	1			3		
	3	1	1		4		
FlüG 1	1				1		
NJG 1	9	2			11		
NJG 3	3	1			4		
NJG 101	1				1		
	13	3			16		
KG (J) 51	2				2		
	19	4		1	23		
Tagjagd	150	65	19	18	234		
andere Verbände	19	4		1	23		
Verluste insgesamt	169	69	19	19	257		

IV AUF VERLORENEM POSTEN
Das Ende der Reichsluftverteidigung

Januar 1945
Februar 1945

Montag, 1. Januar 1945

Im Unternehmen »Bodenplatte«, das haben wir inzwischen erfahren, ging im Westen die tragende Substanz an Jagdfliegern zugrunde. Aber ist es damit genug? Was passiert am 1. Januar über dem Reichsgebiet, während die Jagdgeschwader an der Westfront den großen Aderlaß erleiden?
Um starken gegnerischen Bomberverbänden das Reich am Tage nun nicht völlig ohne Abwehr aus der Luft auszuliefern, verbleiben die beiden Jagdgeschwader 300 und 301 auf ihren Horsten in Mitteldeutschland. Diese beiden bewährten Verbände repräsentieren augenblicklich die gesamte Reichsluftverteidigung, unter normalen Umständen sieben Jagdgruppen mit zusammen über 300 Einsatzmaschinen – eine schon ernst zu nehmende Streitmacht. Aber jetzt, um die Jahreswende 1944/45 kann die Bereitstellung von nur zwei Geschwadern für das gesamte Reichsgebiet einfach nicht mehr ausreichen, denn die Verbände sind zu sehr dezimiert worden. Erst gestern, am 31. Dezember 1944, waren sowohl das JG 300 als auch das JG 301 am Feind und sind ihm hartnäckig auf den Fersen geblieben, aber die Verluste in der letzten Zeit haben auch hier die Kampfkraft herabgesetzt. Und der Gegner wird immer mächtiger. Was nützen da eigentlich noch die Verzweiflungstaten einzelner, was nützt aller Mut und Entschlossenheit?
Als die Spitzen amerikanischer Pulks in Stärke von rund 1000 Viermotorigen am 1. Januar sich den Ostfriesischen Inseln nähern, erhalten die Staffeln des JG 300 Startbefehl, um dem Bomberstrom entgegenzufliegen, während für das JG 301 noch Sitzbereitschaft befohlen ist. Im Gefechtsstand des I. Jagdkorps in Treuenbrietzen will man zunächst einmal abwarten, wie sich die Dinge entwickeln werden, um dann mit einigen in Reserve gehaltenen Jagdstaffeln immer noch eingreifen zu können.

Kurz vor Mittag kommt es zwischen Bremerhaven und Bremen zum ersten Kontakt mit den Fortress und Liberator der 8. US-Luftflotte. Bis zu diesem Zeitpunkt ist bereits der größte Teil der vom Angriff auf die alliierte Bodenorganisation zurückkehrenden Jäger wieder gelandet, aber diese Formationen bleiben von einem weiteren Abwehreinsatz über dem Reichsgebiet natürlich ausgeschlossen. So sind es die Messerschmitt der III. und IV./JG 300, welche als einzige Verbände der Luftwaffe jetzt die einfliegenden Amerikaner bekämpfen. Die IV./JG 300 ist übrigens aus der ehemaligen I. Gruppe des Zerstörergeschwaders 76 hervorgegangen.

Diesmal gelingt es dem Mustang-Begleitschutz nicht vollständig, die Deutschen von den Bombern fernzuhalten, so daß eine ganze Reihe von Abschüssen erzielt werden können. Aber die eigenen Verluste sollen sich im Verlauf der Gefechte ebenfalls steigern. Als einer der ersten wird Feldwebel Klenow von der 14. Staffel im Luftkampf abgeschossen und stürzt mit seiner schwarzen »18« etwa zehn Kilometer westlich von Stade bei Oldendorf ab. Wenig später fällt Unteroffizier Lickert von der 12./JG 300. Inzwischen hat auch die I. Gruppe den Einsatzraum erreicht und bekommt im Gebiet um Lüneburg Feindberührung. Dabei erhält die schwarze »1« des Unteroffiziers Horst Szurde so starken Bordwaffenbeschuß, daß die G-10/R 6 mit dunkler Rauchfahne in die Tiefe geht. Der Pilot überlebt diesen Absturz nicht.

Unterhalb von Hamburg hat sich ein Verband von etwa 100 Boeing vom Bomberstrom gelöst, um sich nach Süden zu wenden. Sein Ziel ist das Hydrierwerk Dollbergen, etwa 30 Kilometer ostwärts von Hannover an der Bahnlinie Hannover–Wolfsburg. Zwischen Uelzen und Soltau muß eine kurze Begegnung mit einer oder mehreren Messerschmitt Me 262 der III./JG 7 stattgefunden haben, wie der Verlust einer dieser Düsenjagdmaschinen beweist: Leutnant Lönnekker wird nach Luftkampf mit gegnerischen Begleitjägern südwestlich von Faßberg tödlich abgeschossen. Ob es sich um einen Werkstattflug oder um einen Erprobungseinsatz handelt, bleibt unbekannt; fest steht nur, daß das Jagdgeschwader 7 zu diesem Zeitpunkt noch keinen operativen Charakter besitzt.

Währenddessen ist der Hauptverband im Raum Wittenberge bis zur Elbe vorgedrungen. Das Generalkommando I. Jagdkorps vermutet nun einen Angriff auf Berlin und erläßt für die Staffeln des JG 301 Startbefehl. In der Reichshauptstadt selbst heulen um 12.15 Uhr die

Alarmsirenen auf. Aber die Spreemetropole bleibt heute verschont, die Amerikaner nehmen im Planquadrat »Dora-Dora« Kursänderungen vor und schwenken nach Süden ein. In einem weiten Bogen fliegen die Pulks an Berlin vorbei, um dann den mitteldeutschen Raum anzusteuern. Doch zuvor geraten die Viermotorigen in den Bereich der Focke-Wulf, die den drei Gruppen des JG 301 angehören, und besonders im Süden von Stendal toben erbitterte Gefechte, Unteroffizier Berkler von der 4./JG 301 und sein Staffelkapitän, Leutnant Otto Frank, fallen über der Letzlinger Heide bei Lüderitz und Groß-Schwarzlosen. Auch die III. Gruppe meldet vier Verwundete im Luftkampf um Stendal, darunter den Kapitän der 5. Staffel, Leutnant Reinicke. Oberfeldwebel Schönaich, der einzige Verlust der II. Gruppe, bleibt mit seiner blauen »2« vermißt.
Nördlich von Halle erfolgt ein abermaliger Kurswechsel nach Westen – und jetzt herrscht über das Vorhaben der Amerikaner nicht mehr länger Zweifel: Das Angriffsziel heißt Kassel! Für die Jagdgeschwader 300 und 301 aber ist es Zeit zur Landung. Auf den Plätzen werden die Maschinen so schnell es geht aufgetankt und mit neuer Munition versehen, um sofort wieder zu starten. Die deutschen Jäger können die abfliegenden Viermot.-Verbände nicht mehr einholen. Ohne nochmals Feindberührung zu haben kehren sie wieder zurück.
Einem ebenfalls am 1. Januar stattfindenden Angriff gegen Verkehrsziele in den Räumen Koblenz und Trier sowie einem Einsatz des RAF Bomber Commands gegen den Dortmund-Ems-Kanal kann keine Abwehr entgegengesetzt werden. Beide im Reich verbliebenen Geschwader sind ausschließlich an den Kassel-Verband herangeführt worden. Sie erringen 16 Luftsiege und müssen einen Verlust von 27 eigenen Maschinen hinnehmen. Neun Flugzeugführer, davon allein sechs vom JG 300, sind gefallen, vier tragen Verwundungen davon und einer bleibt über Mitteldeutschland verschollen.
Und damit ist die große Schlacht vom ersten Tage des schicksalschweren Jahres 1945 vorüber. »Bodenplatte« und der sich anschließende Abwehreinsatz über dem Reichsgebiet sind der Anfang vom Ende.

Dienstag, 2. Januar 1945

»2. 1. 45: Einflug starker amerikanischer Kampfverbände in West- und Südwestdeutschland. Rund 1400 alliierte Jäger! Drei Gruppen des JG 4, darunter die letzten neun einsatzklaren Maschinen der einstigen Sturmgruppe, der II./JG 4, starten zum Abwehreinsatz in den Pfälzer Raum.
Heftige Luftkämpfe mit zahlenmäßig weit überlegenem Gegner im Dreieck Kaiserslautern-Karlsruhe-Pirmasens. Drei Gefallene: Uffz. Bojus (10.), Uffz. Hener (7.), Oblt. Siller (Staffelkapitän 6.).
Drei Verwundete: Uffz. Hässler (1.) Notlandung, Ofhr. Meinke (1.) und Uffz. Henkel (3.) Fallschirmabsprung.
Im Raum Stuttgart Kämpfe der II. und IV./JG 53 mit alliierten Jabos. Vier Flugzeugführer fallen: Gruppenkommandeur Hptm. Müer (IV./JG 53) und Uffz. Ankelmann (13.). Kurz vor der Landung auf dem Platz Malmsheim werden der Gefreite Engel und Ofhr. Rubel, beide II./JG 53, von Spitfire über Heimsheim tödlich abgeschossen.«

Sonntag, 14. Januar 1945

Als die beiden Flieger in der Arado 96 TG+UK die vielen fremden Flugzeuge hinter sich erblicken, ist es bereits zu spät. Feldwebel Hassinger und Unteroffizier Foerster, beides Angehörige des Schulgeschwaders JG 102, sind heute früh zu einem Übungsflug in südlicher Richtung gestartet. Etwa eine Viertelstunde vor 11 Uhr muß es sein, als die amerikanischen Mustang auftauchen und die einzelne Arado bei Eggebek abschießen. Die Insassen kommen dabei ums Leben. Das bedeutet den Auftakt zum Schwarzen Sonntag für die beiden im Reich stationierten Abwehrgeschwader des I. Jagdkorps, denn zwei Wochen nach dem Opferflug der Jagdgeschwader im Westen wird dieser Sonntag nun auch zum großen Aderlaß für die beiden am 1. Januar verhältnismäßig glimpflich davongekommenen Jagdverbände JG 300 und JG 301.

Der 14. Januar ist ein klarer, kalter Wintertag. Zum erstenmal seit Jahresbeginn befindet sich die 8. US-Luftflotte wieder in ansehnlicher Stärke auf dem Marsch nach Mitteldeutschland. Insgesamt 600 Viermotorige, die Fortress der gesamten 3. sowie ein Teil Liberator der 2. Luftdivision stehen bereits zwischen Föhr und Pellworm, um dann nördlich von Husum in Schleswig-Holstein einzudringen, während die den Bombern vorausfliegenden Mustang der 357. Fighter Group bei Eggebek auf die schon erwähnte deutsche Schulmaschine stoßen. Jetzt biegen die Spitzenformationen der Amerikaner nach Südosten ab und fliegen in breiter Front zwischen Kiel und Neumünster in Richtung Schwerin weiter. Als die Bomber das Planquadrat »Cäsar-Cäsar«, den üblichen Anflugsraum über Ludwigslust erreichen, erwartet die deutsche Luftabwehr einen Tagesangriff auf die Reichshauptstadt.
Doch die Einsatzpläne der amerikanischen strategischen Luftflotte in England sehen anders aus. Ihr heutiger Angriff richtet sich gegen Industrieanlagen im mitteldeutschen Raum, wobei das große Benzinlager der Wehrmacht bei Derben-Ferchland an der Elbe, etwa zwölf Kilometer westlich von Genthin das besondere Ziel darstellt. Andere Teile des großen Bomberstromes werden Magdeburg angreifen. Ein zweiter amerikanischer Verband in Stärke von 400 viermotorigen Kampfflugzeugen operiert am selben Tag im Kölner Raum, um dort die Rheinbrücken zu zerschlagen.
Inzwischen aber sind die Mustang der die 3. Luftdivision abschirmenden Formationen fast bis nach Perleberg vorgedrungen, als Col. Dregne und seine 357. Fighter Group auf die zur Abwehr gestarteten Gruppen der Jagdgeschwader 300 und 301 treffen. Die große, äußerst verlustreiche Luftschlacht bahnt sich an. Über dem Gebiet zwischen Havel und Elbe kommt es zu den heftigsten Kämpfen, in denen die deutschen Verbände furchtbare Ausfälle erleiden. Die Piloten der Reichsverteidigung versuchen verzweifelt, an die Bomber heranzukommen, aber ein Großteil der Flugzeugführer besitzt eben nicht die genügende Einsatzerfahrung, so daß die Abwehrangriffe nervös wirken und ohne Vehemenz durchgeführt werden. Zudem kann die überlegene Jagdeskorte der Amerikaner dafür sorgen, daß nur in ganz wenigen Fällen ein Durchbruch zu den Viermotorigen gelingt.
Da die Sicht ausgezeichnet ist, lassen sich fast jede Bewegungen sowohl der eigenen Jagdstreitkräfte als auch die des Gegners gut erkennen. Die Amerikaner reagieren jedoch weit schneller und sitzen

den graugefleckten deutschen Maschinen ständig im Nacken, so daß der Angriff auf die Fortress bald einer Flucht vor den Mustang weicht. Bei Havelberg gehen mindestens fünf Jagdflugzeuge verloren, ein gutes Dutzend weiterer Maschinen wird über dem Gebiet um Kyritz abgeschossen. Die höchsten Einbußen trägt die 13. Staffel des JG 300 davon, die nahezu völlig aufgerieben wird. Eine der Messerschmitt dieser Staffel stürzt bei Glöwen an der Reichsstraße 107 ab und nimmt ihren Piloten, den Feldwebel Kanzek mit in den Tod. Und nur ein paar Kilometer nordöstlich davon wird der Obergefreite Schlüter im Luftkampf über Söllenthin verwundet, während die weiße »9« mit Oberfeldwebel Esche in der Nachbargemeinde Görike zerschellt. Eine dritte Bf 109 der 13./JG 300 schlägt bei Breddin auf, wobei der Gefreite Leinbach den Fliegertod findet.

Im gleichen Kampfraum hat auch das JG 301, vornehmlich die 2., 4. und 8. Staffel große Verluste. Die 2. meldet drei Fallschirmabsprünge bei Kyritz, und bei der 4. Staffel werden im Dreieck Barenthin–Kyritz–Gumtow, einer Fläche von nur etwa 25 Quadratkilometern, Unteroffizier Funken, Feldwebel Walter Schmidt und Fähnrich Strauß tödlich abgeschossen sowie zwei Flugzeugführer verwundet. Aber damit nicht genug. Die brandenburgische Kreisstadt Kyritz ist auch Verlustort der FW 190 A-9 des Staffelkapitäns der 6./JG 301, Ritterkreuzträger Hauptmann Hankamer, der im Luftkampf fällt, während der Führer der 11. Staffel, Oberleutnant Herzog, ebenfalls über Kyritz verwundet wird.

Insgesamt befinden sich 189 Jäger der beiden deutschen Geschwader im Abwehreinsatz, und es ist in Anbetracht derart hoher Ausfälle beachtlich, daß die Flugzeugführer des I. Jagdkorps eine Reihe von Bombern vernichten können. Den größten Erfolg erzielen sie gegen eine niedrigfliegende Staffel der amerikanischen 390. Bombardment Group. Diese Staffel, im Anflug auf das Treibstofflager Derben, besteht aus acht Boeing Fortress, welche von den Deutschen nach länger andauerndem Gefecht allesamt vom Himmel geholt werden.

Flugzeugführer des amerikanischen Begleitschutzes berichten von einer Begegnung mit mehreren Messerschmitt Me 262 im Nordwesten von Berlin. Es handelt sich hier um Turbos der in Parchim gestarten 9./JG 7 des Hauptmanns Georg Eder. Am Ostrand der Prignitz, bei Wittstock können die Amerikaner eine dieser Düsenjagdmaschinen zum Absturz bringen, wobei der Flugzeugführer, Feldwebel Wurm, getötet wird.

Währenddessen stehen die Bomberformationen im Raum zwischen Stendal/Tangermünde und Rathenow. Und abermals stürmen die deutschen Jäger heran, greifen die waffenstarrenden Fortress von vorn an oder stürzen sich auf herkömmliche Weise von hinten auf die Pulks – einzeln – rottenweise – im Verband. Doch nur ganz selten noch haben sie Erfolg. Die silbernen Mustang wissen ihre Bomber zu schützen. Bei Strodehne im Norden des Gülper-Sees stürzt eine Focke-Wulf vom Stab des JG 301 ab, der Pilot dieser schwarzen »2«, Unteroffizier Albert Hoffmann, fällt. Keine zehn Kilometer westlich davon sind Teile der III. Gruppe des JG 300 an den Gegner geraten, der dort zwei Maschinen abschießt – zwischen der Straße Tangermünde-Havelberg und der Havel zerschellt die gelbe »9« mit Unteroffizier Friedrich Diestel bei Wulken, und in der Nähe von Jederitz kommt Fähnrich Wipfli beim Aufschlag seiner G-14 ums Leben. Eine andere Formation wird im Gebiet Rhinow-Friesack von den Mustang überrascht, wobei wiederum drei Flugzeugführer im Luftkampf fallen: Fähnrich Spanka von der 10./JG 300 sowie die Unteroffiziere Kilzer und Maximini vom JG 301.
Längst sind die Viermotorigen über den Zielräumen angelangt, als sich über dem Gebiet östlich der Elbe immer noch ausgedehnte Luftgefechte abspielen. Die Amerikaner haben den Angreifern den Weg zu den Kampfflugzeugen jetzt endgültig versperren können. Die III./JG 300 verliert in dem seenreichen Areal um Rathenow vier Piloten: Oberfähnrich Grothues, Leutnant Klostermann, Unteroffizier Reiche und Oberfeldwebel Schachtner. Der 22jährige Gerhard Reiche gilt heute noch als vermißt. Wenige Kilometer weiter südlich, bei Böhne und Premnitz an der Havel, fallen der Gefreite Frank und Oberfähnrich Weissin von der I./JG 300.
An dem Massaker über der Mark Brandenburg sind neben der 357. Fighter Group, die am 14. Januar 56 Abschüsse für sich in Anspruch nimmt, auch die 20. und die 56. Fighter Group beteiligt. Letztere Einheit ist die schon in den Weihnachtstagen 1944 bekannt gewordene Thunderbolt-Einheit des Col. Schilling. Zu einem der umfangreichsten Duelle des Tages kommt es im Raum Stendal, wo Teile des JG 300 noch einmal ihre Angriffe fliegen. Dieser Einsatz kostet nochmals fünf eigenen Flugzeugführern das Leben. Oberfähnrich Bremer und Feldwebel Christoffer von der III. Gruppe sowie den beiden Oberfeldwebel Johannes Deutscher und den noch vermißten Österreicher Josef Pornkopf von der IV./JG 300. Der fünfte Pilot, Unteroffizier

Kettmann, gehört der 8./JG 301 an. Seine blaue »8« verfolgen die Mustang bis nach Wittenmoor und schießen sie dort ab.
Damit geht der opfervolle Einsatz der beiden Jagdgeschwader zu Ende. Im Lagebericht des OKW vom folgenden Tage werden die eigenen Verluste mit 78 Maschinen beziffert, während die namentliche Verlustmeldung 69 Flugzeugführer, davon 39 des JG 300 und 30 des JG 301 ausweist. Bezogen auf die Zahl der eingesetzten Jäger bedeutet dies einen Flugzeugverlust von 41 Prozent. Der Gegner meldet jedoch weitaus mehr Abschüsse, nämlich 161! Wahrscheinlich sind damit die gesamten Luftsiege des Tages gemeint, denn die deutsche Jagdwaffe verliert am 14. Januar 1945 mindestens 150 Flugzeuge im Westen und über dem Reich. Oder das bekannte »Bombenschützen-Einmaleins« hat wieder seine Blüten getrieben*. Hätten die Amerikaner über Mitteldeutschland tatsächlich 161 Abschüsse getätigt, dann wären also von beiden Jagdgeschwadern insgesamt nur 28 Maschinen übriggeblieben.
Dennoch sind die eigenen Verluste als sehr hoch zu bezeichnen, wobei die III. und IV. Gruppe des JG 300 mit 12 bzw. 14 Ausfällen an der Spitze stehen. Arg getroffen hat es die 13. Staffel, von der allein sechs Flugzeugführer, darunter drei Gefallene, auf der Verlustliste zu finden sind. Aber den empfindlichsten Verlust muß die 10./JG 300 mit fünf Gefallenen hinnehmen. Ihr folgen die 4., 6. und 8./JG 301 mit je fünf gefallenen und verwundeten Piloten. Über die von der Reichsverteidigung erzielten Luftsiege liegen ebenfalls voneinander abweichende Angaben vor. Im obenerwähnten Lagebericht vom 15. Januar sind 37 Abschüsse aufgeführt – die Amerikaner berichten jedoch von nicht mehr als neun Bomber- sowie 16 Jägerverlusten, 13 P-51 und 3 P-47.
Am gleichen 14. Januar herrscht auch im Bereich des Luftwaffenkommandos West Hochbetrieb. Wie schon erwähnt sind 400 Kampfflugzeuge der 8. Luftflotte in den Kölner Raum eingeflogen, während ein Viermot.-Verband des RAF Bomber Commands das Stadtgebiet und die Bahnanlagen von Saarbrücken angreift. Zudem führt auch die 2. Tactical Air Force wiederum zahlreiche Einsätze durch, die sich vorwiegend auf den nordwest- und westdeutschen Raum ausdehnen.

* Die viermotorigen Bomber der Amerikaner besaßen durchschnittlich sechs MG-Stände. Wenn nur drei oder vier aller an Bord befindlichen MG-Schützen auf einen angreifenden Jäger schossen und ihn dann abstürzen sahen, so meldeten diese drei oder vier Schützen je einen Abschuß an (der meistens auch bestätigt wurde)! Man kann sich ausrechnen, wieviel Luftsiege ein Bomberpulk nach seiner Rückkehr mitunter erzielt zu haben glaubte.

Am 12. März 1945 wird der Flugplatz Rhein-Main von amerikanischen Bomben umgepflügt. Damals hätte es kaum jemand für möglich gehalten, daß dieser Platz sich einmal zum drittgrößten Verkehrsflughafen Europas entwickeln wird. Rechts oben im Bild das noch im Bau befindliche »Frankfurter Kreuz«.

Die Reste der Luftwaffe, wie sie bei Kriegsende auf den deutschen Fliegerhorsten und Feldflugplätzen anzutreffen sind.

Das Ende. Mitte April greifen amerikanische Jagdgruppen die im süddeutschen Raum gelegenen Flugfelder an und zerstören Hunderte von Maschinen der Luftwaffe am Boden (oben). Die letzte Zigarette vor dem bitteren Weg in die Gefangenschaft. Ein deutscher Jagdflieger mit seiner Bf 109 G-14 auf einem von Amerikanern besetzten Feldflugplatz (Mitte). Auch die Nachtjagd ist zerschlagen, die ungleiche Schlacht entschieden (unten). Die deutschen Jagdflieger aber haben mit allen ihnen zur Verfügung stehenden Kräften gekämpft; sie haben dabei einen fürchterlichen Aderlaß erleiden müssen. Ihre außergewöhnlichen Leistungen sollten deshalb nie vergessen werden.

Schon am Vormittag dringen drei Spitfire-Squadrons über die Front in Ostholland vor, um im Raum Hengelo-Twenthe »Freie Jagd« zu fliegen. Die 401. und 442. Squadron überrascht dabei eine Reihe startender Focke-Wulf der I./JG 1, die gegen die feindlichen Tiefflieger einen Alarmstart machen. Unteroffizier Günter Sill vom Gruppenstab hat seine »Dora-9« bereits in der Luft und schießt einen der britischen Jäger zu Boden, bevor er dann selbst abgeschossen wird und über Enschede fällt. Sieben weitere Focke-Wulf werden im Start und über dem Raum Twenthe von den Engländern zum Absturz gebracht. Der Oberfähnrich Wilhelm Ade von der 2./JG 1 steigt über Lünten, nur 15 Kilometer im Süden von Enschede mit dem Fallschirm aus, zwei andere Piloten, Leutnant Honsek und Feldwebel Rosemund von der 1. Staffel, fallen kurz nach dem Start im Luftkampf bei Bentheim. Unterdessen hat auch die dritte, die 411. Spitfire-Squadron drei deutsche Maschinen beschießen können, so daß die errungenen elf Luftsiege exakt mit den elf vom Jagdgeschwader 1 gemeldeten Verlusten übereinstimmen. Die Engländer verlieren nach eigenen Angaben zwei ihrer Spitfire.
Im Münsterland vollzieht sich eine andere Tragödie, als die im Verlauf der letzten Einsatzwochen schon stark zusammengeschmolzene IV. Gruppe des JG 54 von alliierten Jägern gestellt und zerschlagen wird. Das alles spielt sich zwischen dem Dümmer See und dem Mittelland-Kanal ab. Zwei Staffelkapitäne fallen in diesem Luftkampf – Oberleutnant Helmut Radke, Führer der 14./JG 54, bei Hesepe und Leutnant Carl Resch, 15./JG 54, nördlich der Venner Egge bei Broxten. In einem Luftgefecht mitten über dem Großen Moor schießt der Gegner die weiße »5« von Oberleutnant Breitfeld sowie die Focke-Wulf von Oberfeldwebel Seifert ab. Beide Piloten fallen bei Hunteburg. Und auch die 16. Staffel hat zwei Gefallene. Es sind die beiden Unteroffiziere Krawack und Schwarz. Krawacks A-8 erhält östlich von Bramsche bei Engter die tödlichen Treffer und die Maschine von Erhard Schwarz kommt in der Gemeinde Vehrte an der Bahnlinie Osnabrück-Diepholz herunter.
Mit Feldwebel Lehmann von der 13. Staffel, der über Bramsche mit dem Fallschirm abspringen kann, zählt die IV./JG 54 schließlich insgesamt acht gefallene und zwei verwundete Flugzeugführer. Das bedeutet: der 14. Januar ist der letzte Abwehreinsatz der Gruppe in diesem Krieg.
Kurz vor Mittag treffen Tempest der in Volkel stationierten 3. und

486. Squadron auf eine Formation der IV./JG 3. Es kommt zu einem Luftkampf, in dem der britische Flying Officer Payton bei Gütersloh den Unteroffizier Helmut Kenne von der 14. Staffel tödlich abschießt. Eine zweite Focke-Wulf, die blaue »2«, stürzt südwestlich davon bei Rheda ab. Sie nimmt Feldwebel Landschützer mit in den Tod, während bei Lippstadt die 10. Staffel den Oberfähnrich Nikolaus im Luftkampf mit gegnerischen Jägern verliert. Die IV. Gruppe des »Udet«-Geschwaders hat am selben Tag über holländischem Gebiet noch sechs weitere Maschinenverluste, wobei vier Piloten sich mit dem Fallschirm retten können. Feldwebel Otto Erhardt von der 13. und Stabsfeldwebel Wilhelm Scheschonka von der 15. Staffel fallen im Raum Arnheim.

Ein weiterer Schwerpunkt zeichnet sich über dem Großraum Kaiserslautern ab, denn hier stehen fünf Staffeln eines aus den Jagdgeschwadern 4 und 11 gebildeten Gefechtsverbandes sowie die IV./JG 53 im Kampf mit alliierten Jagdstreitkräften, die einmal den Angriff auf Saarbrücken sichern und zum anderen den Frontraum Lothringen abschirmen. Zwischen Rhein und Haardt verliert das JG 4 gleich zwei Staffelkapitäne. Oberleutnant Stark, der die 3./JG 4 führt, fällt im Norden von Ludwigshafen bei Oppau, und der ehemalige Pilot der II. Gruppe des »Eismeer«-Geschwaders JG 5, Leutnant Josef Kunz, wird schwer verwundet. Über Neustadt an der Weinstraße gelingt ihm jedoch der Absprung aus seiner weißen »1«. In unmittelbarer Nähe davon, bei Gimmeldingen, schießen die Feindjäger je eine Messerschmitt der 1./JG 4 und der 8./JG 11 ab. Der Pilot der ersten Maschine, Feldwebel Willi Becker, steigt mit dem Fallschirm aus, aber dem zweiten Flugzeugführer bleibt diese Chance versagt – die blaue »13« nimmt den Unteroffizier Winter mit in die Tiefe.

Teile der auf dem Platz Stuttgart-Echterdingen liegenden IV./JG 53 stoßen westlich von Karlsruhe auf amerikanische Jabos, und im Verlauf eines Luftkampfes im Raum Kandel fällt Leutnant Liebscher von der 14. Staffel. Ein zweiter Pilot, Feldwebel Erich Kramp von der 16./JG 53, kann verwundet seine G-14 verlassen und mit dem Schirm abspringen.

Das Jagdgeschwader 26 soll am 14. Januar Einsätze über der Ardennenfront fliegen und gerät aber um die Mittagszeit über dem Köln-Bonner Raum an starke gegnerische Jagdstreitkräfte. Das Resultat: Zehn Flugzeugführer fallen im Luftkampf, drei bleiben vermißt und zwei kommen mit Verwundungen davon. Unter den Gefallenen befindet sich der Kapitän der 5./JG 26, Ritterkreuzträger Gerhard Vogt, der nach 48 Luftsiegen bei Köln nun selbst im Luftkampf unterliegt. Unteroffizier Karl Ullerich wird bei Lengerich von einer Spitfire abgeschossen und steigt aus, aber er kann die Reißleine seines Fallschirmes nicht mehr ziehen. Und der Unteroffizier Karl Ruß fällt, nachdem er bei Steinbeck eine Spitfire durch Rammen vernichtet hat.

Damit ist der Schwarze Sonntag vorüber. Eine traurige Bilanz zeichnet sich ab – sie zeugt von den verzweifelten Anstrengungen der deutschen Jagdflieger, trotz aller Unzulänglichkeiten doch noch etwas zu tun, um den gegnerischen Luftstreitkräften den Weg nach Deutschland schwerer zu machen, denn die Männer in den Focke-Wulf oder in den Messerschmitt haben immer wieder nur ein Bild vor Augen: den täglichen Vernichtungsangriff gegen die Städte – Trümmer, Brandfackeln, die Opfer unter der Zivilbevölkerung. Mit 107 gefallenen oder vermißten sowie 32 verwundeten Flugzeugführern muß die deutsche Jagdwaffe schließlich diesen 14. Januar 1945 bezahlen. Trotz aufopferungsvollen und wagemutigen persönlichen Einsatz der Jagdflieger erleidet die Reichsluftverteidigung und die Luftabwehr im Westen eine abermalige, empfindliche Niederlage. Die mit den Standard-Flugzeugmustern ausgerüstete Tagjagd hat praktisch ab diesem Zeitpunkt keinerlei Bedeutung mehr.

Die gegen Magdeburg, Dollbergen und Koblenz angesetzten amerikanischen Kampfverbände der 8. Luftflotte verlieren insgesamt nur acht Viermotorige sowei zwei Mustang des Begleitschutzes. Sechs ihrer Jagdbomber büßt die 9. Taktische Luftflotte ein.

Verluste der Jagdwaffe am 14. Januar 1945

am Einsatz beteiligte Einheiten	gefallen oder vermißt	ver- wundet	Personal- verluste insgesamt	Maschinentyp	Verlustraum
I./JG 1	10	1	11	FW 190 A-8/A-9	Enschede, Twenthe, Venlo
I./JG 2	3		3	FW 190 D-9	Altenstadt,
III./JG 2	1	1	2	FW 190 D-9	Lich, Hagenau
			5		
III./JG 3	1		1	Bf 109 K-4	Arnheim, Deelen
IV./JG 3	4	4	8	FW 190 A-8/A-9	Gütersloh, Lippstadt
			9		
I./JG 4	1	2	3	Bf 109 G-14/K-4	Gimmeldingen,
IV./JG 4		1	1	Bf 109 G-10	Neustadt, Oppau
			4		
III./JG 7	1		1	Me 262 A-1	Wittstock
II./JG 11	2	1	3	Bf 109 G-14	Gimmeldingen, Kaiserslautern
I./JG 26	2	1	3	FW 190 D-9	Köln-Bonn, Lengerich, Steinbeck, Overath
II./JG 26	8	1	9	FW 190 D-9	
III./JG 26	3		3	Bf 109 G-14/K-4	
			15		
I./JG 27	1		1	Bf 109 G-14	Ibbenbüren
II./JG 27	1		1	Bf 109 G-14	
			2		
IV./JG 53	2	1	3	Bf 109 G-14	Bad Dürrheim, Kandel
IV./JG 54	8	2	10	FW 190 A-8/A-9	Bramsche, Hesepe, Vörden
I./JG 77	2		2	Bf 109 G-10/K-4	Düsseldorf,
II./JG 77	3	2	5	Bf 109 G-10/G-14	Krefeld, Warendorf, Zutphen
			7		
I./JG 300	5	1	6	Bf 109 G-10/G-14	Brandenburg,
II./JG 300	5	2	7	FW 190 A-8	Havelberg,
III./JG 300	11	1	12	Bf 109 G-10/G-14	Perleberg, Nauen, Salzwedel, Stendal
IV./JG 300	11	3	14	Bf 109 G-10	
			39		
Stab/JG 301	1		1	FW 190 D-9	Barenthin, Havelberg, Gumtow, Kyritz, Perleberg, Pritzwalk
I./JG 301	7	5	12	FW 190 A-9/R11	
II./JG 301	10	1	11	FW 190 A-9/D-9	
III./JG 301	4	2	6	FW 190 A-8	
			30		
Verluste insgesamt (Westen und Reichsgebiet)	107	32	139	(davon 5 Staffelkapitäne gefallen, 3 Staffelkapitäne verwundet)	

14./15. Januar 1945
16./17. Januar 1945

Nicht ganz so unwirtschaftlich wie bei der Tagjagd verläuft im Monat Januar der Nachtjagdeinsatz. Immerhin können die Nachtjagdschwader des I. Jagdkorps bei »nur« 47 eigenen Verlusten insgesamt 113 Luftsiege erzielen, obwohl dies auf das Einsatzvolumen des Gegners bezogen nicht sehr stark ins Gewicht fällt. Auf britischer Seite steigert sich vor allem die Aktivität der Mosquito-Bomber, jener schnellen und von der eigenen Luftabwehr fast unbehelligt bleibenden Kampfflugzeuge, die praktisch Nacht für Nacht die Zivilbevölkerung der Städte durch Störangriffe zu demoralisieren versuchen. Nur ein einziges Flugzeug dieses Musters kann in den Nächten des Januar abgeschossen werden.
In der Nacht auf den 15. Januar gelingt es dem RAF Bomber Command, durch ein großangelegtes Täuschungsmanöver von dem eigentlichen Angriff auf das Hydrierwerk von Leuna abzulenken. Dennoch gelangt ein Teil der zur Verfolgungsjagd gestarteten 250 Nachtjäger an den Feind. Im nächtlichen Luftkampf, bei dem die Briten zwölf Bomber einbüßen, gehen auch sechs eigene Maschinen verloren, darunter die Bf 110 G9 + EZ der 12./NJG 1, welche ostwärts von Werl eine Bauchlandung macht, wobei alle drei Besatzungsmitglieder verwundet werden. Es handelt sich hier um die Besatzung Leutnant Schlage, Feldwebel Dornebusch und Obergefreiter Hildebrandt.
Der größte der über 20 im Monat Januar durchgeführten Nachteinsätze findet in der Nacht zum 17. statt, als die RAF mit rund 250 viermotorigen Kampfflugzeugen Magdeburg angreift. Die Stadt, welche am vorangegangenen Tage schon das Ziel amerikanischer Bomberverbände gewesen war, brennt noch immer und zeigt den britischen Piloten den Weg. Diesmal starten nur 128 Nachtjäger zur Bekämpfung dieses Einfluges, und auch in dieser Nacht geht eine ganze Reihe eigener Maschinen verloren. Eine davon wird kurz nach 23 Uhr etwa sechs Kilometer nordöstlich von Paderborn von britischen Fernnachtjägern abgeschossen. Es ist die Ju 88 G-1 3C+HR der 8./NJG 4, deren Besatzung, der Pilot Oberfähnrich Karsten sowie Bordfunker Feldwebel Bartsch und Bordschütze Unteroffizier Pasch, beim Absturz ums Leben kommt.

Montag, 22. Januar 1945

Nach dem fehlgeschlagenen Unternehmen »Bodenplatte« und dem verlustreichen letzten Abwehreinsatz über dem Reichsgebiet scheint Hitler angesichts der enormen Opfer unter den Flugzeugführern der Jagdwaffe die Bekämpfung der alliierten Bomberströme nicht mehr für das Primäre anzusehen, denn Mitte des Monats ergeht über das Oberkommando der Luftwaffe an die betreffenden Divisionsstäbe ein Befehl, aufgrund dessen sieben Tagjagdgeschwader an die Ostfront verlegt werden müssen, um das Heer im »Freiheitskampf im Osten« zu unterstützen. Von dieser Order betroffen sind zunächst die Jagdgeschwader 1, 3, 4, 11 und 77, aber auch die beiden Jagdgeschwader im Reich werden in den Endkampf eingreifen.
Aber widersinnige Befehle, die Maßregelung verdienter Verbandsführer, das Aberkennen der persönlichen Leistungen der Jagdflieger, das alles sind Gründe, warum das gegen Jahresende 1944 und besonders nach dem Neujahrseinsatz erneut zu Tage tretende Mißtrauen gegen die oberste Luftwaffenführung sich jetzt nur noch verstärkt. Bei den Frontfliegern ist Görings Ansehen schon längst abgesunken. Im Spätherbst hatte der Oberbefehlshaber der Luftwaffe, dem diese Tatsache natürlich nicht verborgen blieb, bereits die Kommandeure der Geschwader zu einer Besprechung eingeladen mit dem Ziel, über Maßnahmen zu diskutieren, die eine Besserung der Situation herbeiführen sollten. Die Meinungen gingen jedoch nicht konform, so daß diese Aussprache keinen sichtbaren Erfolg zeigte. Die Krise in der Jagdwaffe blieb.
Als dann im Laufe des Monats Januar Generalleutnant Galland plötzlich seines Postens enthoben wird, ist das Maß voll. Verbittert über die letzten Entscheidungen verfassen erfahrene und kampferprobte Geschwaderkommodore, Jagdfliegerführer, Divisionskommandeure und Inspizienten eine Denkschrift, die dem Reichsmarschall mit rücksichtsloser Offenheit die augenblicklich herrschende Situation klar machen soll. Göring beraumt sofort einen Termin an.
Am Montag, dem 22. Januar, findet gegen 12 Uhr im »Haus der Flieger« in Berlin dann jene Besprechung statt, die später von der Geschichtsschreibung oft als ›Konferenz der meuternden Asse‹ bezeichnet wird, was aber nicht zutreffend ist, denn von einer Meuterei in

diesem Sinne kann hier keinesfalls die Rede sein, da es nicht um die Belange einzelner Luftwaffenoffiziere geht. Generalleutnant Galland, von der obersten Führung als einer der Schuldigen für das Versagen der Jagdverbände hingestellt und deshalb als General der Jagdflieger abgesetzt, ist der Initiator dieser einmaligen Zusammenkunft. Der Grund also, warum sich bekannte und fronterfahrene Männer wie Graf, Lützow, Neumann, Rödel, Steinhoff und Trautloft an diesem Januartag versammeln, ist, nicht nur eine längst fällig gewordene Aussprache mit dem Reichsmarschall herbeizuführen, sondern man ist obendrein dazu entschlossen, auch an der derzeitigen Luftwaffenführung harte Kritik zu üben. Die einzelnen Punkte hierzu sind in der von den versammelten hohen Offizieren ausgearbeiteten Denkschrift niedergelegt.

Der nachfolgende kurze Auszug aus dem Entwurf für die genannte Denkschrift soll dem Leser erkennen lassen, mit welchen Problemen sich die Beteiligten mit Göring auseinandersetzen wollten:

Die Jagdwaffe erlebt zur Zeit, aufgrund der vorgenommenen bzw. geplanten Personalveränderungen, eine schwere Krise. Folgende Gründe führten zu dieser Krise:

1. Der Abgang General Galland wird von der Truppe nicht verstanden, da er in der Waffe als der überragendste Kopf und Führer anerkannt ist und – trotz seiner Härte nach unten – das Herz der Jagdflieger besitzt.
2. Oftmaliger Vorwurf der Feigheit der Jagdflieger von Seiten des Herrn Reichsmarschalls, obwohl gerade die Jagdwaffe Verluste erlitten hat wie wohl kaum eine Waffe, auch nicht eine in anderen Wehrmachtsteilen.
3. General Peltz kann, trotz Achtung seiner Person und seiner Leistungen, niemals das Vertrauen der Jagdwaffe haben, da er
    a) das IX. Korps in dieser schweren Zeit der Nation infolge übertriebener Ausbildungsforderungen vom Einsatz zurückhält, während gleichzeitig die schlecht ausgebildeten Tagjäger rücksichtslos in den Kampf geworfen werden müssen,
    b) kein Jäger ist,
    c) Für die Durchführung des Einsatzes am 1. 1. 1945 und die Einbußen seit Beginn der Westoffensive ab 17. 12. 1944, welche die Jagdwaffe

2 Kommodore
14 Kommandeure und
64 Staffelkapitäne
gekostet hat, verantwortlich war. Nach Ansicht der Jagdwaffe sind diese Verluste in erster Linie auf Führungsfehler zurückzuführen.

Göring, der sich in Begleitung des Chefs des Generalstabes der Luftwaffe, General Koller, und einiger Offiziere befindet, nimmt die ihm vorgelegte Denkschrift mit verbissenem Gesichtsausdruck zur Kenntnis. Dann steht Oberst Lützow auf, den man als Wortführer auserwählt hatte, und beginnt zu sprechen. Die nachstehenden Dialoge sollen sich etwa so angehört haben: »Herr Reichsmarschall! Namens der Versammlung muß ich Sie bitten, mir 50 Minuten Redefreiheit zu geben mit der Versicherung, daß Sie nichts dazwischen sagen. Sonst ist unser Vorhaben, Sie aufzuklären, zwecklos.«
»Das ist ja unerhört!« tobt Göring. »Wollen Sie mir vorwerfen, ich hätte keine starke Luftwaffe aufgebaut?«
Der mutige Lützow läßt sich nicht beirren. Er bestätigt, daß Göring eine solche Luftwaffe geschaffen und in Polen und Frankreich damit Erfolge gehabt hat. Doch jetzt sagt ihm der Oberst offen ins Gesicht: »Aber dann, Herr Reichsmarschall, von da ab haben Sie geschlafen!«
Göring ist außer sich vor Wut. »Was sagen Sie da?« brüllt er. »Hier ist ein Soldatenrat! Ein Kreis von Meuterern. Ich werde Sie füsilieren lassen!« Mit diesen Worten stürmt er mit zornrotem Kopf aus dem Raum. Lützow ist abgesetzt, der Reichsmarschall verhängt die »Reichsacht« über ihn. Er muß das Reichsgebiet unverzüglich verlassen und erhält den längst unbedeutend gewordenen Posten des Jagdfliegerführers Italien.
Auch Trautloft muß gehen, und so finden Ende Januar 1945 die letzten personellen Umbesetzungen in der Jagdwaffe statt: In die Dienststelle des Generals der Jagdflieger in Kladow zieht Oberst Gollob ein, während Oberstleutnant Dahl zum Inspekteur der Tagjagd ernannt wird. Sein Jagdgeschwader 300 übernimmt zunächst Major Hackl, seither Kommandeur der II./JG 26 und als hervorragender Jagdflieger bekannt.
Das große Sterben der Jagdflieger aber hält weiter an.

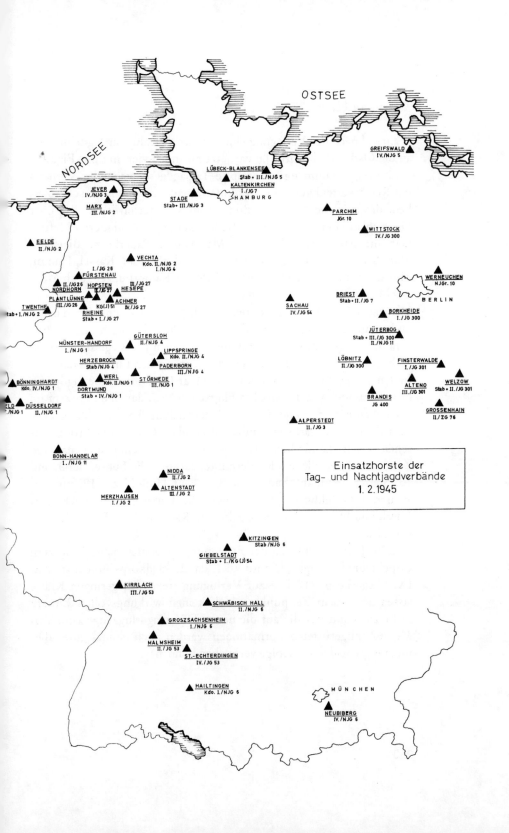

Januar-Ausklang

Während nach der Verlegung einer großen Anzahl von Jagdeinheiten an die Ostfront ab Mitte Januar jetzt nur noch vier, in ihrer Einsatzstärke arg zusammengeschrumpfte Tagjagdgeschwader im Verband der Reichsverteidigung und des Luftwaffenkommandos West verbleiben, dröhnen die Alliierten Bomberpulks weiterhin jeden Tag über Deutschland hinweg. Die Angriffe halten mit unverminderter Heftigkeit an: Augsburg, Hamburg, Magdeburg, Paderborn, Bielefeld Mannheim, Heilbronn, Duisburg, Düsseldorf, Köln, Kassel, Hamm, Münster sind nur die wichtigsten Ziele der Kampfflugzeuge ab Mitte des Monats.

Die eigene Luftabwehr im Bereich des I. Jagdkorps ist hingegen nahezu bedeutungslos geworden, denn die Verluste betragen fast 30 Prozent des eigenen Einsatzes, und die errungenen Luftsiege stellen noch nicht einmal zweizehntel Prozent des gegnerischen Einfluges dar.

In den letzten 15 Tagen des Monats Januar 1945 verliert die Jagdwaffe insgesamt noch mindestens 125 Flugzeugführer, davon 80 Prozent im taktischen Einsatz an der Ostfront! Sieben Staffelkapitäne bleiben vor dem Feind. Die stärksten Einbußen hat das JG 6 an der Front zwischen Weichsel und Oder. Das Geschwader verzeichnet im genannten Zeitraum 18 Gefallene oder Vermißte, darunter die Führer der 3. und 10. Staffel, Leutnant Bauer und Leutnant Hunold am 19. und 21. Januar. Oberfeldwebel Boye sowie die Unteroffiziere Lackinger, Lösch und Hermann Schmitz gelten im Raum Kalisch-Lodz als noch vermißt.

Am 26. Januar, dem Tag der Ernennung Oberstleutnants Dahl zum Inspekteur der Tagjagd, wird auch das I. Jagdkorps umbenannt in IX. Fliegerkorps (J). Die zur Verfügung stehenden geringen Kräfte lassen ab diesem Zeitpunkt jedoch keinen wirkungsvollen Einsatz mehr zu – und nur die auf die neuen Düsenjagdflugzeuge vom Typ Me 262 umgerüsteten Formationen werden noch einmal gute, aber nicht entscheidende Erfolge verbuchen können.

Freitag, 9. Februar 1945

Der Krieg ist in sein letztes Stadium eingetreten. In Ost und West steht der Gegner bereits auf deutschem Boden und dringt unaufhaltsam vorwärts, um dem Reich endgültig das Rückgrat zu brechen. Die sowjetischen Armeen sind inzwischen bis zur Oder vorgedrungen und sammeln sich zum letzten großen Stoß auf Berlin, und im Westen bereiten die Alliierten den Sprung über den Rhein vor. Aus diesem Grund bleiben auch die gegnerischen Luftoperationen weiterhin auf Verkehrsziele und die Treibstoffindustrie ausgerichtet. Die Luftwaffe aber hat diesen Bombereinflügen nun kaum mehr etwas dagegenzusetzen.

Gleich zu Beginn des Monats Februar müssen eine ganze Reihe deutscher Städte sehr schwere Terrorangriffe über sich ergehen lassen, darunter Mannheim, Ludwigshafen und Bochum. Den härtesten und bis dahin für die deutsche Zivilbevölkerung verlustreichsten aller Luftangriffe erlebt am 3. Februar die Reichshauptstadt. Zwei Tage darauf ist Regensburg das Ziel viermotoriger Kampfflugzeuge der 15. US-Luftflotte. Die eigene Luftabwehr – die Flak ausgenommen – bleibt wegen des vom Oberkommando der Luftwaffe an die Geschwader ergangenen Befehls, daß Jagdkräfte nicht mehr starten dürfen, wenn deren Einsatz keine Aussicht auf Erfolg gewährleistet, verhältnismäßig gering. Aber wann bietet sich denn eine solche Gelegenheit überhaupt noch einmal?

Am Vormittag des 9. Februar fliegen nahezu 1300 viermotorige Bomber der 8. US-Luftflotte in mehreren großen Pulks über Westdeutschland ein, um Verkehrsziele im mitteldeutschen Raum zu bombardieren. Aufgabe eines dieser Verbände ist es, gleichzeitig auch das 15 Kilometer westlich von Merseburg gelegene Hydrierwerk bei Lützkendorf auszuschalten.

Über dem Rhein-Main-Gebiet kommt es zum erstenmal zu einer Begegnung zwischen den Amerikanern und der den Viermotorigen entgegenfliegenden I. Gruppe des neuen KG(J) 54. Das ehemalige Kampfgeschwader 54 hat seine Ju 88 abgegeben und wurde, wie auch das KG(J) 51, umgebildet und mit der Me 262 ausgerüstet. Bei schlechtem Wetter ist Geschwaderkommodore Oberstleutnant Frh. zu Eisenbach mit 15 Maschinen in Giebelstadt gestartet, und soweit bekannt, ist dies der erste scharfe Einsatz der Gruppe. In der Mittagsstunde geraten die Me 262 nördlich zwischen Frankfurt am Main und Wiesbaden an die Bomberformationen, aber beim Durchstoßen der Wolkenschicht hat sich der deutsche Verband plötzlich so weit gelockert, daß ein kompakter Angriff nun nicht mehr möglich ist. Und so gehen im starken Abwehrfeuer der Amerikaner nacheinander drei Düsenjagdmaschinen verloren. Gegen 12 Uhr fällt der Kommodore im Luftkampf: Oberstleutnant Volprecht Riedesel Frh. zu Eisenbach stürzt mit seiner Messerschmitt drei Kilometer ostwärts von Camberg im Taunus ab. Nur wenig später geht die B3+GL mit Oberleutnant Günter Kahler bei Neuhof in die Tiefe, während Major Otfried Sehrt, der Kommandeur der I. Gruppe, bei Frankfurt verwundet wird. Südwestlich von Gelnhausen schießen die Mustang der 55. Fighter Group bei Meerholz eine weitere Me 262 ab, deren Pilot, Oberleutnant Walter Draht, ebenfalls fällt.

Gegen die den thüringischen und sächsischen Raum anfliegenden Kampfverbände starten rund 70 Jäger der beiden Jagdgeschwader 300 und 301, aber die Chancen auf Erfolg sollen sich als sehr gering erweisen. Wie schon bei jedem Einflug des Gegners, können die Mustang auch heute wieder ihre Bomber wirksam schützen. Bei nur zwei Viermot.-Abschüssen verlieren die deutschen Einheiten elf Maschinen und haben dabei vier gefallene sowie vier verwundete Flugzeugführer zu beklagen. Es gelingt auch nicht, einen Luftangriff auf Magdeburg abzuwehren, denn schon über 50 Kilometer östlich davon verwickelt der starke Jagdschutz der Amerikaner die I. und III./JG 300 in Luftkämpfe. Über dem Fläming bei Belzig im Planquadrat »Heinrich-Friedrich 4«, fallen Unteroffizier Lohrey und Oberfähnrich Josef Miller von der III. Gruppe, während auch die rote »9« des Gefreiten Meinhard aus der 2. Staffel abgeschossen wird. Meinhard kann jedoch mit dem Fallschirm abspringen. Teilen der I. Gruppe scheint es gelungen zu sein, näher an Magdeburg heranzukommen, wie der Verlust je einer Messerschmitt der 2. und 3./JG 300 bei Zerbst und Burg aussagt. Es sind die Maschinen von Feldwebel Zeder und Feldwebel Gärtner, die beide im Luftkampf tödlich abgeschossen werden.

Das JG 301 meldet nur einen Flugzeugführer, den Oberfeldwebel Salzgruber von der 6. Staffel, als verwundet, nachdem amerikanische Geschosse seine FW 190 D-9 über Grieben bei Stendal eingedeckt haben. Weit im Norden erleidet der Führer der 4./JG 300, Oberleutnant Burghoff, im Raum um Wittenberge das gleiche Schicksal, und damit büßt die Reichsluftverteidigung im Abwehrkampf gegen die 8. US-Luftflotte am 9. Februar wiederum drei Verbandsführer ein.

Mittwoch, 14. Februar 1945

Der schwerste und grauenvollste Luftangriff, den je eine deutsche Stadt im Zweiten Weltkrieg erleben mußte, liegt nur ein paar Stunden zurück. Dresden, die herrliche Barockstadt an der Elbe ist ausgelöscht. In der Nacht zum 14. Februar triumphiert der Wahnsinn des Krieges, als insgesamt 770 Lancaster sowie eine Anzahl Mosquito-Bomber der RAF einen Doppelangriff auf diese sächsische Metropole durchführen und dabei rund 2700 Tonnen Bomben aller Kaliber abwerfen. Nach den ersten Schätzungen kommen dabei über 20000 Menschen ums Leben. Nur 27 Nachtjäger kann die Reichsluftverteidigung in den Einsatz bringen – der Erfolg bleibt gleich Null.
Als in den Vormittagsstunden des 14. Februar ein Viermot.-Verband erneut den Großraum Dresden anfliegt, wird die Katastrophe perfekt. Diesmal sind es die Amerikaner, die über Kassel und dem Harz nach Sachsen vordringen: 311 Fortress, geschützt von doppelt sovielen Mustang! Sie werden das schon verwüstete Stadtgebiet noch einmal mit Bomben umpflügen und werden noch einmal Zehntausenden einen grauenvollen Flammentod bringen, denn Dresden beherbergt zu diesem Zeitpunkt eine unübersehbare Menge von Flüchtlingen aus den Ostgebieten. Zwei weitere schwere Terrorangriffe erleiden zur gleichen Zeit die Städte Chemnitz und – nun schon zum siebtenmal in diesem Jahr – Magdeburg.
An diesem Tag befinden sich die Amerikaner mit 945 viermotorigen Bombern über dem wolkenverhangenen mitteldeutschen Raum. Zur Abwehr der drei gegnerischen Einflüge kann die Reichsverteidigung nur 145 Maschinen des IX. Fliegerkorps (J) einsetzen, und wieder sind es die beiden Jagdgeschwader 300 und 301, welche die Hauptlast des Kampfes zu tragen haben. Nach eigenen Angaben gehen 20 Maschinen verloren. Daß die Amerikaner ihrerseits nur zwei Bomber verlieren, legt ein neuerliches Zeugnis ab von der Ohnmacht der deutschen Jagdwaffe.
Westlich von Riesa, im Planquadrat »Ludwig-Gustav 4«, haben zwei Gruppen des JG 300 Luftkampf mit amerikanischen Begleitjägern,

die im Raum um Oschatz eine Messerschmitt der 4. und eine FW 190 der 6. Staffel herunterholen: Leutnant Gerhard Achard, der Messerschmitt-Pilot, fällt über Dahlen, während der Obergefreite Rösch mit der gelben »14« bei Lönnewitz zu Boden geht und diesen Absturz nicht überlebt. Die II. Gruppe hat noch drei weitere Ausfälle beim Angriff gegen den Chemnitz-Verband der Amerikaner. Alle drei Flugzeugführer fallen, darunter der Unteroffizier Walter Beuchel von der 5./JG 300, der zunächst als vermißt gilt.

Inzwischen gelangen auch die in Jüterbog gestarteten Messerschmitt der III. Gruppe in den befohlenen Einsatzraum und haben gleich beim Überfliegen der Elbe Feindberührung. Von dieser Begegnung kehren die beiden Oberfähnriche Heyer und Howe nicht mehr zurück.

Ungehindert und in Paradeformation fliegen die amerikanischen Kampfflugzeuge ihre Ziele an. Schwärme von Jabos gehen zu Tiefangriffen über, um mit den Bordwaffen das zu vollenden, was die Bomben noch nicht zu zerstören vermocht haben. Und den Jagdverbänden der Reichsluftverteidigung gelingt es nicht mehr, einen wirklich effektvollen Abwehreinsatz durchzuführen, um ein solch schreckliches Inferno zu verhindern.

Auch das JG 301, vornehmlich Teile der II. Gruppe aus Welzow, muß Verluste einstecken. Östlich von Leipzig werden Oberfeldwebel Frank und Leutnant Stuck mit ihren »Langnasen« abgeschossen. Stuck kommt mit Verwundungen davon. Ein dritter Pilot der 7. Staffel, Feldwebel Helmut Stöber, fällt irgendwo über dem sächsischen Raum im ungleichen Kampf mit den überlegenen Begleitjägern des Gegners.

Für die 1. Jagddivision endet der Tag mit zehn gefallenen und einem verwundeten Flugzeugführer.

Und während die Amerikaner in drei mitteldeutschen Städten zerborstene Mauern, verglühtes Metall und den Hauch des Todes zurücklassen, bringt der späte Nachmittag des 14. Februar auch im Bereich des Luftwaffenkommandos West noch einen Kampf zwischen britischen Spitfire-Formationen und den Focke-Wulf der III./JG 54*, welche den von den Plätzen um Rheine aus operierenden Messerschmitt Me 262 des KG(J) 51 Start- und Landeschutz geben.

---

* Die III. Gruppe des Jagdgeschwaders 54, ab Sommer 1943 aus der Ostfront herausgezogen und dem JG 26 im Westen unterstellt, wird ab 25. Februar 1945 von diesem Geschwader als IV. Gruppe übernommen und in IV./JG 26 umbenannt.

Im Raum zwischen Rheine und Osnabrück, dem bevorzugten Jagdrevier der 2. Tactical Air Force, fallen Unteroffizier Seidenfuß und der Obergefreite Zogbaum im Luftkampf mit den Spitfire der 41. Squadron. Flying Sergeant Moyle und Flight-Lt. Woolley sind die Schützen. Flight-Lt. Gaze von der 610. Squadron kann wenige Minuten nach 17 Uhr eine Me 262 mit Feldwebel Hofmann am Steuer abschießen. Die Messerschmitt stürzt bei Emmerich ab und nimmt den Piloten mit in den Tod.

21./22. Februar 1945

Noch einmal in diesem Kriege kann die Nachtjagd einen großen Abschußerfolg für sich verbuchen. Nachdem die Engländer schon in der Nacht zum 21. Februar während eines heftigen Terrorangriffes auf Dortmund 25 viermotorige Bomber eingebüßt hatten, können in der darauffolgenden Nacht bei dem zweimaligen Luftangriff auf Duisburg und einem Angriff auf Worms insgesamt 62 britische Kampfflugzeuge zum Absturz gebracht werden. In den Abendstunden dieses Mittwochs, dem 21. Februar, fliegen mehr als 800 gegnerische Viermotorige in das Reichsgebiet ein, wobei 450 Maschinen auf Duisburg angesetzt sind. Dem Einflug des RAF Bomber Commands starten 129 Nachtjäger der Nachtjagdgeschwader 1, 2, 3, 4 und 6 entgegen.

Am mondhellen Nachthimmel entwickeln sich erbitterte Duelle, die sich über weite Gebiete erstrecken. Von den 62 Luftsiegen gehen allein 28, das sind 45 Prozent auf das Konto von nur vier Nachtjagdpiloten. Da ist Oberfeldwebel Bahr vom NJG 6, der in diesem Einsatz sieben Bomber abschießt, und da ist Hauptmann Hager von der II. Gruppe des NJG 1, der heute innerhalb von 17 Minuten acht Gegner vom Himmel holt. Der Staffelkapitän der 2./NJG 2, Hauptmann Rökker, schickt sechs Viermotorige zu Boden, während Major Schnaufer, Kommodore des NJG 4 und der erfolgreichste deutsche Nachtjäger überhaupt, schließlich ebenfalls sieben Luftsiege erzielt.

Über dem gesamten Ruhrgebiet hängen die Bf 110, die Ju 88 und die He 219 der Nachtjagdgeschwader am Gegner, werden von den Bodenstellen in die an- und abfliegenden Bomberformationen eingeschleust und suchen sich ihre Ziele. Glimmspurgschosse kreuzen die flirrenden bunten Markierungssterne der Briten, und grelle, kometen-

gleiche Brandfakeln bezeichnen den Weg abstürzender Flugzeuge. Auf allen Funkfrequenzen der Nachtjagd herrscht Hochbetrieb.
Mosquito-Fernnachtjäger, die die Bomberströme schützen und abschirmen sollen, sind der gefährlichste Gegner am Nachthimmel über Deutschland, und die meisten eigenen Ausfälle erfolgen durch Mosquitoeinwirkung. Südlich von Duisburg macht die Besatzung Hauptmann Schirmacher/Feldwebel Waldmann mit ihrer Heinkel He 219 der 1./NJG 1 eine Notlandung, wobei Waldmann, der Bordfunker der G9+TH, verwundet wird. Eine Bf 110 der 9. Staffel des gleichen Geschwaders geht drei Kilometer ostwärts von Störmede durch einen britischen Fernnachtjäger verloren, und die gesamte Besatzung kommt ums Leben: Fähnrich Apel, der Flugzeugführer, Bordfunker Unteroffizier Trenck sowie Hauptmann Erich Zenker vom Gruppenstab der III./NJG 1.
Die Engländer verlieren in dieser Nacht zum 22. Februar fast 8 Prozent der gegen Duisburg und Worms eingesetzten Kampfflugzeuge. Was aber die eigenen Erfolge jedoch noch unterstreicht, sind die verhältnismäßig geringen Verluste von nur vier Maschinen. Vier Besatzungsmitglieder fallen, zwei werden verwundet. Zu den Gefallenen zählt auch die Besatzung Feldwebel Ruge/Oberfeldwebel Körner/Gefreiter Schmitz, deren Messerschmitt G9+LZ nordwestlich vom Platz Lippspringe Bodenberührung hat und abstürzt.
Während über West- und Südwestdeutschland die große Luftschlacht tobt, führen zwei kleinere Kampfverbände der RAF mit insgesamt 100 Mosquito-Schnellbombern einen Störangriff auf die Reichshauptstadt durch. Zum erstenmal starten Düsenflugzeuge vom Typ Me 262 B-1a/U1, eine Nachtjagdversion mit »Lichtenstein SN-2«-Funkanlage. Diese Maschinen gehören der in Jüterbog stationierten 10. Staffel des Nachtjagdgeschwaders 11 an. Der Verband wird von Oberleutnant Welter (»Kommando Welter«) geführt und hat sich vorwiegend auf die Mosquito-Jagd spezialisiert, nachdem es sich zeigte, daß diese wendigen britischen Kampfflugzeuge von der Me 262 erfolgversprechend bekämpft werden können. Auch heute gelingt dem Kommando der Abschuß von drei Mosquito über Berlin.
Jedoch die in den Februarnächten errungenen Erfolge bleiben, gemessen am Gesamteinflug des RAF Bomber Command, gering, und die Ausfälle übersteigen die des Vormonats sogar um nicht ganz zwei Prozent.

Donnerstag, 22. Februar 1945

22. 2. 45: »Die Alliierten führen Operation »Clarion« durch. Eine Demonstration gegnerischer Luftmacht über dem gesamten Reichsgebiet mit Schwerpunkten in Süddeutschland, im Dreieck Ludwigslust-Lüneburg-Salzwedel sowie im Raum Halberstadt-Hildesheim.
Im Bereich 1. Jagddivision über 30 Me 262 des JG 7 im Einsatz. Der Turboverband verliert fünf Maschinen, wobei ein Pilot, Ofw. Helmut Baudach (10./JG 7) im Luftkampf fällt.
Im Bereich LwKdo West heftige Kämpfe der I. und III./JG 26, III./JG 54 sowie Teilen aller vier Gruppen des JG 27. JG 26 meldet einen Gefallenen (Fw. Girstenbreu bei Altenheine) und zwei Verwundete (Uffz. Gehrke über Hopsten und Uffz. Weiß über Greven) nach Luftkampf mit Spitfire und Tempest. Außerdem verliert die III./JG 54 nahe Varrelbusch zwei FW 190 D-9, die von Mustang bzw. Tempest abgeschossen wurden. Die gefallenen Piloten sind Fw. Gasser (10.) und Fw. Westedt (11.).
Sechs Gefallene auch beim JG 27. Vor der Landung auf Rheine stürzt Uffz. Steinke von der 1./JG 27 infolge Beschußschaden tödlich ab. Nördlich von Hopsten wird Ofw. Kühl (5./JG 27) von der eigenen Flak heruntergeholt. Lt. Eugen Bau, der die weiße »3« der 9./JG 27 fliegt, kann bei Alverskirchen aussteigen, aber sein Schirm öffnet sich nicht.
14.50 Uhr. Luftkampf der IV./JG 27 mit sieben Tempest der 486. Squadron über dem Raum Münster. Staffelkapitän Hptm. Grapp (15./JG 27), Fhr. Balluf und Ofw. Wittke bleiben am Feind, Lt. Schindler und Fw. Tschertner werden verwundet.
Im Bereich 5. Jagddivision im Raum Stuttgart Luftkämpfe zwischen Mustang und drei Staffeln des JG 53. Zwei Flugzeugführer kommen nach dem Fallschirmabsprung auf tragische Weise ums Leben: Fw. Hans Fischer ist bereits zu tief, als er bei Schleitdorf abspringt, und der

Ogfr. Fred Hellig landet mit dem Schirm im Neckar bei Neckartailfingen und ertrinkt.
Südlich von Heimsheim wird Uffz. Reichenberger (5.) von einer Mustang abgeschossen. Nur Lt. Moser von der 14./JG 53 überlebt – zwar verwundet – diesen Einsatz, nachdem er über Reutlingen aussteigen mußte.
Zu beobachten ist, daß der Gegner während dieses letzten Masseneinfluges überall im Reichsgebiet auch kleinere, unwichtige und nebensächliche Ziele überwiegend im Tieffliegereinsatz angreift.«

Sonntag, 25. Februar 1945

Die letzten Tage des Februar sind noch einmal von einer außergewöhnlich starken Einsatztätigkeit über dem Reich seitens der Alliierten gekennzeichnet. Am 24. haben starke Viermot.-Verbände der 8. US-Luftflotte Hydrierwerke um Hamburg und im Raum Hannover angegriffen und konnten diese Einsätze ungehindert durchführen. Nur zwei Bomber kehrten nicht zurück.
Am 25. Februar holen die Amerikaner dann zu einem großen Schlag gegen das deutsche Verkehrsnetz aus und greifen gleichzeitig eine Anzahl von Flugplätzen an, die vorwiegend von den Me 262 benützt werden. Daneben haben die Städte Aschaffenburg, Friedrichshafen, München und Ulm unter mehr oder weniger heftigen Luftangriffen zu leiden. Über 600 Maschinen stark ist der Jagdschutz des Gegners, der wiederum jeden Abwehreinsatz der Reichsluftverteidigung zunichte macht und den 1177 viermotorigen Kampfflugzeugen den Weg zu ihren Zielen offenhalten kann. Und auch die RAF nimmt an einem Tageseinsatz teil, der sich diesmal gegen Dortmund richtet.
Gegen diesen Großeinflug hat das Luftwaffenkommando West und das IX. Fliegerkorps (J) zahlreiche Jagdverbände starten lassen, die aber sofort von der gegnerischen Bombereskorte oder von den vielen Jabos abgefangen werden. Teile der I. Gruppe des »Richthofen«-Geschwaders starten vom Feldflugplatz Merzhausen im Taunus gegen einen Liberator-Pulk, der sich auf dem Rückflug vom Angriff auf Aschaffenburg befindet. Über Groß Umstadt im Odenwald treffen in einem dramatischen Luftkampf die Focke-Wulf des JG 2 und die amerikanischen Begleitjäger aufeinander. Zwölf Mustang und

sechs Lightning haben sich auf die Handvoll deutscher Maschinen gestürzt und schießen zwei von ihnen ab. Unteroffizier Ewald Kamman von der 3. Staffel und Oberleutnant Rossbach von der inzwischen aus dem Frankfurter Raum eingetroffenen 9. Staffel fallen. Der 25jährige Kamman bleibt lange Zeit verschollen, bis erst im Jahre 1963 durch Zufall seine Absturzstelle entdeckt wird.
Erhebliche Ausfälle hat wieder einmal das Jagdgeschwader 27, dessen vier Gruppen sich im Raum Münster-Osnabrück mit den britischen Jägern messen müssen. Von der 1., 2. und 3. Staffel fallen je ein Flugzeugführer, darunter Leutnant Karl Winkler über Hesepe. Das gesamte Münsterbecken wimmelt plötzlich von gegnerischen Flugzeugen, und eine deutsche Maschine nach der anderen wird das Opfer dieser zahlenmäßigen Übermacht. Bei Senden am Dortmund-Ems-Kanal macht Unteroffizier Fürst von der 3./JG 27 eine Bauchlandung und wird verwundet. Die II. Gruppe hat vier Verwundete, die alle im Raum Osnabrück mit dem Fallschirm abspringen, aber die beiden Unteroffiziere Hans Meyer und Gottfried Wunder fallen im Luftkampf. Weiter nördlich stößt die 14. und 15. Staffel auf alliierte Jäger und büßt dabei vier Flugzeugführer ein. Der Obergefreite Johann Pichler von der 14. und Feldwebel Franz Laumeister von der 15./JG 27 bleiben am Feind.
Auch die I. und II./JG 26 melden Feindberührung im gleichen Kampfraum. Die beiden Gruppen fliegen die FW 190 D-9, von denen eine durch Flight-Lt. Reid von der 41. Squadron zwischen Gronau und Rheine abgeschossen wird. Es ist durchaus möglich, daß es sich hierbei um die Maschine von Oberleutnant Kittelmann handelt, der von diesem Einsatz nicht wieder zurückkehrt. Kittelmann, Jahrgang 1914, ist einer der älteren Flugzeugführer der Jagdwaffe und gehört der 2./JG 26 an. Aus der gleichen Staffel fallen am 25. Februar noch zwei Flugzeugführer im Luftkampf: der Obergefreite Vandeveert und Unteroffizier Siegel. Bei Greven wird Unteroffizier Brühan von einem Feindjäger abgeschossen und erleidet schwere Verwundungen, denen er am 6. März erliegt.
In Nordhorn startet soeben die 5. Staffel, als etliche Tempest überraschend den Platz angreifen und die »Langnasen« unter Beschuß nehmen. Leutnant Bott wird dabei während des Starts verwundet. Andere Teile der beiden Gruppen des JG 26 befinden sich im Raum Köln und geraten dort an einen Thunderbolt-Verband. Hauptmann Krause von der 3. und der Obergefreite Lange von der 1. Staffel fal-

len. Beim Landeversuch auf dem Platz Köln-Wahn stürzt eine D-9 der 5. Staffel mit Unteroffizier Just am Steuer ab.
Einen ganz seltenen Erfolg erzielt ein Mustang-Pilot der 364. Fighter Group, der etwa 15 Kilometer südlich des Dümmer Sees bei Bohmte eine zweistrahlige Arado 234 B des KG(J) 76 abschießen kann. Der Pilot der Maschine, Unteroffizier Przetak, fällt in diesem kurzen Gefecht. Und beim Angriff auf den Fliegerhorst Giebelstadt kann die 55. Fighter Group der Amerikaner insgesamt sechs Me 262 der II./KG(J) 54 vernichten, die sich gerade auf einem Übungsflug befanden. Drei Piloten werden beim Absturz getötet. Im Raum Nürnberg sichten die Mustang zwei Messerschmitt G-14, die dem Jagdfliegergeschwader JG 104 in Roth angehören, und schießen sie nacheinander ab.
Außer drei Staffeln des JG 301 haben die Kräfte des IX. Fliegerkorps (J), die zur Abwehr der 8. US-Luftflotte gestartet sind, keine Feindberührung. Auf der Einsatzliste der Amerikaner, welche die im Abwehrbereich der 1. Jagddivision gelegenen Verkehrsziele anzugreifen haben, stehen auch die Eisenbahnknotenpunkte im Dreieck Salzwedel-Stendal-Wittenberge. Über dem Planquadrat »Emil-Cäsar 4« gerät die 1./JG 301 von Leutnant Benning, einem alten Hasen aus der Zeit der Einmot.-Nachtjagd mit über 20 Luftsiegen, an den gegnerischen Jagdschutz, was der Staffel drei Focke-Wulf kostet. Die drei Flugzeugführer, Unteroffizier Dischinger, Fähnrich Gebauer und Feldwebel Koch sowie Feldwebel Willy Schmidt von der 2./JG 301 fallen in diesem Luftkampf über Salzwedel.

Verluste der Jagdwaffe am 25. Februar 1945

am Einsatz beteiligte Einheiten	gefallen oder vermißt	ver- wundet	Personal- verluste insgesamt	Maschinentyp	Verlustraum
I./JG 2	1		1	FW 190 D-9	Groß Umstadt,
III./JG 2	1		1	FW 190 A-?	Odenwald
			2		
I./JG 26	6		6	FW 190 D-9	Greven, Nord-
II./JG 26	1	1	2	FW 190 D-9	horn, Köln-Wahn
			8		
I./JG 27	3	2	5	Bf 109 K-4	Ahaus, Coesfeld,
II./JG 27	2	4	6	Bf 109 G-14	Hesepe, Münster,
III./JG 27		1	1	Bf 109 K-4	Osnabrück
IV./JG 27	4		4	Bf 109 G-10/K-4	
			16		
I./JG 301	4		4	FW 190 A-8/A-9	Salzwedel,
II./JG 301	1		1	FW 190 D-9	Stendal
			5		
Verluste insgesamt (Reichsgebiet)	23	8	31		

V JAGD VORBEI

Freitag, 2. März 1945

Daß die Alliierten auf ein möglichst baldiges Ende des Krieges dringen, ist nicht zuletzt auch an der nochmals gesteigerten Einsatztätigkeit ihrer Luftstreitkräfte abzulesen. Kein einziger Tag und keine einzige Nacht des Monats März bleibt das Reichsgebiet feindfrei, und ein paar Wochen vor Beendigung dieses mörderischen Weltbrandes müssen immer noch viele Städte sehr schwere Luftangriffe mit entsetzlichen Auswirkungen über sich ergehen lassen, darunter Berlin, Dortmund, Chemnitz, Dessau, Essen, Hanau, Hildesheim, Mannheim, Paderborn, Ulm, Unna, Würzburg.
Die deutsche Luftverteidigung ist zerschlagen. Geschwader, die praktisch nur noch in Gruppenstärke operieren, fliegen in letzten, verzweifelten Einsätzen ihrem Untergang entgegen. Am 2. März kommt für die Gruppen des JG 301 das Ende, doch davor schon finden über dem bekannten Kampfraum Rheine-Osnabrück eine Reihe von Gefechten statt, die den Auftakt zu den großen Luftkämpfen des Tages bilden.
Bereits am frühen Morgen sind je zwei Tempest- und Spitfire-Verbände der 2. Tactical Air Force zu ihren schon zur Routine gewordenen Überwachungsflügen gestartet, denn die Alliierten lassen die Einsatzhorste der Me 262 nun nicht mehr aus der Sicht. Fast jeden Tag kommt es hier zu Begegnungen mit deutschen Jägern, welche die Briten von diesen Plätzen fernzuhalten oder zumindest einen Angriff auf die bei Start und Landung gefährdeten Düsenjagdmaschinen zu verhindern versuchen. So auch heute. Im Einsatz befinden sich diesmal einige Focke-Wulf der III./JG 26 sowie zahlreiche Messerschmitt der II., III. und IV./JG 27.
Schon nach wenigen Flugminuten beginnt im Raum Osnabrück die Kurbelei zwischen den Tempest und den K-4 des JG 27, und als dann auch die Spitfire in den Kampf eingreifen, können die deutschen Formationen nur mit äußerster Mühe einer völligen Vernichtung ent-

gehen. Allein über den Westausläufern des Teutoburger Waldes verzeichnet das JG 27 vier Ausfälle: zwischen Tecklenburg und Saerbeck fallen Fähnrich Eidam, Feldwebel Schaffhauser und Unteroffizier Erich Schulz, allesamt von der III. Gruppe. Der Gefreite Sonnet von der 15. Staffel erleidet Verwundungen. Ebenfalls verwundet wird Leutnant Manfred Stechbarth, der als ehemaliger Pilot der geschwadereigenen Kuriermaschine von sich Reden gemacht hat und der während der Ardennenoffensive nun als Jagdflieger schon einmal abgeschossen wurde. Die IV. Gruppe hat übrigens bereits beim Start einen Verlust zu beklagen, als Leutnant Nitschke mit seiner K-4 wahrscheinlich wegen einer technischen Störung tödlich abstürzt.
Nach dem Kampf melden die Engländer insgesamt acht Messerschmitt, darunter eine durch Wing Commander Keefer sowie zwei Focke-Wulf als abgeschossen. In einer der genannten D-9, die schwarze »10«, fällt Unteroffizier Hähnel von der 10./JG 26. Den eigenen Jägern gelingt die Vernichtung von zwei Spitfire.
Unterdessen sind im Laufe der Vormittagsstunden starke amerikanische Kampfverbände, die von einer überwältigenden Anzahl von Jägern begleitet werden, bis zur Elbe vorgedrungen und fliegen nach Sachsen ein. Ihnen stellen sich heute etwa 200 Jagdflugzeuge der Verbände aus der Reichsluftverteidigung entgegen, was dann über verschiedenen Orten zu heftigen Luftkämpfen führt, die sich nach Süden teilweise sogar bis in das Protektorat hinein erstrecken.
Am Südrand der Annaburger Heide, im Gebiet zwischen Elbe und Schwarze Elster bildet sich einer der Schwerpunkte. Hier fallen im Luftkampf mit den Amerikanern vier Flugzeugführer der II. Sturmgruppe des JG 300, darunter der bewährte Fähnrich Richard Löfgen, der nördlich von Torgau bei Großtreben abgeschossen wird sowie seine Staffelkameraden von der 5./JG 300, Fähnrich Fleske und Unteroffizier Werner. Rund 30 Kilometer vom eigenen Platz Jüterbog entfernt kämpft die III. Gruppe im Planquadrat »Heinrich-Friedrich«, das ist der Raum Belzig, wobei es auch hier zwei Gefallene gibt. Hauptmann Peter Jenne, Gruppenkommandeur und Ritterkreuzträger unterliegt über Schmerwitz den gegnerischen Jägern, während der Fähnrich Horst Vogt über Kranepuhl vor dem Feind bleibt.
Nördlich von Magdeburg zeichnet sich ein anderer Schwerpunkt der Luftschlacht ab. Das JG 301 hat heute noch einmal alle einsatzfähigen Maschinen in die Luft gebracht, um die Viermot.-Verbände der 8. US-Luftflotte zu bekämpfen. Die neugebildete IV. Gruppe startet

dabei zu ihrem ersten und zugleich auch letzten Abwehreinsatz. Es werden auch einige Bomber zu Boden geschickt, doch die Mustang gewinnen schnell die Oberhand, so daß dieses Unternehmen für das Jagdgeschwader 301 schließlich mit einer Niederlage endet. Als die Verbände auf den Plätzen Finsterwalde, Gahro, Gardelegen, Stendal und Welzow landen, sind siebzehn Flugzeugführer gefallen oder vermißt.

Vierzig Kilometer südöstlich ihres Einsatzhorstes Gardelegen vollzieht sich das Schicksal der IV./JG 301, deren drei Staffeln die gegen Magdeburg angesetzten amerikanischen Bomberverbände abzuwehren versuchen. Zwischen Magdeburg und Burg veranstalten die überlegenen Begleitjäger des Gegners ein wahres Gemetzel, dem innerhalb verhältnismäßig kurzer Zeit rund zwanzig Messerschmitt zum Opfer fallen. Es ist ein einziger großer Luftkampf, der sich dort über »Gustav-Dora« und »Heinrich-Dora« abspielt, und die jungen, mutigen deutschen Flugzeugführer versuchen alles, um das Ausmaß des Desasters nicht noch zu vergrößern. Vereinzelt nur gelingt es, den silberglänzenden Mustang noch einmal Widerstand entgegenzubringen, um nicht völlig kampflos unterzugehen.

Von der 15. Staffel hängen Fähnrich Blechschmidt und Unteroffizier Hornschuh am Fallschirm, Unteroffizier Leo Keil fällt, und auch Unteroffizier Welsch erwischt es über Rakedorf, während Fähnrich Harald Ruh mit seiner gelben »7« bei Stresow abgeschossen wird. Mit vier gefallenen und zwei verwundeten Piloten erleidet die 13./JG 301 einen hohen Ausfall, und da sich unter den Gefallenen auch der Kapitän dieser Staffel, Oberleutnant Johann Patek befindet, ist der Verlust noch schmerzlicher. Feldwebel Hasenkropf rettet sich bei Burg mit dem Schirm. Die 14. Staffel hat mit dem im Luftkampf verwundeten Unteroffizier Arno Bayerl und dem immer noch vermißten Unteroffizier Alfred Appel die wenigsten Einbußen.

Viel weiter im Süden Sachsens und über dem angrenzenden Mährischen Gebiet haben die Amerikaner einen Großteil der II. Gruppe des JG 301 in Luftkämpfen gebunden, und hier muß besonders di 8. Staffel einen Aderlaß erleiden. Drei Gefallene und ein Verwundeter sind das Ergebnis der harten Begegnung mit den Mustang. Staffelkapitän Leutnant Walter Kropp wird mit seiner roten »1« bei Würschwitz im Raum Leipzig abgeschossen. Vor kurzer Zeit hat die Staffel ihre ersten Focke-Wulf FW 190 D-9 erhalten, welche die A-9 ablösen soll. Sowohl Leutnant Kropp als auch Unteroffizier Helmut Rix, der bei Aussig mit dem Schirm abspringt und verwundet wird, flogen bereits eine D-9. Die beiden anderen gefallenen Flugzeugführer sind Unteroffizier Ehrlich und Unteroffizier Helmut Heger, den die Mustang über Dresden-Klotzsche herunterholen.

Für die Verbände des IX. Fliegerkorps (J) endet der 2. März 1945 mit einem Verlust von 43 Maschinen bei 15 eigenen Luftsiegen. Von den beiden Jagdgeschwadern 300 und 301 sind 23 Flugzeugführer gefallen, ein Pilot gilt noch als Suchfall und sieben sind verwundet.

Doch damit ist dieser Tag noch nicht vorüber. Mit einem mittelstarken Verband zweimotoriger Kampfflugzeuge vom Typ Martin B-26 Marauder ist am Nachmittag auch die 9. taktische US-Luftflotte zu einem Einsatz unterwegs, um ein Wehrmachtsdepot bei Gießen mit Bomben zu belegen. Als die Amerikaner sich dem Rhein-Main-Gebiet nähern, kommt der Startbefehl für die I. Gruppe des JG 2, deren Kommandeur, Hauptmann Hrdlicka, am 25. März in einem Luftkampf über dem Vogelsberg fallen wird. Im Raum Mainz haben die deutschen Maschinen Feindberührung, und wieder entwickeln sich ausgedehnte Kurbeleien mit den vielen Begleitjägern. Es ist etwa 17.30 Uhr. Oberfeldwebel Butter wird von einer Lightning und Oberleutnant Hertle von einer Thunderbolt abgeschossen, aber beide Piloten können noch mit dem Fallschirm aussteigen. Die Angriffe gegen die B-26 werden aus allen Richtungen durchgeführt, doch die Focke-Wulf-Piloten kommen nicht so recht zum Schuß. Nur eine Marauder geht den Weg in die Tiefe, drei eigene Flugzeugführer fallen: Die Unteroffiziere Arck und Brejl bei Finthen und Erbenheim sowie Oberfähnrich Stempel über dem Raum Mainz.

Verluste der Jagdwaffe am 2. März 1945

am Einsatz beteiligte Einheiten	gefallen oder vermißt	verwundet	Personalverluste insgesamt	Flugzeugtyp	Verlustraum
I./JG 2	3	2	5	FW 190 D-9	Raum Mainz
III./JG 26	1		1	FW 190 D-9	Osnabrück, Rheine
II./JG 27	1		1	Bf 109 G-14	Achmer, Saerbeck,
III./JG 27	3		3	Bf 109 K-4	Steinbeck, Teck
IV./JG 27	2	2	4	Bf 109 K-4	lenburg
			8		
II./JG 300	4		4	FW 190 A-8	Belzig, Großtre
III./JG 300	2	1	3	Bf 109 G-10	ben, Torgau,
			7		Raum Sachsen
I./JG 301	3		3	FW 190 A-8/A-9	Aussig, Burg,
II./JG 301	6	1	7	FW 190 A-9/D-9	Dresden, Stresow,
IV./JG 301	8	5	13	Bf 109 G-10	Würschwitz
			23		
Verluste insgesamt (gegen West- und Südeinflüge)	33	11	44	(davon 1 Gruppenkommandeur gefallen 2 Staffelkapitäne gefallen)	

266

Mittwoch, 14. März 1945

»14. 3. 45: Die Amerikaner jetzt vor Bad Kreuznach. Freie Jagd zwischen Rhein und Odenwald im Dreieck Oppenheim-Darmstadt-Bensheim. Luftkampf der II./JG 53 mit P-47: Lt. Harms steigt über Dieburg aus und bricht sich beim Aufkommen den rechten Fußknöchel. Uffz. Schwarz fällt über Worfelden.
Gleich nach dem Start der III./JG 53 in Darmstadt-Griesheim ebenfalls Luftkampf mit etlichen Thunderbolt gegen 16 Uhr. Vier Piloten kehren nicht zurück: Lt. Henkell* vom Gruppenstab fällt östlich von Oppenheim, Fw. Wagener (9. Staffel) im Raum Cochem, die Uffz. Tesarik (11.) und Dröge (11.) über Bickenbach und Biebesheim. Lt. Bernhard vom Gruppenstab wird bei Oppenheim von einer Thunderbolt abgeschossen und springt ab.«

Sonntag, 18. März 1945
Montag, 19. März 1945

Von der »freien Jagd«, der Bekämpfung gegnerischer Jabos und Tiefflieger abgesehen, hat die Abwehr der Viermot.-Verbände keinerlei Bedeutung mehr. Dagegen sind die wenigen Düsenjagdeinheiten etwas erfolgreicher, wenn auch ihr Einsatz nur noch mehr oder weniger sporadisch durchgeführt werden kann: die Folge eines ständig vom Gegner kontrollierten Luftraumes sowie auch die Auswirkungen der Luftangriffe gegen die Treibstoffindustrie. An dieser Stelle sei der von Generalleutnant Galland geführte Me 262-Jagdverband JV 44 erwähnt, über dessen Aufstellung und Wirken Galland selbst ausführlich berichtet**. Der Verband setzt sich aus erfahrenen und hochdekorierten Flugzeugführern der Jagdwaffe zusammen und operiert, vereint mit dem Ergänzungsjagdgeschwader 2 des Oberstleutnants Bär, noch einmal erfolgreich gegen die amerikanischen Bomberformationen. Um den Alliierten jedoch noch gefährlich wer-

---

* Lt. Hans Henkell ist der Sohn des Besitzers der bekannten Sektkellerei in Wiesbaden.
** Galland in seinem Buch »Die Ersten und die Letzten.«

den zu können, würde das den Einsatz von zahlenmäßig weitaus stärkeren Düsenjagdstreitkräften notwendig machen. Projekte dieser Art liegen zwar vor, können wegen der sich überstürzenden Kriegsereignisse nie mehr realisiert werden.

Am 18. März versetzen über zwölfhundert viermotorige Kampfflugzeuge der Reichshauptstadt nochmals einen vernichtenden Schlag. Die Bomben fallen durch eine geschlossene Wolkendecke. Rund 40 Me 262, darunter die von Major Sinner geführte III. Gruppe des JG 7 aus Parchim, stürzen sich auf die bereits abfliegenden Bomber und schießen acht Fortress sowie fünf Begleitjäger ab. Das bedeutet noch einmal einen örtlichen Erfolg für die Reichsluftverteidigung, zumal auch die Flak insgesamt 16 Viermotorige vom Himmel holt. Allerdings ergibt das für den Gegner nur einen Gesamtverlust von nicht ganz zwei Prozent, und die Einbuße von 24 Bombern aus einem Verband von über 1200 Maschinen kann die Amerikaner wirklich nicht mehr erschüttern.

Deutscherseits gehen zwei Me 262 über Mecklenburg verloren. Oberleutnant Wegmann, Staffelkapitän der 9./JG 7, kann mit dem Fallschirm abspringen und wird verwundet, während Oberleutnant Seeler, ebenfalls von der 9. Staffel, über Wittenberge fällt. Das JG 26 verliert zwei Flugzeugführer an diesem Tag und auch die I./JG 2 zählt drei Gefallene nach Luftkampf mit den Mustang: Unteroffizier Stadelmann, Leutnant Theilmann und Feldwebel Treff.

Am darauffolgenden Tag ist neben den Viermotorigen der 8. US-Luftflotte auch die britische Luftwaffe über dem westdeutschen Raum im Einsatz, wobei es den gegnerischen Jägern gelingt, die zur Abwehr gestarteten eigenen Kräfte bereits so rechtzeitig abzufangen, daß diese an die einfliegenden Bomber nicht herankommen.

Sowohl die Spitfire der 2. Tactical Air Force der Briten als auch starke amerikanische Jagdstreitkräfte beteiligen sich an Tiefangriffen auf die deutschen Jägerplätze. Das JG 27, welches in diesen Tagen gerade im Begriff ist, auf die neuen Horste im Süden des Teutoburger Waldes auszuweichen, erleidet einen hohen Verlust, und für die IV. Gruppe, die in Achmer gestartet ist, bedeutet dieser 19. März das Ende ihrer fliegerischen Einsatztätigkeit. Über dem Osnabrücker Raum vernichten die amerikanischen Jäger praktisch eine gesamte Staffel: sechs Piloten fallen, fünf werden verwundet.

Mustang der 78. Fighter Group haben die Aufgabe, die zwischen Rheine und Osnabrück befindlichen Flugplätze unter Bordwaffen-

beschuß zu nehmen, als sie auf etwa 40–50 Maschinen des JG 26 und des JG 27 stoßen. Sofort greifen die Amerikaner an und verwickeln die zum Teil noch im Steigen befindlichen deutschen Formationen in Luftkämpfe.
Aber die »Langnasen« des JG 26 sind bereits auf Kampfhöhe, werden daher vom Gegner auch zuerst angenommen – und verlieren vier Maschinen. Drei Flugzeugführer fallen in diesem Gefecht, darunter Feldwebel Karl Hofmann, der zwar seine schwarze »6« noch verlassen, aber seinen Fallschirm nicht mehr ziehen kann.
In den Luftkämpfen im Norden Osnabrücks hat die IV./JG 27 gegen die Mustang kaum eine Chance. Die 14. Staffel wird von Wallenhorst und Hollage, wo Unteroffizier Rockenstiehl, Unteroffizier Schrott und Feldwebel Wecke abgeschossen werden, bis in das Wiehen-Gebirge abgedrängt und verliert im Raum Lübbecke noch einen Piloten, den Feldwebel Kienle, der am nächsten Tag seinen schweren Verwundungen erliegt, so daß die Staffel insgesamt vier Gefallene verzeichnet. Der Gegner selbst verliert fünf Mustang und meldet gleichzeitig den Abschuß von 32 deutschen Maschinen.
Teile der I. Gruppe starten gegen 10 Uhr zum Verlegungsflug nach Störmede, als urplötzlich eine Anzahl Spitfire der 130. Squadron den Platz im Tiefflug angreift und die Maschinen im Start überrascht. Zwei Piloten, Oberleutnant Harich und Oberleutnant Roth, werden brennend abgeschossen, Leutnant Beckmann rast in ein Waldstück und erleidet Verbrennungen sowie Splitterverletzungen.
Und als über der Mark Brandenburg die Mustang auch noch die beiden Me 262 von Oberfeldwebel Mattuschka und Leutnant Harry Mayer in die Tiefe schicken, zählt die Jagdwaffe am 19. März acht gefallene sowie sieben verwundete Flugzeugführer im Abwehreinsatz gegen Amerikaner und Engländer.

Sonnabend, 24. März 1945

Haben zu Beginn des Monats die Verbände der 1. Jagddivision mit der Dezimierung des JG 301 einen wesentlichen Teil ihrer Kampfkraft eingebüßt, so bringt der 24. März nun auch dem Jagdgeschwader 300 die entscheidende Niederlage. An diesem Tag fliegen 1400 Kampfflugzeuge der 8. US-Luftflotte einen Großeinsatz gegen mehr als einem Dutzend Flugplätze der Luftwaffe östlich des Rheines in

Holland und Westdeutschland. Diese Angriffe dienen zur Unterstützung der alliierten Luftlandeoperationen bei Wesel, wo die englischen Truppen Montgomerys den Rhein überqueren werden.
Gegen Mittag fegen amerikanische Tiefflieger über das Land zwischen Teutoburger Wald und Lippe hinweg, um die dort gelegenen Flugplätze heimzusuchen. Ohnehin hat die Zerschlagung der deutschen Flugplätze in der letzten Zeit zur Folge, daß auch der Tag- und Nachtjagdeinsatz durch den Ausfall Hunderter am Boden zerstörter Maschinen sehr stark beeinträchtigt wird.
Über Störmede, dem derzeitigen Platz der I. Gruppe des JG 27, kommt es zum Luftkampf mit einer großen Anzahl Mustang und den Messerschmitt der I. sowie auch der III./JG 27. Dabei verliert das bisher schwergeprüfte Geschwader noch einmal zwölf Flugzeugführer, darunter vier der I. und acht der III. Gruppe. Durch Bordwaffenbeschuß werden obendrein drei Piloten auf dem Platz Störmede verwundet.
Doch dann bricht östlich von Göttingen das Unheil über die Staffeln des JG 300 herein. Die II. Gruppe des 24jährigen Oberleutnant Radener und ein kleiner Teil der I. und IV./JG 300 fliegen aus dem Thüringer Raum an, um an die gemeldeten Einflüge der Amerikaner herangeführt zu werden. In einem erbitterten Gefecht wird die II. Sturmgruppe völlig aufgerieben und büßt nicht weniger als zwanzig Focke-Wulf ein. Von der 5. Staffel fallen fünf Flugzeugführer, darunter Feldwebel Kublank und Oberfeldwebel Richter, während Leutnant Schaller sich durch Fallschirmabsprung vor einem Absturz retten kann. Die 6. Staffel allerdings hat aufgehört zu existieren. Nach verzweifelter Gegenwehr sind sechs Mann im Luftkampf gefallen: die Unteroffiziere Gausepohl, Hackenschmitt und Weisbrod, die Feldwebel Kloos und Preiss sowie Leutnant Pflüger. Und ein weiterer Pilot, der Unteroffizier Hugo Altenhof, kommt nach dem Kampf noch ums Leben, als seine gelbe »12« sich bei der Landung auf dem Platz Löbnitz überschlägt. Da mit Hauptmann Loos und Feldwebel Rudi Noske auch die 7. Staffel zwei Flugzeugführer verliert, verzeichnet die II./JG 300 an diesem Tag insgesamt 14 Gefallene sowie einen Verwundeten – einen Verlust, den dieser Verband nun nicht mehr aufzufüllen vermag.
Hingegen haben die amerikanischen Jagdgruppen kaum nennenswerte Ausfälle. Eine ihrer Mustang wird von Unteroffizier Izquierdo, einem Piloten der 14. Staffel, abgeschossen, ehe er dann selbst bei

Klein Lengden von einer anderen P-51 beim Kurven überraschend getroffen wird und mit Verbrennungen aus etwa 300 Meter Höhe aussteigen muß.

Und so geht die deutsche Jagdwaffe ihrem Untergang entgegen. Noch sechs zermürbende, verlustreiche Wochen, bis der Zusammenbruch des Reiches sich endgültig vollzieht. Nicht weniger als 200 Flugzeugführer müssen bis dahin noch ihr Leben lassen. Die Mehrzahl unter ihnen bleibt vermißt.

Verluste der Jagdwaffe am 24. März 1945

am Einsatz beteiligte Einheiten	gefallen oder vermißt	verwundet	Personalverluste insgesamt	Flugzeugtyp	Verlustraum
III./JG 7	3	3	6	Me 262 A	Grossen, Harz, Wittenberg
I./JG 27	4	3	7	Bf 109 K-4	Osnabrück, Teuto-
III./JG 27	8	1	9	Bf 109 K-4	burger Wald, Störmede
			16		
I./JG 300	2		2	Bf 109 G-10	Göttingen, Löb-
II./JG 300	14	1	15	FW 190 A-8/A-9	nitz, Köthen
IV./JG 300		1	1	Bf 109 G-14	
			18		
Verluste insgesamt (gegen West- und Südeinflüge)	31	9	40		

Sonnabend, 7. April 1945

Solange noch Treibstoff und Flugzeuge vorhanden sind, fliegen die verbleibenden Reste der Jagdeinheiten Tag um Tag ihre Einsätze. Doch dann soll jenes Wahnsinnsunternehmen erfolgen, welches unter der Bezeichnung »Sonderkommando Elbe« bekannt wird und das die Jagdwaffe ihrer endgültigen Vernichtung ausliefert. Initiator des »Elbe«-Einsatzes ist Oberst Hajo Herrmann, der bereits durch andere, ebenfalls umstrittene, aber durchaus nicht in jedem Fall zu verwerfende Vorschläge von sich reden machte. Als Kommandeur der 1. und 30. Jagddivision zur Zeit der »Schlacht um Berlin« war es beispielsweise seine Idee, die Verdunklung der Stadt aufzuheben, damit die sich gegen den hellen Untergrund abhebenden dunklen RAF-Bomber weit besser durch Nachtjäger bekämpft werden können. Die hellgemachte Stadt würde genauso planlos bombardiert werden wie eine verdunkelte.

Aber die Aufstellung eines Rammverbandes, der schon gleich zu Beginn den Charakter einer Formation von Selbstaufopferern trägt, bringt erwartungsgemäß heftige Kritik mit sich, und sowohl Oberst Gollob, General der Jagdflieger, als auch der Inspekteur der Tagjagd, Oberst Dahl, geben diesem Projekt ihre Zustimmung nicht. Dennoch, und das ist wahrscheinlich nur noch aus der damaligen Situation heraus zu verstehen, wird »Sonderkommando Elbe« in Stendal aufgestellt. Die wenigen, die jenen 7. April 1945 überlebten, schweigen heute, und es soll daher Aufgabe dieser Dokumentation bleiben, sich nur mit den Fakten zu befassen.

Noch zwei Tage zuvor, am 5. April, waren über 1000 Viermotorige über Mittel- und Süddeutschland erschienen, um einen schweren Angriff auf Nürnberg und Plauen durchzuführen. Bei 19 Abschüssen gingen 42 eigene Maschinen verloren. Am Morgen des 7. April sind abermals 1200 Kampfflugzeuge sowie über 800 Jäger der 8. US-Luftflotte nach Norddeutschland unterwegs. Von ihren Plätzen um Stendal und Gardelegen aus starten 183* Focke-Wulf und Messerschmitt des Sonderkommandos, die von zahlreichen Me 262 der Düsenjagdverbände JG 7 und I./KG (J) 54 geschützt werden.

Die Piloten haben den Auftrag, das Feuer nur aus allernächster Nähe zu eröffnen, mindestens einen Viermot.-Abschuß mit nach Hause zu bringen und – wenn nötig – den gegnerischen Bomber durch Rammung zu vernichten. Es ist im einzelnen nicht bekannt, von welchen Jagdeinheiten und aus welchen Gründen die Piloten zum Sonderkommando gekommen sind. Zumindest befinden sich Flugzeugführer des JG 300 und des JG 301 darunter.

Es ist sehr kalt am Morgen des 7. April. Die Sicht beträgt etwa 15 Kilometer, der Himmel ist zu dreiviertel mit Cumuluswolken bedeckt. In großen Höhen – die deutschen Jäger sollen sich aus etwa 11 000 Meter auf die Amerikaner stürzen – werden bis zu 30 Grad Minus zu erwarten sein. Über der südlichen Lüneburger Heide, über Nienburg und Steinhuder Meer haben die Jäger von »Elbe« Feindberührung. Die Angriffe werden so hartnäckig ausgeführt, daß die Mustang trotz heftiger Abwehrreaktionen den Durchbruch der deutschen Maschinen zur Führungsformation der Viermotorigen kaum verhindern können. Etwa 50 Jagdflugzeuge sowie einige Me 262 sind es, die auf diese Weise an die Bomberspitzen gelangen. Die Amerikaner zeigen sich von der zahlenmäßigen Stärke der Jagdwaffe überrascht, und zum anderen erleben sie hier einen Abwehreinsatz, der gewisse Parallelen zu den japanischen Kamikaze-Taktiken aufweist. Da stürmen ein paar Focke-Wulf heran, bohren sich mit Todesverachtung in die Viermotorigen, so daß die 452. Bombardment Group zwei, die

* Nach anderen Quellen nur 120.

385. und die 388. je eine Fortress verlieren. Eine fünfte B-17 der 490. Bombardment Group wird von einer Messerschmitt abgeschossen. In der gut eine Dreiviertelstunde andauernden Luftschlacht können noch je eine Fortress der 100. und 390. Bombardment Group durch Me 262 vernichtet werden, während eine Bf 109 direkt von vorn in eine Liberator hineinrast. Dieser Opferflug bringt dann auch dem amerikanischen Bomber den Tod.
Letzthin ist das Ergebnis niederschmetternd und die Erwartungen haben sich – wie vorausgesehen – nicht erfüllt. Vielmehr kehren von den gestarteten Maschinen nur wenige wieder zu den Horsten zurück. Die Flugzeugführer sind gefallen, in Gefangenschaft geraten, da sie jenseits der Frontlinie aussteigen mußten, oder sie haben sich auf andere Weise durchgeschlagen. Deutscherseits werden die Totalverluste mit 133 Maschinen angegeben, und insgesamt sollen 50 gegnerische Flugzeuge vernichtet worden sein. Auch wenn letztere Zahl stimmen würde, hätte dies keinen Einfluß auf das Kriegsgeschehen mehr gehabt. Die Amerikaner geben bei gleichzeitiger Vernichtung von 100 deutschen Maschinen, davon 59 durch Jäger, den Verlust von nur 17 Bombern bekannt.

10. bis 17. April 1945

Daß es mit der Reichsluftverteidigung nun endgültig zu Ende ist, beweist ein großangelegter Luftangriff der Amerikaner am Dienstag, dem 10. April, der sich ausschließlich gegen die norddeutschen Düsenjägerflugplätze richtet. Auf den Horsten Briest, Burg, Oranienburg, Lärz und Parchim entstehen erhebliche Schäden an Einrichtungen und Maschinen. Die Folge davon ist eine Verlegung der Me 262-Verbände bis in die CSR, so daß nun auch diese Einheiten der 8. US-Luftflotte nichts mehr anhaben können. Und Hitler tobt über die Luftwaffe. Er versteht es nicht, warum es nicht gelingt, die Startbahnen über Nacht wieder instandzusetzen.
Ab Freitag, dem 13. April, beginnen die Amerikaner, sich die Luftwaffe am Boden zu holen. Thunderbolt der 56. Fighter Group zerstören auf norddeutschen Plätzen, darunter auf dem nordwestlich von Schleswig gelegenen Platz Eggebek, 95 Maschinen. Drei Tage darauf,

am folgenden Montag, sind die Flugplätze im süddeutschen Raum an der Reihe, wobei die 353. Fighter Group rund 110 Flugzeuge am Boden vernichtet. Auf den Plätzen im »Protektorat« sind es 125 Maschinen, die in Flammen aufgehen. Und am nächsten Tag kommen die Mustang wieder, um nochmals weitere 200 Flugzeuge in Brand zu schießen. Das Ende der Luftwaffe und besonders der Jagdwaffe ist damit besiegelt.

Die Leistungen unserer tapferen Jagdflieger, ihr Opfermut und ihr Einsatz sollte angesichts der Bedingungen, unter denen sie kämpfen mußten, nie vergessen werden. Zum Abschluß die nur zu wahren Worte eines unbekannt bleibenden Jagdfliegers, welche dennoch die Tragödie auch nicht annähernd charakterisieren können:
»Durch die laufend hohen Verluste an Flugzeugführern bekamen wir immer wieder neue Gesichter von Piloten zu sehen und Namen zu hören. Deshalb kann ich mich kaum an einen Namen mehr erinnern; es ging damals alles drunter und drüber. Fast täglich kamen junge Flugzeugführer von den Ergänzungseinheiten oder Schulen zu uns, voller Hoffnung und Optimismus. Die Quartiersleute wollten schon keine neuen Piloten mehr aufnehmen, weil sie Angst hatten vor jedem Einsatz dieser Männer und die gleiche traurige Prozedur mit dem Abholen des Nachlasses sich wiederholte.«
Heute, so hoffen wir wenigstens, sind jene schrecklichen Tage überwunden. Aus den Gegnern von damals sind Freunde geworden, und das muß auch so bleiben, denn ein neuerliches »Unternehmen Bodenplatte« oder ein weiteres »Sonderkommando Elbe« darf sich nie wiederholen.

Verluste einer Jagdstaffel der Reichsluftverteidigung
(5./JG 300   Oktober 1944–März 1945)

Nachfolgende Aufstellung beinhaltet die Verluste einer im Reich stationierten Sturmstaffel in einem Zeitraum von einem halben Jahr. In diesen Monaten verzeichnet die mit der FW 190 A-8 ausgerüstete 5./JG 300 neunzehn im Luftkampf gefallene oder vermißte sowie sechs verwundete Piloten, so daß die Staffel ihren Bestand an Flugzeugführern praktisch zweimal auffüllen mußte. Innerhalb von vier

Wochen, um die Jahreswende 1944/45, sind allein drei Staffelführer ausgefallen.
Diese Verlustübersicht ist nicht willkürlich ausgewählt worden. Ähnliche Zusammenstellungen von anderen Jagdfliegereinheiten hätten die gleiche Aussagekraft, und es gibt Staffeln, die noch weit höhere Ausfälle aufweisen.

Flugzeugführer	Verlustdatum		Ursache	takt. Zeichen	
Uffz. Alois Auth	vermißt	7.10.44	Luftkampf	rote	17
Uffz. Werner Conradt	gefallen	18.10.44	Werkstattflug	schw.	1
Ofhr. Herbert Schneider	gefallen	27.11.44	Luftkampf	rote	6
Ofhr. Gerhard Piel	gefallen	27.11.44	Luftkampf	rote	5
Fw. Claus Richter	verwundet	27.11.44	Luftkampf	rote	17
Gefr. Karl-Heinz Hachmann	verwundet	27.11.44	Luftkampf	rote	10
Uffz. Leo Kühnert	gefallen	30.11.44	Luftkampf	rote	18
Uffz. Karl Reif	verwundet	17.12.44	Luftkampf	rote	7
Uffz. Walter Grund	gefallen	17.12.44	Luftkampf	rote	15
Lt. Klaus Bretschneider (Staffelkapitän)	gefallen	24.12.44	Luftkampf	rote	1
Ofw. Heinz Deil	gefallen	24.12.44	Luftkampf	rote	17
Gw. Kurt Schoepp	gefallen	31.12.44	Luftkampf	rote	15
Lt. Norbert Graziadei (Staffelkapitän)	verwundet	31.12.44	Luftkampf	rote	14
Fw. Heinrich Schlüter	verwundet	7. 1.45	Übung	rote	19
Uffz. Mathäus Erhardt	verwundet	14. 1.45	Luftkampf	rote	6
Oblt. Heinz-Dieter Gramberg (Staffelkapitän)	gefallen	24. 1.45	Luftkampf	rote	2
Lt. Wolfgang Karsosky	gefallen	2. 45	Luftkampf	rote	7
Uffz. Walter Beuchel	gefallen	14. 2.45	Luftkampf	rote	6
Fhr. Richard Löfgen	gefallen	2. 3.45	Luftkampf	grüne	2
Fhr. Siegfried Felske	gefallen	2. 3.45	Luftkampf	rote	8
Uffz. Karl Lerner	gefallen	2. 3.45	Luftkampf	rote	6
Uffz. Hans Basteck	gefallen	24. 3.45	Luftkampf	rote	11
Ofw. Claus Richter	gefallen	24. 3.45	Luftkampf	rote	9
Uffz. Fritz Dürrling	gefallen	24. 3.45	Luftkampf	rote	5
Gefr. Karl-Heinz Hachmann	gefallen	24. 3.45	Luftkampf	rote	16
Lt. Gerald Schaller	verwundet	24. 3.45	Luftkampf	rote	20
Fw. Günter Kublank	gefallen	24. 3.45	Luftkampf	rote	6

Die deutsche Jagdwaffe und ihre letzten Kommandeure
Mai 1945

Tagjagd

Jagdgeschwader 1		Oberstlt. Ihlefeld
I. Gruppe	He 162 A	Oblt. Demuth
II. Gruppe	He 162 A	Major Zorner
III. Gruppe	Bf 109 G-14	Hptm. Moldenhauer
Jagdgeschwader 2		Oberstlt. Bühligen
I. Gruppe	FW 190 D-9	Oblt. Eickhoff
II. Gruppe	FW 190 D-9	Hptm. Karch
III. Gruppe	FW 190 D-9	Hptm. Lemke
Jagdgeschwader 3		Major Schroer
II. Gruppe	Bf 109 G-10	Hptm. Bäker
III. Gruppe	Bf 109 K-4	Hptm. Langer
IV. Gruppe	FW 190 A-8/D-9	Hptm. Schack
Jagdgeschwader 4	FW 190 D-9 (Stab)	Oberstlt. Michalski
II. Gruppe	FW 190 A-8/D-9	Major Moritz
III. Gruppe	Bf 109 G-14/K-4	Hptm. Strasen
IV. Gruppe	Bf 109 G-14	Hptm. Laube
Jagdgeschwader 5		Oberstlt. Scholz
II. Gruppe	Bf 109 G-14	Hptm. Treppe
III. Gruppe	Bf 109 G-14/FW 190 A-8	Hptm. Dörr
IV. Gruppe	Bf 109 G-14	Hptm. Stendel
Jagdgeschwader 6		Major Leppla
II. Gruppe	FW 190 A-8/D-9	Hptm. Weyl
III. Gruppe	Bf 109 G-14	Hptm. Müller
Jagdgeschwader 7		Major Weissenberger
I. Gruppe	Me 262 A	Major Späte
II. Gruppe	Me 262 A	Major Klemm
III. Gruppe	Me 262 A	Hptm. Naumann
Jagdgeschwader 11		Major Hackl
II. Gruppe	Bf 109 G-10/G-14	Hptm. Leonhardt
III. Gruppe	FW 190 A-8	Hptm. Kutscha

Jagdgeschwader 26		Major Götz
I. Gruppe	FW 190 D-9	Major Borris
II. Gruppe	FW 190 D-9	Hptm. Schauder
Jagdgeschwader 27		Major Franzisker
I. Gruppe	Bf 109 G-10/K-4	Hptm. Clade
II. Gruppe	Bf 109 G-14	Hptm. Keller
III. Gruppe	Bf 109 K-4	Major Dr. Werfft
Jagdverband 44	Me 262 A	Generalmajor Galland
Jagdgeschwader 51	FW 190 A-8 (Stab)	Major Dr. Lange
III. Gruppe	Bf 109 G-14	Hptm. Brendel
IV. Gruppe	Bf 109 G-14/K-4	Hptm. Josten
Jagdgeschwader 52		Oberst Graf
I. Gruppe	Bf 109 G-14/K-4	Major Hartmann
II. Gruppe	Bf 109 G-10/G-14	Major Batz
III. Gruppe	Bf 109 G-14	Major Borchers
Jagdgeschwader 53		Oberstlt. Bennemann
I. Gruppe	Bf 109 G-10/G-14	Hptm. Lipfert
II. Gruppe	Bf 109 G-14	Major Meimberg
III. Gruppe	Bf 109 K-4	Hptm. Götz
IV. Gruppe	Bf 109 G-14	Hptm. Müer
Jagdgeschwader 54		Oberst Hrabak
I. Gruppe	FW 190 A-8/A-9	Hptm. Eisenach
II. Gruppe	FW 190 A-8	Hptm. Findeisen
Jagdgeschwader 77		Major Losigkeit
I. Gruppe	Bf 109 K-4	Hptm. Grosser
Jagdgeschwader 300		Major Rall
I. Gruppe	Bf 109 G-10/G-14	Major Baier
II. Gruppe	FW 190 A-8/A-9	Oblt. Radener
III. Gruppe	Bf 109 G-10/G-14	?
IV. Gruppe	Bf 109 G-14	Hptm. Offterdinger
Jagdgeschwader 301	Ta 152 (Stab)	Oberstlt. Aufhammer
I. Gruppe	FW 190 A-8/A-9/D-9	Hptm. Posselmann
II. Gruppe	FW 190 D-9	Major Cescotti
III. Gruppe	FW 190 A-8/A-9	Major Bascilla
Jagdgeschwader 400	Me 163 B	Hptm. Opitz

Nachtjagd

Nachtjagdgeschwader 1   Oberstlt. Jabs

    I. Gruppe   He 219   Hptm. Baake
    II. Gruppe   Bf 110 G   Hptm. Breves
    III. Gruppe   Bf 110 G   Major Drewes
    IV. Gruppe   Bf 110 G   Hptm. Greiner

Nachtjagdgeschwader 2   Oberstlt. Thimmig

    I. Gruppe   Ju 88 G   Hptm. Rath
    II. Gruppe   Ju 88 G   Hptm. Brinkhaus
    III. Gruppe   Ju 88 G   Hptm. Merker

Nachtjagdgeschwader 3   Oberst Radusch

    I. Gruppe   Ju 88 G   Hptm. Husemann
    II. Gruppe   Ju 88 G   Hptm. Hüschens
    III. Gruppe   Ju 88 G   Hptm. Barthe
    IV. Gruppe   Ju 88 G   Hptm. Tober

Nachtjagdgeschwader 4   Major Schnaufer

    I. Gruppe   Bf 110 G/Ju 88 G   Hptm. Krause
    II. Gruppe   Bf 110 G/Ju 88 G   Hptm. Rauh
    III. Gruppe   Bf 110 G/Ju 88 G   Hptm. Meister

Nachtjagdgeschwader 5   Major Schönert

    I. Gruppe   Ju 88 G   Hptm. Lang
    II. Gruppe   Bf 110 G/Ju 88 G   Hptm. Tham
    III. Gruppe   He 219/Ju 88 G   Hptm. Pink
    IV. Gruppe   Ju 88 G   Hptm. Bussmann

Nachtjagdgeschwader 6   Major Lütje

    I. Gruppe   Bf 110 G/Ju 88 G   Hptm. Spoden
    II. Gruppe   Bf 110 G/Ju 88 G   Hptm. Schulte
    III. Gruppe   Bf 110 G   Hptm. Johnen
    IV. Gruppe   Ju 88 G   Hptm. Becker

Nachtjagdgeschwader 11

    I. Gruppe   Bf 109 G-14   Hptm. Müller
    II. Gruppe   Bf 109 G-14   Hptm. Schwab?
    III. Gruppe   Bf 109 G-14   Hptm. Krause
    10. Staffel   Me 262 B   Oblt. Welter

Nachtjagdgeschwader 100

    I. Gruppe   Ju 88 G   Hptm. Fischer
    II. Gruppe   Ju 88 G   Major Zorner

Aufgelöste Einheiten

I./JG 3	März 1945	I./JG 51	April 1945
I./JG 4	April 1945	II./JG 51	April 1945
I./JG 5	April 1945	IV./JG 54	April 1945
I./JG 6	März 1945	II./JG 77	April 1945
I./JG 11	März 1945	III./JG 77	März 1945
III./JG 26	März 1945	NJG 10	Frühjahr 1945
IV./JG 26	April 1945	NJG 101	Frühjahr 1945
IV./JG 27	März 1945	NJG 102	Frühjahr 1945

QUELLEN- UND LITERATURHINWEISE

Bartz, Karl: Als der Himmel brannte (Hannover, 1955)
Bundesarchiv, Koblenz
Craven, Wesley Frank & Kate, Lea: The Army Air Force in World War II, Vol. III (USA, 1951)
Dahl, Walter: Rammjäger (Heusenstamm, 1961)
Department of the Air Force, Washington, D. C., USA und USAFE, Wiesbaden
Deutsche Dienststelle für die Benachrichtigung der nächsten Angehörigen von Gefallenen der ehemaligen Wehrmacht (WASt), Berlin, Ref. II und VII
DRK-Suchdienst, München
Freeman, Roger A.: The Mighty Eighth (London, 1970)
Freeman, Roger A.: Mighty Eighth War Diary (London, 1981)
Flugbuch Oberstlt. Bär
Galland, Adolf: Die Ersten und die Letzten (Damstadt, 1953)
Girbig, Werner: Die nicht zurückkehrten (Stuttgart, 1970)
Girbig, Werner: Abgeschossen, gefallen, verschollen (Stuttgart, 1976)
Headquarters US 8th Air Force, Westover AFB, Massachusetts, USA
Hoffmann, Karl Otto: Die Geschichte der Luftnachrichtentruppe (Neckargmünd, 1968)
Jacobsen, H. A.: 1939–1945, Der Zweite Weltkrieg in Chronik und Dokumenten (Darmstadt, 1961)
Koch, Adalbert: Flak (Bad Nauheim, 1954)
Koller, Karl: Die letzten Tage (Mannheim, 1949)
Militärgeschichtliches Forschungsamt, Freiburg
OKL, Ic (27. 1. 1945): Einsatz der Jagdverbände 1. Januar 1945 (unveröffentlicht)
Ploetz, Karl: Auszug aus der Geschichte (Würzburg, 1956)
Priller, Josef: Geschichte eines Jagdgeschwaders (JG 26) (Heidelberg, 1956)
Ring, Hans und Girbig, Werner: Jagdgeschwader 27 (Stuttgart, 1971)
Rust, Kenn: The 9th Air Force in World War II (USA, 1967)
Shores, Christopher: 2nd Tactical Air Force (Reading, 1970)
Schramm, Percy Ernst: KTB des Oberkommandos der Wehrmacht, Band IV, 1944–1945 (Frankfurt/Main, 1961)
Sims, Edward H.: Jagdflieger (Stuttgart, 1967)
Sims, Edward H.: Amerikanische Asse im Luftkampf (München, 1958)
Studiengruppe der Luftwaffe, Hamburg (Führungsakademie der Bundeswehr)
Toland, John: Das Finale (München/Zürich, 1968)
The United States Strategic Bombing Survey (Washington)
Unterlagen des Reichswetterdienstes
USAF Historical Division, Air University, Alabama, USA
    Monographien: Nr. 158–160 (Schmid, Josef und Grabmann, Walter) The German Air Force versus the Allies in the West 1943–1945
    Nr. 164: German Air Force Air Defence Operations
    Nr. 166 German Air Force Counter Air Operations
USAF Historical Studies: (Galland, Adolf – 1945/46 –) Die Reichsluftverteidigung 1943 (C/IV/2 bb, Karlsruher Dokumente, jetzt z. T. auch MGFA, Freiburg)
Warlimont, Walter: Im Hauptquartier der deutschen Wehrmacht (Frankfurt/Main, 1962)

Weitere Dokumentationen als ungekürzte Sonderausgaben

Toliver / Constable
Das waren die deutschen Jagdflieger-Asse 1939–45
Die amerikanischen Autoren des Bestsellers »Holt Hartmann vom Himmel« gehen hier den Abschußzahlen deutscher Jagdflieger nach. Denn unter diesen gab es 105 Piloten, die über 100 Luftsiege errangen.
417 Seiten, 60 Abb., geb.,
nur 29,– Bestell-Nr. 10193

Georg Brütting
Das waren die deutschen Stuka-Asse 1939–45
Ohne die Stuka-Geschwader wären die deutschen Blitz-Operationen nicht denkbar gewesen. Über ein Dutzend Piloten flog mehr als 1000 Einsätze. Dies ist ihre Geschichte bis zum Kriegsende.
286 Seiten, 105 Abb., geb.,
nur 22,– Bestell-Nr. 10433

Georg Brütting
Das waren die deutschen Kampfflieger-Asse 1939–45
Kampfflieger waren selten von der Glorie umgeben, wie sie Jagdfliegern fast automatisch zugefallen ist. Dabei wurden ihnen ebenso hohe Belastungen abgefordert. Es gab Männer, die bis zu 600 Einsätze hinter sich hatten.
310 Seiten, 81 Abb., geb.,
nur 29,– Bestell-Nr. 10345

Werner Girbig / Hans Ring
Jagdgeschwader 27
Die Dokumentation über den Einsatz an allen Fronten 1939–45
Der Weg dieses berühmten Jagdgeschwaders von seiner Aufstellung über die Einsätze an nahezu allen Fronten des Luftkriegs bis zur Kapitulation im Jahr 1945. Diese Dokumentation entstand nach Tagebuchaufzeichnungen und in Gesprächen mit beteiligten Piloten.
350 Seiten, 105 Abb., geb.,
29,80 Bestell-Nr. 10215

P.W. Stahl
Kampfflieger zwischen Eismeer und Sahara
In meinem Fall: Ju 88
Der Bogen spannt sich vom Fallschirm-Absprung über weltferner Tundra, über Gefahren durch Feind und Natur bis zu jener Versammlung vor Göring, der von 30 Kampffliegern erwartete, was selbst die gesamte Jagdwaffe nicht leisten konnte. Dieses Tagebuch ist Erlebnisbericht und Dokumentation.
350 Seiten, 81 Abb., geb.,
nur 26,– Bestell-Nr. 10253

Mano Ziegler
Turbinenjäger Me 262
Die Geschichte des ersten einsatzfähigen Düsenjägers der Welt
Als eine der sogenannten »Wunderwaffen« wurde die Me 262 zur Legende. In diesem Buch zählen nur die geschichtlichen Tatsachen, die interessant genug sind. Der General der Jagdflieger, Adolf Galland, sagte nach seinem ersten Flug mit der Me 262: »Es ist, als ob eiin Engel schiebt!«
228 Seiten, 54 Abb., geb.,
26,– Bestell-Nr. 10542

Änderungen vorbehalten

Der Verlag für Zeitgeschichte-Bücher
Postfach 10 37 43 · 7000 Stuttgart 10

Motorbuch Verlag